本书出版得到

河海大学社科精品文库暨中央高校基本科研业务费专项资金项目

（2014B19214）（2015B48314）（2015B08514）的资助

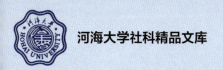

从"派系结构"
到"关系共同体"

基于某国有中小改制企业
组织领导"关系"变迁的案例研究

FROM THE FACTION STRUCTURE
TO THE GUANXI COMMUNITY

A Case Study of the Change of the Organizational Leadership
of One Reformed Enterprise Under the System Transformation

沈 毅 著

社会科学文献出版社
SOCIAL SCIENCES ACADEMIC PRESS (CHINA)

序

沈毅的专著《从"派系结构"到"关系共同体"——基于某国有中小改制企业组织领导"关系"变迁的案例研究》，是在其博士论文的基础上修改提炼而成的。我有缘曾为他的硕士与博士生导师，对他的学习经历、研究过程和此书的修改应该比别人知道得更多一点，很乐意为他作序。

沈毅读大学本科时就是南京大学社会学系的学生。本科毕业论文写的是《清代基层士绅社会权力格局的演变》，由于选题与我的研究比较贴近，于是我就成了他的论文指导老师。后来他有志于学术，又成了我的硕士研究生。现在看来，他当时做的硕士论文《中国革命后人际模式的变迁》多少已经为他的博士论文做了铺垫。沈毅硕士毕业后先去了江苏省社会科学院社会学研究所工作，几年后又回到我这里读完了博士。说起来，沈毅在我这里读书的时间约有八年之久，但我很少居高临下地指导他，而是比较放任他，以便给他更大的研究空间，让他自由发展，做他自己想做的事情。这样一种放鸭子式的指导方式，其实来自我对他心中有数，知道他有做学问的潜质、冲动和兴趣。只要有机会给予一点提示或暗示，他自己便能心领神会，刻苦钻研，而不同于那种反复说教还依然一知半解的学生。

沈毅多年来从事的研究领域和我本人有相似之处，也就是立足于对中国人"关系"的研究。应该说，我自己的研究比较偏重于对概念、模式及理论的思考。这是因为我所处的时代是中国社会科学恢复之际，那时整个社会科学界弥漫着形形色色的西方理论；我们的教材完全是按照西方教材编写的；老师上课也言必称西方。虽说这样的情形发生于 1980 ～ 1990 年代，而我自己的年龄亦不可能经历"文革"前的大学生涯，但从传承下来的教材看，或许中国更早一段时期的大学课堂所充斥的社会科学知识则基本来自苏联。在一种无产阶级意识形态的驱动下,西方的社会科学知识是作为反面教材供批判使用的。这样的批判一直到我读研究生的时候还留有深刻的烙印。然而,改革开放后,学界几乎一边倒地偏向美国。看起来,美国的社会科学与苏联的社会科学有很大的分别,好像存在一个选对选错的问题,但其中暗含了社会科学与政治生态的关联及其自身的不确定性,也表明了中国社会科学始终没有其文化自觉,只有选择谁家而已。于是乎,社会科学知识的建设与发展似乎同中国学人没什么关系。中国学人要做的事情,就是评价和捍卫哪一个流派、哪一种理论或哪位大师的观点。正是在这样的背景下,我本人在1980年代末接触到始于中国台湾地区发起的社会与行为科学的本土化运动。它给予我惊喜,因为我希冀从中诞生出中国社会科学自己的理论观点。

又是30多年过来了,中国社会政治生态的变化和经济的迅猛发展,开始让少部分社会科学研究者终于开始关注起自己的社会、经济、文化、心理及教育等议题,并寄希望于从中建立自己的知识体系。可其中有些学者走得更远,他们认为对中国现代社会问题的思考应该到周朝分封或者《礼记》当中去寻求解答。由此一来,社会学和历史学开始交错、还原,却又不是社会史与历史社会学的做法。可我自己的疑问是:社会学家真的可以比历史学家看到得更多?从学科性质和意义上看,这样的可能性应该是存在的,只是其中有太多的方法论、方法、视角、理论等问题有待处理,而非仅仅是对史料或者他人的历史评价进行再解释。而我自己始终坚守在中国人的"关系"与"人情"的研究方面,却是因为这些概念的价值在于它们是中国的,又是传统与现代融合的,还是经验与感性的。我们对这些概念不断挖掘与探索,可以很有效地、稳定地、深层次地展现中国社会的特征、运行法则及其变迁的方向,也可以看清楚西方文明进入中国之后所发生的"化学反应"在哪里。当然,在我更倾心于从理论上寻求答案的同时,随之出现的不足就是无暇顾及,也无力从事大量的经验研究。很有可能,一些理论上的思考与现实社会之间有脱节的危险。

沈毅在多年的学习和研究中已经深谙中西方、海内外有关"关系"研究的各种取向和观点,他要进行的研究工作是如何将它们与经验相结合,或许也需要借助经验研究来甄别哪一种理论的解释力更好,或者都有待修正。带着这一问题意识,他选择了一家改制的国有企业内部的人员关系变动情况作为其研究个案，对中国人关系的真实运作进行了考察，相当具体而深入地看到了"关系"、"人情"及"人缘"的实际意义，也看到了中国式组织权力结构的演变。

沈毅的这一研究方式，会让人联想到华尔德（Andrew G. Walder）的《共产党社会的新传统主义》。说到联想，是因为华尔德的这项研究也是社会学取向的，研究的对象也是国营企业的工人，采用的也是个案研究。其中有很多内容都涉及领导问题和人际网络的问题。但比较而言，沈毅的研究目标没有华尔德远大，且相对聚焦于一个具体单位，其优点是这样对于叙事可以更加生动，并带有故事的意味，而华尔德的做法则是访谈式的，也不拘泥于一家企业。我个人比较主张故事性的叙事，因为要想得到一个理论层面上所谓的机制或者运行的问题，讲故事的方法无论在展示方面还是推进方面都有天然的优势，同时说清楚故事的来龙去脉也将为相应的理论思考打下坚实的基础。沈毅研究的另外一个特点是，他在理论思考上不是通过逻辑来获得中国人关系类型的划分，而是根据中国企业在改制过程中因经历了产权变革与外部市场竞争机制所导致的员工关系转变，来得到关系类型的变化。作者尤其将研究的重点放在领导权力类型的改变上，较为清晰地勾勒出由"主从关系"到"人缘关系"再到"朋友关系"等几个阶段，相应地，企业的组织结构也从"派系结构"向"关系共同体"过渡。

同样由于我联想到华尔德的研究，沈毅的研究不足也是存在的。比如他尚没有像华尔德那样提炼出"新传统主义"这样具有高度解释性的概念，而止步于对关系分类的处理。另外，此书的写法过于学术化，从而可能会降低可读性。例如作者一开始的主要工作是展开对前人研究的讨论。但目前关于中国人的关系研究是四面开花的，存在社会学的、人类学的、心理学的、社会心理学的、管理学的以及各学科的跨文化和本土化研究。作者本人想在其间披荆斩棘般地理出头绪，即便是可能的，也颇费周折，导致本书的主题与重点不够凸显，只有到个案研究开始时才会显露出来。作为曾经的导师，我在阅读中产生的疑虑是，作者虽然从自己的个案研究中概括出中国人关系上的几种类型及其演化方向，但因为这样的概括与个案研究贴得太紧，很难说已经上升到理论层面的关系类型是单用以说明个案中的人事变化的，还是可以更加广泛地成为国企改制中组织领导关系的变迁模式。这点是我对沈毅研究的提问,我认为此书还有后续的工作要做。

按照华尔德本人的看法,虽然他自己的研究已经时过境迁,但有关中国企业内部上下级以及员工的研究依然缺乏。的确,太多的关系与社会网研究主要集中于农村社会,太多的关系研究重点依然在于考察乡土社会中人际关系的变化。可是,无论是乡土社会还是城市社会,中国人的关系经验已经转移到了街道、社区、机关、企业和公司或者城中村,而保留乡土特色的农民进城后作为农民工所带来的对以往关系资源的利用,也在变化之中,即使留在农村的农民,因为农民上楼或者成为空巢家庭,关系特征也有待探索。所以研究中国人的关系变化及其类型,重点理应放在更具现代化的社会上。而沈毅这项研究为此方面的研究提供了一条道路,也提供了一个范例。尤为重要的是,此书已经显现出研究者的问题导向,而非执着于某种学科内部的探讨。此书将不同的学科知识汇聚在一起,都是为了解决中国社会与组织中的真实问题,进而也理应成为中国人的社会学、社会心理学、管理学与跨文化研究方面的重要成果,同时也对中国人的组织行为学、华人组织管理问题以及中国改革开放以来的组织制度变迁等议题的讨论具有丰富的参考价值。沈毅如今已成为大学教授,亦有不少论文发表,无须我再添加更多溢美之词以资鼓励,只希望他能以此为起点,将自己感兴趣的研究做得更加出色。

翟学伟

于 2015 年圣诞节

前　言

　　在华人组织研究中，本土"关系"及"差序格局"的理论及应用研究取得了相当影响，但已有的跨文化视角与本土化视角均相对忽略了华人组织领导"关系"实践的体制性背景，从而可能对"关系"运行的不同结构形态及其实质性后果缺乏关注。本书希望通过对某改制中小国有企业30年发展历程的拓展个案分析，来考察其从国有企业到民营企业的组织领导模式变迁，其中的组织领导"关系"实践形态及其变迁可能也体现了体制转型背景下不同组织"场域"的实质意涵与功能定位。

　　就该个案所展现的故事而言，我们似乎可以看出，拟亲缘的"差序格局"在不同体制背景下的组织领导实践中有可能发展出不同性质的私人"关系"及其结构形态。1980年代在党委领导下的厂长负责制下，该国有企业内部私人"关系"广泛渗透于行政依附性"主从关系"之中，从而形成不同领导之间划分势力范围的"派系结构"，其中更多显现的是由下而上追逐权力的"主从关系"依附学特征，下对上的"忠"构成了其核心性的价值取向，从而整体上呈现"集权式领导"的基本特征。1990年代在从厂长负责制向股份合作制过渡之中，该企业的"派系结构"依然存在但趋于弱化，特别是在产权分散趋于平均分配的"一次改制"以后，选票政治突出了群众基础的"人缘关系"的重要性，亦即广泛盛行的是由上而下"讨好""平衡"的"人缘关系"笼络学，上对下的"和"成为主导性的价值取向，从而整体上呈现"人缘式领导"的基本特征。2000年"二次改制"以后，随着内部产权集中与外部市场成熟，该企业在向民营企业转型过程中，上下间的"契约关系"有着向"朋友关系"转化的趋势，从而形成以企业家为中心并与企业骨干人才双赢互利的"关系共同体"。开放性"关系共同体"中的上下属关系则真正表现为相对平等的"朋友关系"

动力学特征，双向的朋友之"义"成为其核心性的价值取向，从而整体上呈现"人心式领导"的基本特征。

就其内在线索而言，本书通过该拓展个案所提出"主从关系""人缘关系""朋友关系"等三种不同个人"关系"形态的分析性概念，也有助于分析国有中小企业改革及产权改制的内在逻辑。亦即1980年代国有企业所盛行的下对上权力依附为主的"主从关系"及其造成的经营困难，是国有中小企业不断改革并最终达成产权平均化的"一次改制"的基本动因；而由此所强化形成的上对下讨好笼络为主的"人缘关系"及其企业内部选票"民主化"的恶果，则是国有企业最终走向产权集中性"民营化"的"二次改制"的根本动因；"二次改制"后市场化的民营企业中由企业家与骨干下属之间紧密相交的"朋友关系"，是企业得以不断发展壮大的组织领导基础。当然，本书的拓展个案并不能代表中国社会或企业组织30年来的整体转型，但其类型学的比较意义是相当明显的，在集权式领导→人缘式领导→人心式领导的组织领导模式转型之中，也可以发现不同体制背景之下法、道、儒等文化传统的选择适应性。总体来看，在不同体制背景及其组织"场域"中所促成的"派系结构"或"关系共同体"之组织结构形态，表明了"关系"实践对于组织绩效的正负双向性。要言之，组织领导的私人"关系"实践始终构成了对规范组织制度的某种实质性替代，即使是积极性的"关系共同体"中所潜藏的个人"关系"领导常常难以转向长远发展的企业科层制度，这可能正是本土组织"关系"理论区别于组织社会资本理论而得以拓展的重要依据。

目　录

导论　学科分际与问题聚焦

　　近30多年来中国经济的迅速发展引起了学界的高度关注，近年来，开展中国本土组织管理研究已经成为社会学、心理学、管理学、社会心理学等诸多学科的共识。有学者在总体研究方向上指出：本土组织管理研究根本上需要在学术研究中考虑到中国的具体情况，以拓展既有理论及建立新的理论（徐淑英、张志学，2005）。从社会科学的学科立场出发，目前在西方组织管理人际关系研究方面，关注点主要集中于组织公民行为（管理学）、员工组织承诺或心理契约（心理学）、程序正义与分配正义（社会心理学）、社会资本与社会网络（社会学）等理论领域。分别以这些理论领域为阵地，樊景立等人（Farh et al.，2004）对中国组织公民行为的研究，凌文辁等人（2001）对中国组织承诺的研究，李原等人（2006）对中国组织心理契约结构的研究，张志学（2005）对中国人分配正义观的研究，郭毅、罗家德等人（2007）对组织管理与社会资本的梳理与系列研究成为其中的重要成果。特别是社会网络与社会资本的理论视角触及本土组织管理的特殊性，从而在国内社会学及管理学界产生了较为广泛的影响。但总体来看，以上这些研究仍较多属于移植型研究，即从既有的成熟理论框架出发对中国管理经验加以总结考察，其理论旨趣一般是对原有理论框架加以修正，而并非建构针对中国本土的管理理论乃至组织理论。

　　然则，一旦意欲建构中国本土的组织管理理论，往往就需要从文化传统中寻求资源支撑，以此来凸显本土社会及其组织管理的文化独特性。进而言之，从文化独特性的研究立场出发，华人的本土管理研究往往较易走向管理哲学的范畴，如成中英（1995）创立的C理论，曾仕强（2006）创立的中道管理M理论，还有诸如苏东水（2005）的"东方管理学"、黄如金（2006）的"和合管理"理论。在成中英（1995）看来，本土化必须要同时兼顾管理系统与管理心智，管理系统与系统思考可以是理性与普遍的，但管理心志与管理智慧或艺术则可以是特殊的、以文化哲学资源为基础的。在此基础上，他将中华文化中的五大文化传统与组织管理衔接起来，进而诠释管理系统中的计划与决策（Calculation and Commitment/计算与承诺）为基于道家；其中的组织与监控（Constitution and Control）为基于法家；其中的战略与战术（Cooperation and Competition/合作与竞争）为基于兵家；其中的生产与改造（Creative Innovation and Renovation）为基于墨家；其中的沟通与协调（Communication and Coordination）为基于儒家。由此，他认为《周易》的系统宇宙观是中华管理体系的本，此一本派生出以上五家之言，其经过创造性的组合而结合形成了中华管理体系的体，如此必须将人的创造性（Creativity）与创造力（Creativeness）充分发挥出来，使其成为管理发展的重心与中心。

曾仕强的 M 理论亦即强调中庸之道的中道管理，主要是专门对儒家理念的管理哲学的阐发。曾仕强（2006：102～109）认为儒家"仁、义、礼"构成了 M 理论的三个向度，他将"仁"引申为安人之道，将"义"引申为经权之道，将"礼"引申为絜矩之道。安人之"仁"是管理的目标，经权之"义"是管理的方法，絜矩之"礼"则是站在他人立场之上"将心比心"的管理心态。三者所共同依据的中庸理念指向于"合情、合理、合法"的中道管理，以此希望摆脱西方管理学中 X 理论与 Y 理论之间的二元对立框架。与之相似，黄如金（2006：5）所提的"和合理论"也主要是对儒家理念的管理哲学的阐发，在他看来，和合管理的精髓就是"和气生财，合作制胜"，"基本策略原则主要是遵循传统和合这些思想中的无为无不为、阴阳和合、刚柔相济、中庸之道等辩证法思想"。由此，他认为中庸之道也同样不能简单地等同于"和稀泥"与保守，而应该是"一种不偏不倚、刚柔相济、执中行权、与时屈伸的哲学方法和领导艺术"。苏东水（2005：9）的东方管理学认为东方管理文化本质特征在于"以人为本，以德为先，人为为人"的"三为"原理，以此人本论、人德论、人为论为核心，形成了包括人道、人心、人缘、人谋、人才"五行"的管理内容。在他看来，在东方管理哲学思想层面，东方管理的要素有"道、变、人、威、实、和、器、法、信、筹、谋、术、效、勤、圆"共15 个方面。

总体看来，以上这些人文取向的理论建构与西方管理学的对话甚少，而大都落入了中国传统管理理念与价值观的探讨之中，尤其是"东方管理学"与和合管理理论都有着意识形态化的弊端（韩巍，2008）。比较来看，曾仕强中道管理理论的建构的确触及了中国管理文化的基本特色，对西方管理学 X 理论与 Y 理论的二元对立有着相当的反思，但其基本的阐述路径更多地停留在管理哲学的立场之上，其理论架构也就欠缺经验上的验证与实践上的操作可能性。由此，管理哲学立场的探讨偏离了管理学的实证路线，也就难以与西方组织理论加以对话，其局限性是显而易见的。此外，从本土文化得到启发，席酉民等人（2006）最终明确创立与发展了"和谐管理理论"，近年来该研究团队分别就"和谐主题"、"和谐管理理论的进一步系统化"、"和谐管理的假设"、"和谐管理的数理表达"、"和谐主题与战略管理的关系"、"和谐管理中的耦合机制"，及"和谐管理实证研究"等多方面进行了广泛的探讨。"和谐管理理论"虽然立足于社会科学的基本立场，试图对中国式管理进行细化的量化研究，但似乎并没有揭示出中国式管理中的文化传统特色，且"和谐管理"的提法仍然带有某种意识形态化的价值取向。

由此，相当多的组织研究虽然关注到了民族文化的重要作用，但常常脱离社会科学的经验范畴，而社会科学立场的一些研究则较少从本土国情出发探索建构本土理论。韩巍（2005）就本土理论的建构路径明确指出："任何理论创建"都应该"遵守知识传统，要重分析，讲论证"，管理研究所关注的文化脉络应当是"人类学意义"与"社会学意义"上"中国人的生活践行"。在他看来，"当下较为迫切的——是用扎实的案例进行中国管理行为的'社会学'研究，首先廓清影响中国企业/组织的'最基本的结构'、'最关键的因素'及其相互之间的关联。更明确地讲，虽然今天很多组织的管理者都已经被武装成现代西方管理学术语的熟练操作者，但他们的行为本身和所真正操作的变量，未必是西方管理学道统意义上的，也就是只有在已经或正在回答——'中国人到底用什么样的理念、什么样的方法在进行组织管理'的问题以后，才有资格去认真研究它的利弊得失，或者是创造性转化"。笔者以为，以上的论述应当把握了未来组织管理本土化研究的要旨，但还没有明确指出具体的研究问题与切入点。组织领导与权威问题是关系到组织绩效的灵魂，理应成为当下本土组织管理研究的重点，其实质也是要对本土组织中的上下属关系尤其是组织领导人与各类骨干之间的关系展开深入探讨，特别是近年来开始兴盛的本土"关系"概念应该可以成为相当贴切的切入点。

当然，中国组织领导的"关系"研究尽管力图突出"关系"现象相对于其他社会文化的独特性，但始终与西方组织研究中的人际关系学派密切相关。从国外研究背景来看，组织内部的人际关系研究越来越得到重视，业已成为管理学、社会学、心理学及社会心理学相交叉的研究领域，相应也成为组织社会学、组织心理学、组织人类学等分化学科的研究核心。以霍桑实验为发端代表的组织人际关系研究，在根本上是要挑战机械式的技术管理观，其潜在的预设也是要突出人际关系在组织管理中的重要作用。若要突破西方组织管理的人际关系研究，必须要深入到中国组织管理的经验中去寻求答案。总体来看，中国本土的组织领导与"关系"研究在大陆社科界似乎还没有得到足够的重视，而在海外特别是港台地区已经成为非常突出的关注焦点，并与中国社会文化的分析相联结，显现出相当兴盛的文化主义研究立场，其中主要又是以管理学者与心理学者为主。这部分是与华人本土心理学研究的兴起密切相关的，在社会心理学特别是本土心理学的学科立场之上，组织领导中的文化差异得到了充分关注。相对来说，社会学对中国社会的组织领导问题的研究应是集中关注于组织结构的运行逻辑，因此一般也就相对忽略了其中的文化传统意涵。本书力图打破这种学科之间的隔阂，达成某种对话，这一方面需要对既有的研究脉络有相当清晰的梳理，从中选择重要维度进而明确研究的基本框架，另一方面则需要探求合适的经验研究路径来达成这种不同学科的科际整合，从而为本土组织领导理论的建构做出探索性的尝试。

就本土组织领导的重要问题指向而言，应该仍旧集中于内在过程与绩效结果两个主要面相。中国本土组织领导最终是趋于成功还是失败，其成败的内在依据或基本缘由究竟是什么。这样的重要问题，值得长期的关注与持续的研究。由于韦伯命题的影响，一些社会科学学者仍着重从特殊主义/普遍主义的基本路向上来把握中国社会的组织特征，其实质还是局限于从特殊主义文化的角度来解释"中国人为什么组织不起来"（肖知兴，2006）的命题。然则，近年来中国经济的发展显然离不开其成功的组织运作模式，对中国得以成功的组织模式加以探讨也开始成为海内外关注的热点，亦即中国本土组织特有的人际关系形态对经济发展可能有着相当积极的作用。1980 年代以金耀基（1985）为代表的众多学者便对东亚社会经济发展较早做出了儒家伦理阐释，此后港台地区及国外针对儒家文化圈特别是华人民营企业的组织管理与组织领导进行了持续的探讨研究，并对大陆学界逐渐兴起的家族企业研究产生了重要影响。由此，当下研究的主旨常常要回答的应当不仅仅是"中国人为什么组织不起来"，更需要回答的反而是"中国人是何以组织起来的"。这一对命题的前提是要先回答"中国人能否组织起来"的问题。事实上，早期的国民性研究对此用力甚多，翟学伟（1995）在阶段性的研究成果中，特别从中国家庭结构诸子均分制的资源分配体制出发，强调了其群体内耗与内聚的双重可能性，其实质也正是要探寻"中国人能否组织起来"的问题。

当然，如果细化而言，我们这里还是必须要明确组织探讨的基本性质，经济组织与政治组织、社会组织始终有着相当大的差别：政治组织与社会组织更多地聚焦于"国家"与"社会"间的关联，其国家动员的有效性或社会初始的自发性应该是问题的重点；① 而经济组织则更多地关注"市场"中的企业组织绩效目标，尤其是企业组织领导问题。从自发性文化生成的立场来看，华人企业组织何以组织起来的核心即在于组织领导如何成功调动和凝聚下属，其组织环境中的"关系"运作与"差序格局"实践正在成为本土研究的焦点（郑伯壎，2005a）。此外，对新中国成立后"单位"体制下组织领导与权威运作的一些社会学研究，着重于从体制结构立场出发突出了"单位"组织运行的体制性背景，对组织领导中的非正式"关系"运作虽然有所触及，但相对弃置了文化传统的作用面相（华尔德，1996/1987）。从某种意义而言，文化传统的立场是要突出组织管理中的文化特色，体制结构的立场常常倾向于肯定组织管理中的结构共性，两

---

① 在对政治权威与人际关系的研究中，白鲁恂（Lucian W. Pye）明确指出，"总之，不管在思想或是行动方面，中国人都比其他发展中国家人民有'组织'的多，某些国家的人民基于种种原因就是不肯接受或无法建立大规模的组织，因此使得现代化的事业受到很大阻碍。中国人在组织方面也有维系互信和避免受伤等困难存在，但是因为他们对人际关系的期望很高，所以也非常希望从组织当中获得许多回报"（裴鲁恂，1988：145）（注：此处"裴鲁恂"为台湾地区译著中所用人名翻译，大陆学界习惯使用"白鲁恂"，后文出现情况同）。专门就当下中国政治组织与社会组织的运行逻辑加以考察，已然超出了本书个案研究的可能性，但由于原有国有企业的"单位"同样带有相当政治组织与社会组织的属性，因此本书的案例研究应该也能够对政治组织与社会组织内部的行动逻辑有所触及。

者之间似乎是截然分隔的。但笔者以为，如果从社会学立场之上的社会心理学视角出发，在中国本土组织管理特别是组织领导实践中，文化传统与体制结构之间的关联需要细致梳理，不同体制性质的组织形态与不同的文化传统之间可能存在选择亲和性。总之，文化传统立场与体制结构立场都关注到了中国本土组织中的"关系"现象，但彼此似乎缺少沟通与对话，这恰恰为本土"关系"理论在组织研究中的深化探讨与阐释创新提供了重要契机，也成为本书个案研究分析的基本出发点。

第一章 华人本土组织领导研究的基本脉络

在海外的华人组织研究中，文化传统的重要性日益得到关注，可以说呈现了文化主义的研究立场，其中又可以区分为跨文化比较与本土化取向两种研究视角。在研究内容上，跨文化比较更多集中关注于各个文化之间的组织领导权威差距问题，而本土化取向则在"权力"运作之外关注到了"人情""关系"的重要性，并逐步将"关系"与"差序格局"等本土概念深化到本土组织研究中来。在此基础上，一些研究力图将"差序格局"的概念作为连接家庭结构与组织结构之间的桥梁，并认为华人社会家庭结构相对于西欧社会与日本社会的特异性决定了其组织领导方式的特异性。总体来看，以上文化主义研究立场之下的不同研究路径尽管有诸多差异，但突出文化差异的独特性倾向是比较明显的，研究对象也多集中于民营企业特别是家族企业，其中自发性的"关系"与家族伦理的作用得到了充分的重视。与之相比较，在制度主义研究立场下，新中国成立后单位制中有着政治意义的"主从关系"得到了充分重视，其实质内涵与"关系"及"差序格局"的本土概念依然有着相当密切的关联。由此引发的重要问题是在不同体制背景下，"关系"及"差序格局"运作的基本形态究竟有着哪些差异，其核心性的维度要素在哪里，对组织领导与组织绩效都会造成什么后果。针对这些重要问题，兼顾文化传统与体制结构的双重立场，可能会成为未来中国本土组织领导研究的重要突破点。

第一节 跨文化比较研究视角下华人组织领导权威差距的凸显

组织管理中文化问题的重要性在西方管理学界已经得到了广泛的重

视，特别是随着国际经济交流的频繁与大量跨国公司的出现，民族文化所造成的管理差异进一步凸显出来。对此，较早开展跨文化研究而影响最大的首推霍夫斯塔德（Geert Hofstede），他敏锐地提出了西方管理学尤其是美国组织管理与领导理论是否适用于其他文化的难题。就此针对企业管理的民族文化差异问题，霍夫斯塔德认为有四个维度可以区分不同文化对组织成员的价值观和工作态度的影响，亦即权力差距（Power Distance，人们对社会或组织中权力分配不平等的接受程度）；集体主义与个体主义（Collectivism versus Individualism，关注于个体利益还是集体利益）；① 阴柔气质与阳刚气质（Feminity versus Masculinity，如重视生活质量还是事业成功、强调人际和谐还是追求物质）；规避不确定性（Uncertainty Avoidance，对事物不确定性的容忍程度）（Hofstede，1980）。他将前三者价值观的形成归之于不同文化中的家庭模式："对这些价值观的文化选择很明显地源于家庭：权力差距是由鼓励儿童有自己意愿的程度而产生；个人主义－集体主义是由尊重其他人的家庭凝聚力而产生；男性化－女性化是由于父母及哥、姐对弟、妹角色的模式而产生。"无论这种家庭模式塑造价值观的解释效度如何，在以上跨文化比较四个维度中，权力差距通常是被列在首位的，充分说明了组织领导中权力问题的重要性。

此外，丰斯·特龙彭纳斯（Fons Trompenaars）与查理斯·汉普登－特纳（Charles Hampden-Turner）（2003/1997）在帕森斯（Parsons）五个维度的模式变项基础上，又提出了时间变项与环境变项，以此来考察不同国家组织管理中的文化差异：（1）普遍主义与特殊主义（Universalism versus Particularism）；（2）个人主义与公有主义（Individualism versus Communi-

① 霍夫斯塔德认为个体主义与集体主义是同一维度上的两极，两者呈此消彼长的关系。Triandis（1995：41～51）则不同意这样的观点，在他看来，个体主义与集体主义两者并不构成一个维度，而是构成了一个较为复杂的文化共同体，他认为可以从以下五个方面加以理解：（1）个体对自我的定义；（2）个人目标和群体目标的相对重要性；（3）个人态度和社会规范决定个体行为时的相对重要性；（4）完成任务和人际关系对个体的相对重要性；（5）个体对内群体和外群体的区分程度。笔者以为，个体主义与集体主义的问题很大程度上虽与组织领导密切相关，但是如果将组织领导聚焦于较小规模骨干群体的上下属关系，那么个体主义与集体主义则相对着重于探讨普通个体与群体组织间的公私关联。事实上，华人"关系主义"研究范式近年来逐步取代了"集体主义"研究范式，特别是"差序式领导"的相关研究凸显了华人组织内部的"关系"差异性特征，其根本上不同于诸如日本社会的"集体主义"组织行为模式。

tarianism）；（3）情感内敛与情感外露（Neutral versus Emotional）；（4）具体专一与广泛扩散（Specific versus Diffuse）；（5）成就与归属（Achievement versus Ascription）；（6）对时间的态度（长期导向还是短期导向）；（7）对环境的态度（人与自然的关系）。然而，他们认为区分不同企业文化的还是平等－等级（Equality-Hierarchy）和以人为本－以工作为本（Orientation to the Person-Orientation to the Task）这两个维度，由此两两交叉得到了四种企业文化类型：以人为本的家庭型（重人且重等级），以角色为本的埃菲尔铁塔型（重工作且重等级），以目标为本的导弹型（重工作且重平等），以实践为本的孵化器型（重人重平等）。笔者以为，以上这两个维度的选取应当是有重要意义的，其本质是将"等级－平等"与"绩效－人本"作为两个基本独立的维度，可用于借鉴判定组织领导的基本模式。①

　　总体来看，以上跨文化比较视角的研究，其整体性、全面性的理论取向是相当明显的，往往都倾向于认为不同社会文化所存在的组织问题都是同一性的，在大规模调查基础之上的研究结论仍然带有西方管理学理论的中心色彩。就其实质而言，这种跨文化研究视角是暗含着现代化理论的基本预设的，帕森斯的模式变项理论本身即是现代化理论的重要基础。由此，此种文化差异比较容易被归为线性的发展阶段差异，非西方国家的组织行为特征往往被归之为西方国家的"现代"组织行为的"传统"对立面上去。如对中国社会而言，以上这种现代化预设下的跨文化比较理论多大程度上能够揭示中国本土的管理特色是值得商榷的。事实上，霍夫斯塔德在与彭迈克（Michael Harris Bond）研究交流后，于1991年出版的《文化与组织》（Cultures and Organizations：Software of the Mind）一书中，又补充了一个"长期导向与短期导向"（Long-term versus Short-term Orientation）维度，彭迈克曾将其正向的"长期导向"归纳为"儒家工作动力"（Confucian Work Dynamism），他认为"长期导向"主要包括坚忍、节俭、尊卑有序、知耻等价值观，"短期导向"包括礼尚往来、尊重传统、维护面子、

---

① 通过本书的深度案例研究，笔者以为这两个维度的选择具有重要意义，在中国本土组织领导中，"人本－绩效"维度可能需要修正为"特殊主义－事本主义"维度，"等级－平等"维度可能需要修正为"权力优先－人情取向"维度，其具体意涵可参见下文。事实上，要理解中国本土组织领导中的"本土"特征，或许正可以从组织领导中这两个维度所形成的不同"关系"形态及其与文化传统的勾连处着手。

稳重等价值观。同时他已然认识到"长期导向维度毫无疑问并不等同于儒家学说,如同我们已经看到的,该维度的两端都包含儒家价值观……"(霍夫斯塔德,2010/1991:223)。换言之,霍夫斯塔德也认识到此种"儒家工作动力"可能是中国社会文化的本土特色,但他始终希望将这种文化价值观加以拓宽比较,使之成为放之四海而皆准的跨文化比较研究维度。就其所关注的若干维度而言,我们可以发现权威维度始终还是占据了首要的位置,他突出强调了华人组织中相当悬殊的权威差距,与权威维度直接相关的正是组织领导问题,特别是组织领导中的上下属关系。然则,跨文化视角下的组织领导研究常常侧重于权威差距中量的差异比较,较大的权威差距似乎也是华人本土研究中曾经力图突出的最重要的"国民性"之一,但在此之外,华人组织领导中侧重于"人情""恩情"的"关系"面相被相对忽略了,这在以本土文化为根本出发点的本土化研究视角中得到了相当关注。

第二节 本土化研究视角下组织领导"权力"之外"人情"策略的凸显

与跨文化研究取向有所不同,一些学者开始从本土经验与社会文化出发来阐释华人组织领导的特色,其国外的代表人物主要有 Silin（1976）、Redding（1990）及 Westwood（1997）,在中国港台地区则形成了以郑伯壎为代表的本土组织管理研究团队。简要概括的话,Silin 的研究是要突出华人组织领导的绝对权威取向,Redding 的研究是要表明华人组织领导的"人情化"取向,Westwood 则显现了纵向权威与横向人情并重的研究定位。比较来看,郑伯壎的研究是以上系列研究的深化,特别是"差序式领导"概念及理论的建构将"差序格局"进一步系统引进到了组织领导研究中来,这为真正的本土组织研究提供了相当契合的本土概念与理论框架的切入点。但在早期的研究中,"差序格局"及其相关的差异式"关系"运作尚未得到充分关注,而更多地还是集中于考察"关系"（近通于本土"人情"概念）与"权力"之间的二元分类。

具体而言,Silin（1976:36）认为,儒家"五伦"关系的设定中,除了朋友关系之外,其余四种关系均包含着上下属的特征。在 Silin（1976:

56－57）看来，华人集体行动的基础在于组织化的正式领导层级，企业老板常常是决策的中心，能够将自己的"思想"有效地转化为行动，而下属的忠诚很大程度上也被认为是对领导者思想的理性服从。接着，Silin（1976：63－67）进一步指出，管理是高度中心化的，决策也有着相当的专制色彩，即老板在领导顶层具有高度中心的权威，其与下属之间的权威距离也就特别明显。由此，领导与部属之间的关系常常也是以控制为主的，领导对下属常常采取分而治之的策略，进而发展成为老板高高在上的组织权威结构（Silin，1976：79－80）。换言之，企业领导与下属之间的权威差距相当之大，企业领导常常预设了普通人会利用他们的职务谋取私利，由此领导对下属是以控制为主，而下属对领导也是心怀恐惧（Silin，1976：128）。这样，专制主义的领导模式似乎成了华人组织架构的基本特征，此种以绝对权威为核心的领导模式暗含了华人社会权威主义的预设判断。

与 Silin 相反，Redding（1990）对华人组织领导的研究则趋于突出华人领导"人情至上"的特征。Redding 通过对 72 位华人企业家的深度访谈，力图揭示其儒家信仰与思想体系的支撑，并将其称为华人的资本主义精神，这样的探讨应当是与韦伯命题密切相关的。在对社会心理传统的梳理中，Redding 在基本信仰与价值观方面主要提炼了儒教、道教、佛教三种价值观念，在对中国资本主义精神的把握上则最终明确了"家长制""人情至上""不安全感"三个方面。他并未能对儒、道、佛三者的关联做出有效的分析，但对"家长制""人情至上""不安全感"三者关联做了较好的阐述，在他看来，"……以下两方面之间存在着一种紧张状态：（a）儒家礼教反复灌输的文明品行、家长制、等级制和家族主义的理想和（b）在一个习惯于专制和独裁的社会中形成的不安全感。这种紧张的压力通过'人情至上'的作用而得到缓和。'人情至上'既可用以表明行为的更崇高的理想，同时又可作为对付中国社会特有的互不信任的避难所"（Redding，1990：82）。①

值得注意的是，Redding（1990：80）在提出"人情至上"观点的同

① 黄光国（1993）批判性地指出，Redding 关于"华人资本主义精神"的论述忽略了法家理念在华人组织管理中的作用。笔者则以为，Redding 这里对"家长制"、"人情至上"与"不安全感"的论述，已经关注到了传统中国"外儒内法"的社会政治环境，只是相对忽略了组织内部领导中的法家实践。

时，关注到了以企业家为中心的类似于"差序格局"之同心圆社会关系网络的重要性，但其"差序"范畴的重点在于组织外部，是从自我、关系网、企业直至社会的不断拓展。然而，在对"关系网"的讨论中，其基本的研究基础还是指向了人际网络的差序结构，"很清楚，按照所承担的不同程度的义务，人们被划入表示不同的可信赖程度的同心圆的各层中。必须理解成为同心圆中一名成员的基础是什么，因为这些同心圆是因人而异的，并无统一的模式。但是，也有某些共有的态度可以展现出某些含义，需要弄清楚它们，最好考察一下一个人对待以下两种主要关系的态度。一种是血缘或地缘关系，另一种是个人之间相互承担义务的关系，后一种关系不以血缘或地缘为基础，而是随机偶遇，并愿意与之建立某种联系的个人之间的关系"（Redding，1990：107 – 108）。当然，"差序格局"没有成为 Redding 考察组织关系的主要概念，他只是关注到了"差序格局"的同心圆这种形式上的重要性，并未再深入挖掘其内在的社会心理传统。

此后，Westwood（1997）开始集中探讨华人家族企业中相当突出的"父权制领导"现象。在他看来，父权制领导（Paternalistic Headship）包括两个方面：秩序取向（Requirements for **Order** and **Compliance**）与和谐取向（Requirements for **Harmony**）。秩序取向所内含的价值理念包括了父权制（Patrimonialism/Patriarcy）、较大的权威距离（Large Power Distance）、等级结构（Hierarchical Structuring）、权威的接受与顺从（Authority Acceptance and Deference）、角色顺从（Role Conformance）、孝顺（Filial Piety）。和谐取向所内含的价值理念包括了集体主义（Collectivism）、关系取向（Relationship Orientation）、互惠（Reciprocity）、相互义务（Mutual Obligation）、"道德"领导（"Moral" Leadership）、礼节与德行（Propriety and Virtue）、有人情味的（Human-Heartedness）、考虑周全的（Considerateness）、面子敏感性（Face Sensitivity）。由此可见，秩序取向本质上正是某种威权主义的取向，而和谐取向则体现了某种人情主义的特征，因此 Westwood 的研究体现出了上述将"威权"与"人情"两者衔接起来综合考察的取向。

在华人组织本土研究中，以郑伯壎为代表的一批中国港台学者成绩斐然，郑伯壎在对 Silin（1976）、Redding（1990）及 Westwood（1997）研究的基础上，将"差序格局"的本土概念在组织研究中理论体系化。郑伯壎（1991）较早提出了华人组织领导中"家长权威"与"关系差异"两种不同价值观的共存：在"家长权威"的价值观影响之下，企业领导常常表现出专权式的作风（Autocratic Style）与教诲式的行为（Didactic Behavior），专权式的作风主要是指部属参与决策的机会少、缺乏授权以及老板对下属单向的下行沟通较多，教诲式的行为主要是指维护老板的尊严与贬抑部属的贡献；而在"关系差异"的价值观作用下，民营企业经营者对自己人与外人的看法与领导行为有着相当的差异，老板与自己人之间常常有亲密的情感、互相信任，对自己人倾向于表现仁慈专权的行为（Benevolent Autocratic Behavior）或咨询式的行为（Consultative Behavior），给予的资源也较多，而老板与外人之间则感情较为冷淡，互不信任，对外人倾向于完全专权的行为（Complete Autocratic Behavior），给予的资源也就较少（见图1-1）。

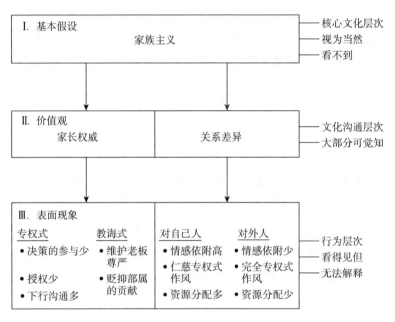

图1-1 家族主义、领导价值及领导行为间的可能关系

资料来源：郑伯壎，1991。

其后，郑伯壎进一步将"家长权威"与"关系差异"两者拓展为"家长式领导"与"差序式领导"两个重要概念。换言之，家长式领导主要集中于家长权威的建构，通过确立绝对权力位置、拉大彼此的权威距离来巩固领导，差序式领导至少在对重要下属则采取一种缩小彼此距离的方式来巩固领导，前者应是以控制为主的硬性领导，后者则是以信任为主的软性领导。因此，郑伯壎的系列研究本质上是与 Westwood 同步的，也是对华人组织领导与下属信任与控制问题研究的延续。但在 "威权" 与 "人情" 之外，郑伯壎、庄仲仁（1981）在研究军队基层领导行为效能时还发现，"品德" 是华人领导的一个重要方面，亦即发现了华人组织领导中 "公私分明" 要素的重要性。在他们看来，这一 "崭新的因素，能够说明领导者是否大公无私，不占部属的便宜、不偏袒少数人等，这个因素以前的研究并没有注意到"。与之类似，凌文辁（1991）提出的 CPM 理论中也强调了德行是华人领导的必备特质，即在工作与人际关系之外提出了领导者道德素质的重要性。他们对日本学者三隅二不二编制的 PM 量表做了重要修正，提出了在工作绩效 P（Performance）、团体维系 M（Maintenance）之外，个人品德 C（Character and Moral）的重要性。[①] 谢贵枝、梁觉（1998）等人更是直接提出了领袖 "德行" 在中国组织中具有相当的重要性，并通过经验研究说明领导 "德行" 仍对公司业绩有着影响作用，但其探索性的研究还没有在理论层面做出深入的拓展。

在此后更为系统的理论建构中，樊景立、郑伯壎（2000）明确提出了家长式领导的三个组成元素：威权领导、仁慈领导及德行领导。其基本的论述回到了儒法关联的讨论，亦即认为威权领导的背后有着法家思想的指引，而仁慈领导与德行领导均可视为以儒家意识形态为基础。在组织领导理论的架构上，其全面性与概括性无疑是相当到位的，并且其归纳的领导方式与西方组织理论以人为主与以工作为主的领导方式之间也有着共通性。[②] 此后，郑伯壎（2004）特别突出了德行领导的重要性，重点突出了家长式领导、差序式领导、德行领导与员工忠诚四项议题。特别是将德行领导从

---

① 凌的原因推断带有比较明显的大陆特色。他明确指出了这一模式是 "干部政策" 的要求，但同时也指出了其传统性的要素：一是 "德才兼备" 是中国传统文化与道德伦理观的要求；二是可能与中国的法制不健全、长期性的裙带关系、任人唯亲使得 "德" 的要素特别重要；三是可能与中国的集权体制与中国人的国民心态有关，"中国人总是把希望寄托于开明的领导人身上，期望那些 '德高望重' 的人来当领导，以抵消 '官本位' 带来的弊端"（凌文辁，1991：436～437）。

② 此外，在对该理论模型的批评中，谢贵枝（2000）认为这样的架构易于忽略组织领导人的 "能力" 要素，而过于集中在了仁慈领导与威权领导的恩威两面相。但是笔者以为对领导者 "能力" 要素的搁置也是必要的，"能力" 通常意义上还是指技术能力，而对相关技术与生产程序的掌握只是前提条件，而并非组织管理的核心要素。如果就管理 "能力" 而言，好的管理者始终是能够用好恰当的人才做好事情，而非自己直接处理各项技术性事务。

家长式领导中抽离出来，强调其在中国文化情境下的独特作用。借鉴凌文辁等人的研究，郑伯壎等人将其德行领导分为了公平无私、正直不阿、廉洁不苟、诚信不欺、担当负责、心胸开阔以及以身作则共七个方面（黄敏萍、郑伯壎、徐玮伶、周丽芳，2003）。笔者以为，这样的细分应该是基于其量化研究的需要，但反而使得彼此的意义关联趋于复杂而较难理解，其无所不包的华人组织领导框架则难以考察在何种情境下究竟以何种领导作为主要形态，这可能才是未来亟待深化研究的重点。值得突出的是，在中国社会"私德"性的文化背景下，"道德"维度与"人情"维度的界限可能并不非常清晰，"权力"与"人情"之间的张力可能才更具有根本性，厘清这两者之间的关联可能才是华人组织领导研究未来的重点之所在。

从总体的研究路径来看，按照郑伯壎（2005b）本人的看法，华人组织的文化研究路径又可以分为三种基本方向，即本土化策略、跨文化策略以及整合性策略。所谓本土化研究策略，亦即主要是以民族志、参与观察、个案研究等方法，通过深描的方式来归纳出重要的概念、命题及理论，其结果往往是形成本土特殊性的理论框架；跨文化研究策略则大多是将已经较为成熟的概念及理论，在不同地区做验证性的研究，其结果往往是巩固了普世性的理论架构；整合性策略则是希望整合本土化策略与跨文化策略，以取得互补之效。如将本土化策略所获的概念与跨文化策略中的类似概念加以比较，有助于考察其概念及理论的特殊性抑或普遍性。这样来看，霍夫斯塔德的系列研究基本可归之为跨文化研究策略，郑伯壎本人的系列研究目前尚处于本土化研究策略的阶段，尽管目前郑伯壎及其团队研究正力图发展整合性策略，但似乎尚未有整体性的突破。其中的核心问题或许在于，如果本土化理论是以本土社会作为基本研究对象，仅仅从文化角度来探察这种特殊性或普遍性，那么其实就相对搁置了外部的结构性要素。事实上，对新中国成立后大陆单位制的组织领导方式研究较多的是以华尔德（Andrew G. Walder）为代表的一批美国社会学者，他们倾向于对单位组织中的上下属关系持某种结构主义的"主从关系"研究范式，其基本观点是认为"主从关系"中在集体表象的意识形态之下，同样掺杂着大量非正式私人"关系"的要素。因此，在不同体制背景下所诱生的不同"关系"形态的差异，仅局限于文化主义的研究立场往往是难以全面考量的，华人组织研究的整合性策略或许需要在文化/制度的勾连之中来达成。

第三节 制度主义研究立场下"单位"组织中 "主从关系"的权威依附倾向

前述跨文化或本土化视角的管理学或心理学研究，主要突出了文化的差异性特别是不同民族国家文化传统的差异。但是，我们必须明确的是，以上的研究视角往往暗含着这样的认识预设：文化传统价值观→个体的心理与行为→组织领导实践的独特性，这种文化主义的研究立场常常忽略的是组织外部的体制结构背景对个体行为的影响。换言之，文化主义取向的研究往往偏重于价值层面的伦理定位，而相对忽略了结构层面的作用与个体利益的选择，从结构层面作用与个体利益选择两者的张力出发常常是组织社会学对组织领导权力问题的基本立场。社会交换论对待权力问题正是从个体利益自发选择的角度出发的，由此在组织领导与权威方面主要形成的是管理学中相对盛行的领导者－部属交换论（LMX）。但是，无论是文化特殊性的组织领导行为研究，还是结构普遍性的领导者－部属交换论，大都以市场经济背景下的民营企业或家族企业为研究对象，而相对忽略了新中国成立后大陆以全民所有制与集体所有制为主体的"单位"组织中的领导权威形态与"关系"现象。事实上，恰恰是这种"单位"体制下的"关系"现象，引发了国内外社会学界的相当关注与理论探讨，形成了制度主义取向的突出权威依附的"主从关系"研究范式。[①]

在制度主义研究立场下，华尔德（1996/1987）较早对改革前中国工厂"单位"内部的组织权力关系做出了非常精到的分析。在他看来，"单位"组织关系模式是由新中国成立后的政治与经济组织形式决定的，是由于"单位"体制所形成的个体对单位及领导"制度性依附"的结果，亦即工人在经济上依附于企业、在政治上依附于工厂党政领导，以及在个人关系上依附于车间直接领导。在此种结构之下，形成了与之相适应的"制度文化"，普通工人在此种环境下采取的争取自身利益的策略是要与组织领

---

① 可以说，"主从关系"的研究范式是在对"单位制"的政治社会学及政治经济学研究传统中逐渐确立起来的。这种"主从关系"的研究显然并不局限于对中国城市社会的工厂"单位"研究，同样也应用于对中国乡村"单位制"的研究之中（Oi, 1989）。进而言之，"主从关系"是与计划经济体制的再分配经济形态与政治形态密切相连的。

导建构"实用性的私人关系网络",这也是计划经济组织资源的配置体制决定的。与此同时,以组织领导为核心也就形成了与积极分子之间"有原则的任人唯亲制度",即既符合政治原则又在根本上有着私人连带的职务体制,由此造成了少数积极分子与多数普通群众之间劳工队伍的纵向分裂。总体而言,他指出了其所要对话的极权主义理论模式与"集团 – 多元主义"理论模式在解释"单位"权力关系方面的不足。"集团 – 多元主义"理论模式倾向于用西方自组织的利益表达方式解释"单位"内部的权力关系与利益冲突,而极权主义理论模式则完全将意识形态的价值取向等同于真实实践。华尔德对此指出:

> 党的基层组织在忠实的基本群众(loyal clients)里发展出了一套固定关系网。这些基本群众以他们的忠诚与支持来换取职务上的提升以及其他方面的奖励。结果是一套高度制度化的上下互惠关系网(network of patron-client relations)的产生。这一关系网是由党来维持的,并且成为了党的统治中不可分割的一部分。在这一上下间的互惠体系(a client system)中,积极分子对党及其意识形态的非个人化的忠诚同他们对党的基层干部的个人化的忠诚掺杂了在一起(华尔德,1996:7)。

以上译为"上下互惠关系"的"patron-client relations",亦即"主从关系"。译者龚小夏在同页的译注中指出:"clientalism 以及与其相关的 patron、client、a network of patron-client relations 等概念是本书中的核心命题。Patron 和 client 这一对概念在中文中没有相应的意译。它指一种建立在相互有利的基础上、包含有保护与被保护、赞助人与受贿者性质的关系。"①"主从关系"的形成常常得益于积极分子在领导处的"表现","所谓'表现',是中国的企业领导在对职工的行为进行主观性的日常评价,并

---

① 华尔德(1996:148)同时指出,这种"有原则的任人唯亲制度"具有上下施恩与回报"主从关系"(patron-client tie)的结构性特点,也有着随时发展成为个人之间"义气关系"的可能,亦即"主从关系"中的"任人唯亲"倾向与传统私交性"义气关系"两者在"单位"体制下仍然有相互转化的可能,或者说两者有着趋于混合的趋势。本书的个案研究则趋于将这两者做出某种对应性的区分,"主从关系"不可能没有双向的社会交换,但上下之间的权威差距与等级距离相当明显,"义气关系"则应指向于去权威化的"朋友关系",此中的内涵差异则需要通过对文化传统的细致分析加以阐释。

据此来决定他们在企业内所得到的待遇时所采用的概念，它体现了受奖惩的行为准则"（华尔德，1996：148～149）。"表现"不可避免地带有相当的含混性，其在正统定义上无疑是强调对于领导和党的路线的政治忠诚，但实际上则常常形成上下间施恩回报关系的网络。以这种上下施恩回报关系为基础，华尔德也关注到"单位"中存在的"派系"现象，但始终认为这种派系并没有脱离上下间的施恩回报体系而独具特色，这样，他主要建构的还是"领导－积极分子－普通群众"三级庇护网络的理论框架。

随后，李猛等人（1996）批判继承了华尔德针对中国"单位"的"领导－积极分子"的庇护主义范式，他们认为不同领导与各自相近的积极分子构成的一些小集团构成了某种派系结构的划分，进而展现出了"派系结构"的研究范式。在李猛等人（1996）看来，派系结构首先是单位内基本的权力结构，这种权力结构与正式的权威结构并不对应，从而作用于单位内的决策与执行过程之中。其次，派系结构也是单位内基本的利益结构，即单位领导的利益是根本不一致的，其利益分歧通过派系结构扩大化了。也就是说，单位领导利益的不一致决定了其派系结构的形成，单位中几乎不存在华尔德所谓的面对所有领导的积极分子。单位内部的利益群体并非多元主义的职业和分工群体之类的利益群体，同样也不是横向层面的阶层划分，而是与派系结构相对应的派系群体。再次，派系结构是单位内基本的行动结构。他们认为，华尔德所强调的积极分子的"表现"实质上是他与其上级领导的派系关系，在调资、分房等利益竞争中，行动结构的特点表现得最为明显。最后，派系结构是不断再生产出来的。在他们看来，只有少数单位成员不属于任何派系，而每一派系都有其核心与边缘成员，并随着形势变化而有所变动。总之，他们认为派系结构的不断再生产构成了单位内部的行动渠道、信息渠道与交换渠道，派系结构决定了"单位"内部的利益分配路径，同时各个派系及其成员常常又会随时调整而不断加以再生产。

应该说，"单位"的"派系结构"相对于"庇护主义"的论述应当更为准确。更为重要的是，"派系结构"只是否定了领导与积极分子之间整体性的庇护主义，而并不能否定个人关系基础上的"庇护主义"，"派系结构"在某种意义上还是建立在具体领导与积极分子"庇护关系"（即"主从关系")之上的。此外，尽管同一派系内部的组织领导与积极分子之间也构成了某种交换，但是积极分子对组织领导的权威依附无疑是占据主导地位的。与这种"派系结构"的继承性批判不同，蔡禾（1996）则对华尔德体制性依附基础上的权威加以批驳，他认为国有企业普通职工有着"铁饭碗"的保障，单位领导的实质性权威是相当有限的。笔者以为，这样的经验质疑其实反映了国有企业在改革之前令不行禁不止的局面，组织领导对不服从管理的工人常常是束手无策的，其对象也主要是针对华尔德所指称的"非积极分子"或"普通群众"。华尔德论述的重点可能还是集中在"领导－积极分子"的庇护关系（即"主从关系"）之上，"积极分子"在入党、提干方面的需求决定了他们积极效忠领导的行为，由此才造成了"积极分子"与"非积极分子"之间的分离，亦即潜在的"干部"与"群众"之间的分离。当然，蔡禾的评论使我们认识到必须明确"单位"组织领导研究的侧重点，一般意义上组织领导研究的侧重点往往还是集中于各类骨干精英的层次，亦即突出分析组织领导与各级骨干之间的关系形态的重大变化。

总体来看，华尔德、李猛等人的研究始终是侧重于对"单位"组织的结构性考察，中国社会"单位"组织领导中的权威差距或权威依附在此着重是从体制层面加以解释的，这实质上为我们理解华人组织领导的权威问题提供了一种新的视角，但由于学科之间的隔阂与偏见，这样的制度主义立场是跨文化、本土化等文化立场的华人组织领导研究所忽略的。当然，华尔德对"单位"组织领导及"关系"形态的结构性考察应该有两个方面的拓展可能：一是"单位制"背景下的"主从关系"研究具有某种静态结构化的倾向，而随着计划经济向市场经济的体制转型，部分"单位"已然解体或在中国社会催生出其他类型的自发性经济组织形态，其对"单位制"的组织领导权威依附形态构成了怎样的作用，或者说"主从关系"本身是否发生了相当的变化；二是"文化传统"在结构性视角下常常也是被忽略的，"单位制"更多被理解为外来计划经济体制的产物，似乎构成与中国传统社会文化的某种断裂。但如果细究而言，"单位制"本身可能并未实现某种计划经济"科层制"的预设，其中"主从关系"的运作本身可能很大程度上带有中国传统官僚政治的文化特色，突出权威依附的"主从关系"研究范式对"文化传统"的割裂恰恰可能是其最大的缺憾。

事实上，华尔德也认识到了某种"新传统主义"的可能性，但他一直强调"无法从文化传统的角度来解释现代的新传统主义"，这一方面是由于"文化传统无法解释自身的延续性"从而有着导致同义反复的危险，另一方面则是由于"无法确定哪种'传统'的确体现到了某个当代的社会制度机构"中。同样，李猛等人的"派系结构"的理论观点也是建立在新制度经济学与组织社会学基础之上，此中的"文化传统"同样被搁置起来了。然而，值得关注的是，华尔德引用默顿等人的论述又指出，"文化的延续必须通过文化与制度结构的关系来解释，而制度结构本身却是以延续文化为目的的"（华尔德，1996：11）。可能正是在这个意义上，华尔德仍然沿用了"新传统主义"的概念提法，尽管他特别强调这种"新传统主义"是工业权力结构中的现代类型。此外，他在注释中还指出，"上述的说法并不表明我认为不能对关于'文化传统'影响进行深入的认真的讨论，而是说，我们必须小心使用并认真定义这一概念，不能在讨论关于民族国家间的差别时一旦遇到没有现成答案的问题便随便借用它来抵挡。同时，我也不因为认为这一模式属于现代类型便否定它在将来有可能朝一个未知的方向发展"（华尔德，1996：31）。可见，尽管在制度主义立场下，"关系"特别是"主从关系"常常是被作为普遍性的体制结构现象而非特殊性的传统文化现象，但文化传统的问题始终需要面对。与之相关联的是，在以本土文化为立足点的本土化研究视角中，以"关系"与"差序格局"为核心概念的本土组织管理研究也已显现出从文化取向到结构取向的某种转变，力图对华人组织中"差序格局"的结构性特征加以解析。这种研究理路已构成华人组织领导研究的主流，特别是在华人家族企业或民营企业研究中起到了重要的推动作用。当然，这种从文化来理解结构的研究思路尚未进展到外部宏观体制的层面，但无论如何，中国本土的组织领导研究脉络中，文化主义立场与制度主义立场可能都认识到了彼此存在的重要性，"关系"与"差序格局"等本土概念的深化研究或许能为两种立场的沟通对话提供可能。

第四节　从文化到制度："关系"及"差序格局" 在本土组织研究中的再定位

如前文所述，以郑伯壎为代表的港台地区的学者在对华人组织领导研究中，已经倾向于将"差序格局"与"关系"的本土特色作为本土组织管理的核心之所在，郑伯壎所提出的"差序式领导"已然突出了华人组织领导中差别性"关系"的重要性。可以说，如何将"差序格局"与"关系"概念应用于组织研究之中已经成为当前学界的一个热点问题。事实上，"差序格局"这一本土概念的组织应用在杨国枢、黄光国等人早期的华人社会心理与组织心理研究中已现端倪。黄光国的"人情与面子"理论模型较早对"差序格局"做了系统的深度阐释，他将"情感"和"工具"置于一个维度的两端来对"差序格局"加以解读，进而认定在由己外推的过程中，由内而外存在着情感性关系、混合性关系及工具性关系三个层次的关系带。其中以情感性成分为主的"情感性关系"的交往遵循需求法则，以工具性成分为主的"工具性关系"的交往遵循工具法则，两种成分比较接近的"混合性关系"交往则遵循人情法则。换言之，黄光国倾向于认为"差序格局"由内而外的情感性成分不断降低，工具性成分不断提高，中间地带则是情感性成分与工具性成分相混合的区域（黄光国，1988）。与之类似，杨国枢（1993）所做的"家人－熟人－生人"的关系分类大致相当于黄光国"情感性关系－混合性关系－工具性关系"的分类方式，他同时指出中国人在家族以外的团体与组织中，会采取比照家族主义的"泛家族主义"取向，此种"泛家族主义"的基础也指向于"差序格局"式的"关系"分类。①

---

① 其理论建构的内部问题或许在于，与"情"相类同之"义"在"差序格局"由外而内的"关系"中是不断强化的，"义"与"利"相生相克的混合性关系才构成了"差序格局"微观"关系"实践本质，"情感"与"工具"的二分本身即是西方个人主义关系的特质而非多数中国人所能接受的（沈毅，2007）。如果将其放入组织研究之中，笔者通过本书下述个案研究推导出本土组织领导的两个核心性问题：一是组织内部以企业家为中心的上下属"关系"究竟是趋于等级化的（权力优先）还是较平等的（人情取向），二是这种"关系"的发展定位是偏能力取向的还是纯关系取向的，是以绩效事本主义作为基础还是纯粹关系特殊主义的。

徐淑英与樊景立（Tsui & Farh, 1997）进一步将杨国枢的理论模式引入到组织研究中来，他们认为"同事"之间的关系也主要存在着家人、熟人及生人三种类型，其人际互动类型与互动法则也有所不同：家人之间遵循的是义务法则，熟人之间遵循的是人情法则，生人之间遵循的则是功利法则。略有不同的是，他们突出了"生人"中"人口统计资料相似性"的重要性，即对这种具有类似身份的生人而言，其所遵循的是带有某些情感的功利法则。而在黄光国所作"关系"分类的基础之上，陈介玄（1990,1998）进一步对台湾中小企业的人际关系展开了经验研究，并提出了"情感与利益加权关系"之模式，将关系大致分为"情感取向利益关系"与"利益取向情感关系"两种，这可视作是对黄光国"混合性关系"的进一步细化。与之相似，余伯泉、黄光国（1994）也曾经区分了"工具性的人情关系"与"情感性的人情关系"，在他们看来，"工具性的人情关系"一般是将人情作为一种工具，主要包括所谓的拉关系、走后门，一般对组织起到的是负面作用；而"情感性的人情关系"则是将人与人之间的情感作为目的，诸如提出员工将公司作为家庭、公司要关心员工需要，从而对组织起到的是积极作用。这样的区分本质上也是在黄光国"情感性关系/人情关系/工具性关系"三分基础上做的细化的四分处理（亦即情感性关系/情感性的人情关系/工具性的人情关系/工具性关系）。

在此基础上，陈介玄、高承恕（1991）提出了"信任格局"，"信任格局"的概念提法不同于西方典型的基于契约的权利与义务观念，此种人际信任的核心在于由"亲"而"信"。同时，"所谓的'亲'却又并不狭窄地局限于'血亲'或'姻亲'。举凡好朋友、好同事、好部属，只要经过相当时间的亲近与互动，都可能由'疏'而'亲'，由'远'而'近'"（陈介玄、高承恕，1991：40）。与之相似，石秀印（1993）根据大陆国营企业的内部状况来探讨中国人的"人我关系"，他将个人如何对待他人分为"指向他人"与"指向自己"两种取向，并细化为了十个两极向度（谦让/争取，顾人/顾己，爱人/整人，救助/冷漠，服务/懈怠，热情/冷淡，真情/功利，自愿/被动，保人/自保，合作/自顾），进而提出了中国人的三种人际交往模式：功利互换、感情互换及真心互换。他从需要、感情、价值观三个要素出发来探讨造成这三种人际交往模式的根源，突出了人际交往的动态性与"关系"、"感情"正向、负向发展的双向性，但其中又存在着较多的重复与交叉。"信任格局"与"自我与他人关系"均可视为是对"差序格局"概念的有效阐发与细化研究，其揭示了组织内部"关系"发展的动态性特征，并提供了比较充足的经验支撑，但似乎尚缺乏进一步深入的理论拓展及提升。

总体来看，以上突出"关系"内涵的研究循着家族主义"人情化"的理路，多数研究其实是突出了"人情化"关系的特殊主义面相。在对华人组织管理的专文中，杨国枢（1995）明确提出要探讨中国人的家族主义、家族化历程、泛家族主义与组织管理之间的关联。他重点分析了家族化历程的心理含义，并认为此种"泛家族主义"是"一种复杂的刺激类化或概化（stimulus generalization）"，中国人正是经由这一刺激类化的过程将家族的组织特征、人际特征及行为特征推广到家族以外的团体。尤为重要的是，杨国枢特别突出了组织沟通方式、组织决策方式及组织（资源）分配方式三类特征的类化，亦即"沟通方式、决策方式及分配方式三者，构成了家族的领导方式"（杨国枢，1995：37），这点应是很有创见的，然则家长是否在沟通、决策及分配方面拥有绝对权威，如拥有绝对权威其是否也适用于其他组织与团体尚待考察。在对泛家族主义与组织管理的梳理中，杨国枢区分出了"企业文化的泛家族主义观"、"父权家长式权威的泛家族主义观"及"自己人意识的泛家族主义观"，父权家长式权威与自己人意识两者之间应该蕴含着郑伯埙所谓的"家长式领导"与"差序式领导"之间的张力。① 换言之，杨国枢在这里可能已经认识到组织领导的两个重要面相："权力－人情"与"自己人－外人"，而前述多数集中于"关系"或"差序格局"的本土组织研究正是着重从"自己人－外人"的差序特征来考察组织领导上下关系，并倾向于认为中国本土组织领导中存在以亲疏远

---

① 此后，张翼（2002）正是在杨国枢家族主义与泛家族主义的理论观点基础上提出了大陆大中型国有企业的家族化问题。他通过个案分析的方法，力图证明中国的国有企业中存在着：（1）内部职工关系的家族化；（2）企业资产配置的家族化；（3）企业权力配置的家族化；（4）企业管理方式的家族化。他主要是要说明三线国有企业和东北的某些大型国有企业城，呈现以家族网络为中轴而形成非正式组织的特征，职工在这样相对封闭的社区中，必然会依靠家族纽带获取资源，进而追求自己的利益最大化（张翼，2002：337）。此外，他特别指出，当企业领导在改革过程中，以自己家族网络垄断企业的某些要害职位时，极易造成"内部人控制"之"家天下"的后果。总体而言，以上以"家族主义"、"家族化"等为主题的文化立场的研究较多聚焦于其影响企业发展的消极面相，而相对忽略了"家族主义"所可能产生的积极功效。

近为根本特征的"特殊主义"。

受到这种亲疏远近"关系"性研究的影响,郑伯壎(1995a)系统地将"差序格局"引入到组织管理研究中来。他从组织心理学的学科立场出发,重在考察企业家对下属的认知分类,即从关系、忠诚及才能三个维度入手来对这种人际认知加以分类。具体而言,按照关系亲疏、忠诚高低及才能大小,企业家可以将企业组织成员分为八种原型(Prototype),亦即经营核心(亲/忠/才)、事业辅佐(亲/忠/庸)、恃才傲物(亲/逆/才)、不肖子第(亲/逆/庸)、事业伙伴(疏/忠/才)、耳目眼线(疏/忠/庸)、防范对象(疏/逆/才)及边际人员(疏/逆/庸)。同时,郑伯壎指出,这样的认知分类既具备一定的稳定性,又具有相当的动态性,即企业家与员工在互动过程中,由于某些事件的影响作用,企业家完全可能进行重新调整归类。笔者以为,关系、忠诚及才能三个维度的选择有着重要意义,郑伯壎没有局限于前述偏重于情感与工具二分的组织关系研究框架,而是突出了忠诚与才能这类个体素质(亦即德与能)的重要性。进而言之,组织中的人际关系毕竟不同于社会交往中的人际关系,组织领导可能要同时考虑与下属的先赋关系及其个体的能力与道德。然则,郑伯壎是在先赋关系的意义上来界定"关系"内涵的,尽管他突出了对下属认知分类的动态发展,但对下属任用的偏向能力绩效与纯粹关系取向的重要问题被掩盖了。在笔者看来,"忠诚"本身即有着某种特殊主义"关系"发展的倾向,先赋性的亲缘特殊主义关系与获致性的效忠特殊主义关系两者即有着加以合并的可能。这样,针对下属关系、忠诚及才能的三元认知架构即可以简化为"能力绩效导向 – 特殊主义导向"的二元划分,从而突出组织领导中"事本主义 – 特殊主义"的重要维度。

实质上,如前文所述,中国社会的"私德"化倾向应该是非常明显的,下属"忠诚"这一表面看来带有较多德性意涵的维度实质上是指向于上下属之间的"关系"互动的。正如从组织领导面相出发,郑伯壎所做的威权领导、仁慈领导、德行领导的三元划分一样,"德行领导"的面相可能也更多地可以被包含于"仁慈领导"之中。在郑伯壎的三元糅合的华人组织领导建构中,以"仁慈领导"为根本特征的"差序式领导"与以"威权领导"为根本特征的"家长式领导"之间的矛盾张力同样被搁置起来,亦即组织领导上下关系中究竟是"人情"为重抑或"权力"先行的根本问题，在郑氏的理论建构中被"恩威并重"式地糅合在一起而加以忽略。要言之，郑伯埙系列研究的重要不足在于，相对忽略了华人组织领导中"权力优先－人情取向""事本主义－特殊主义"两个重要维度的内在张力。"事本主义－特殊主义"的维度更多体现于组织领导在对下属认知基础上的任用方面，而"权力优先－人情取向"的维度则更多指向于组织领导在与下属的日常互动过程之中。由此，这两个重要维度已然涉及组织结构的根本问题，郑氏的相对忽略可能部分地是由于其局限于文化立场的研究路径，本土心理学研究在中小民营企业组织内部微观运行机制方面有其优势，但相对忽略了组织运行的宏观体制背景，在就华人民营企业为对象的研究中难以采取更好的分析路径，进而趋于糅合性的综合式理论建构。事实上，外部宏观体制与不同组织性质显然有可能形成有所差别的组织领导上下"关系"形态，对此只有在不同组织结构的比较分析中才能揭示出来。因此，笔者以为要进一步完善华人组织领导研究的整合性策略，可能不仅要达成本土化与跨文化之间的沟通，更要探索文化传统与体制结构之间的相互关联，跨学科的科际整合策略可能更有助于达成对本土组织领导的深化认识。

事实上，人类学、社会学等其他学科的本土研究已经关注到了组织结构的重要性，特别是从家庭结构的视角出发来考察华人家族企业的一些研究，通常采取了将中国、日本与西方在家庭结构与组织形态类型方面加以比较区分的立场。如陈其南（1986）较早对传统家族制度与企业组织的关联做了社会文化的分类研究，并做出如下判断，"中国式的企业经营形态虽然在其他许多方面并不输给西方和日本，但仍无法克服我们所说的一个结构性的弱点：中国人偏重系谱关系和差序关系的营利经营方式，相对于西方的'契约关系'与'市场规范'的经营方式而言，不能免除传统家族观念和人际关系的束缚；相对于日本的'身份关系'与'共同体'理念的经营方式而言，则又缺乏团体认同感和忠诚态度"（陈其南，1986：30）。在他看来，西方契约关系与其个人主义的家户经济体相联系，日本企业的特征则源于其"家"共同体的绝对优势，而中国企业内部则显现了某种差序关系导向的组织特征。林南（Nan Lin，1988）在对不同社会家庭结构的解读中，进一步从财产与权威两种家庭资源继承的视角出发，探讨华人社会不同于西方社会与日本社会的基本特征。在他看来，西方家庭重财产资源转移而基本没有权威资源的转移，日本集体主义则源于其家庭财产与权威资源的同质性转移，中国家庭结构则呈现财产诸子均分与权威长子继承的异质性矛盾特征。此后，翟学伟（1995）对林南的理论模型做了重要修正，在他看来，中国家庭资源继承的核心是为财产而非权威，父子血缘关系决定了诸子的财产继承权，在财产资源无法完全平均分配出现的矛盾情况下，权威者不得不借助于儒家伦理的教化作用，由此他针对中国人社会行为取向建构了个人权威、道德规范、利益分配与血缘关系四要素相联结的本土理论，进而认为中国社会呈现既不同于西方个人主义，也不同于日本集体主义的特征。

以上的系列研究都是从家庭结构出发来探讨不同的社会文化与组织结构差异，这样的研究理路对华人家族企业的生成发展有着相当的解释力，但从根本上看仍可将之归为自发性的文化主义研究范式。然而，如果考虑到宏观性的体制结构背景，这样的研究理路即存在相当的困难。以上述林南的研究为例，他明确地运用"差序格局"的概念，将微观的家族结构外推到宏观的社会结构之中，这应该也是他以"中国家庭与社会结构"为论文标题的主旨所在。必须明确的是，此种从微观探知宏观的研究理路所内含的知识社会学预设是以自发性的"社会"生成作为依据的。① 受到港台地区这种研究路径的影响，大陆管理学、社会学也针对改革开放以后体制外生成并不断发展的家族企业展开了系列研究，从而拓展了差序式领导及关系治理的应用分析（陈戈、储小平，2008；杨光飞，2009）。然则在中国社会，宏观体制的变革转向固然有着微观实践的内在需求，但其体制转型与政策导向的外部突生性始终不是微观家族结构所能解释的。以国有企业或乡镇企业的发展转型为例，其外部体制背景经历了从计划经济向市场经济的过渡，其领导体制的变迁显然不能用传统的家族结构来加以解释。当然，资源分配始终是组织领导中的重要方面，此种侧重于资源与结构的研究路径始终值得借鉴并加以深化。就某种意义而言，家庭结构仍可以从

---

① 正是在这样的知识社会学预设之下，西方社会学理论中的社会交换论、符号互动论、常人方法论、拟剧理论等微观社会学理论都暗含着由微观而及宏观的认识论传统，特别是布劳（Peter M. Blau）明显表现出了这种理论雄心。姑且不论这样的研究理路或知识传统是否能真实反映西方社会自身的运行逻辑，但至少可以说均暗含着西方自由主义的价值理念。

自发性的儒家文化加以解释，但组织领导实践中所蕴含的多种文化传统，则可能并不仅仅是儒家文化传统所能全部涵盖的。

比较来看，郑伯壎在对"家长式领导"与"差序式领导"的系统研究中，对组织领导的文化传统还是做出了很好的把握的，尤其是系统论述了儒法相融的组织领导文化。但是他并没有关注到不同体制背景下文化传统的选择适用性问题，并且其组织心理学的立场使得其集中关注于企业家的认知特征，而相对忽略了外部市场经济与私有产权等体制结构背景。梁觉等人（2000：214）在对郑伯壎系列研究之研究对象的拓展方面也强调："大陆企业在共产主义的背景下，经历了从国营企业到现今多样性的经济形式并存的阶段，与台湾、香港的企业相比，二者的政治体制、经济体制，以及企业管理面临的课题都很不同。"换言之，侧重于家族企业的本土组织研究，始终难以把握宏观体制性的结构意涵，更难以理解中国大陆宏观体制转型对组织领导模式的重要意义。可以说，当下中国大陆进行的整个改革，无疑是一次巨大的社会转型与体制变革，也为社会科学的理论发展与实际应用提供了大量的经验素材与实践场所。更为重要的是，大陆近年来的体制转型为不同性质组织的运行方式与"关系"形态考察提供了新的契机，亦即"差序格局"与"关系"在不同体制背景下的组织运作中可能会呈现不同的基本形态与结构特征。文化与结构相关联的思路，既有助于考察在不同体制结构的背景之下，中华文化中的不同脉络是何以在组织管理中承继实践的，同时应该也能为理解改革开放以来中国经济改革的成功与未来潜在的问题提供一个宏观与微观相衔接的切入点。

第二章 研究方法与对象选择：体制转型 背景下个案叙事研究的契合性

综前所述，"关系"视角虽然开始纳入组织研究之中，但不同的研究视角之间始终缺乏深入的对话，即如郑伯埙从文化立场，华尔德从结构立场对组织领导"关系"的探讨，均相对忽略了不同结构背景下的"关系"内涵。由此，本书力图通过拓展个案法进一步深化组织中的"关系"分析，在研究视角方面将采取一种体制结构与文化传统相糅合的本土视角，由此出发来揭示本土组织领导模式在不同体制背景下的结构形态及其组织后果。事实上，在已有组织研究的深度探讨方面，个案研究具有相当的研究优势，因此选择合适的研究个案是非常重要的。在传统的实证研究思维中，个案研究的代表性是被质疑的关键，但是深度的个案研究始终是理论创新的重要源泉。如果进一步拓展至实证研究路径之外，以质性研究为基本取向的叙事研究可以更好地勾勒出"人物"与"事件"基础之上的"关系"形态，以及更广泛的体制结构背景与文化传统选择。已有的"差序格局"及"关系"研究大多与质性研究及叙事研究方法有着相当的契合性，但将其引入组织研究中并探讨不同组织结构中的"关系"内涵与基本形态则是本研究的重要探索。同时，在体制转型背景下，对"关系"形态及其组织领导模式变迁的探讨，也比较适合采取叙事研究的方法，根据某典型个案而采取的拓展个案方法应该是衔接微观"关系"实践与宏观组织结构之间的重要方法，也成为本书所采取的最重要的研究方法尝试。

第一节 研究方法的选择：从案例研究、 质性研究到叙事研究

如上所述，本书拟采用个案研究的方法来考察组织领导中的"关系"

内涵。然而，个案研究的代表性问题始终困扰着国内外社会学界，这似乎也成为个案研究的致命弱点。罗伯特·K. 殷（Robert K. Yin）则认为，每种研究方法都可能服务于三种目的：探索、描述或者解释，实验法可以有探索性的实验、描述性的实验与解释性的实验，案例研究也就可以区分为探索性的案例研究、描述性的案例研究与解释性的案例研究。解释性的案例研究用于理论推演时，理论对个案归纳的作用被称之为"分析性归纳"，这是不同于"统计性归纳"的一种归纳方法。"统计性归纳"一般是通过样本抽样的方法推论总体属性，是学术界公认的进行统计和调查时最常用的归纳方法，但如果将"统计性归纳"作为案例研究的归纳方法，则可能成为案例研究的致命错误。"分析性归纳"则有助于从个案直接上升到理论，并直接从个案中探明因果关联，因此又可以将这种解释性案例研究称作因果性案例研究。他明确指出，"人们对于案例研究法的一个常常挂在嘴边的指责，是认为案例研究无法用一个案例推知另一个案例。因此，研究者常常试图挑选'有代表性'的一个案例或一系列案例，从而陷入思考的误区。但是，无论选取多少案例，都无法使那些对案例研究不满的人感到满意。问题出在这种想用一个案例推知到另一案例的想法。实际上，研究者应该尽力把研究结果归纳为'理论'，好比自然科学家从实验结果中归纳出理论一样（请注意，科学家并未试图挑选'有代表性'的实验）"（罗伯特·K. 殷，2004：42）。

在罗伯特·K. 殷区分出"统计性归纳"与"分析性归纳"的基础之上，国内学者王宁（2002）认为有必要明确个案研究方法的逻辑基础，亦即探明个案的代表性还是典型性的问题。王宁则在此基础上提出："关于个案研究的代表性问题是'虚假问题'，因为个案研究并不一定要求个案具有代表性。""典型性不是个案'再现'总体的性质（代表性），而是个案集中体现了某一类别的现象的重要特征。"也就是说，个案研究所要选择的个案最重要的还是典型性而不是代表性。在随后的研究中，王宁（2007）进一步提出了"总体代表性"与"类型代表性"的区别，即个案研究不要求个案具有"总体代表性"，但需要具有"类型代表性"，即研究的个案最能揭示出某种类型现象，这种"类型代表性"也就是"典型性"。而从单一个案所得研究结论的范围推广，似乎需要借助于读者的"认同性外推"，"认同性外推"需借助于读者的主观判断而难以有明确的客观标准。笔者则以为,"典型性"的提法仍然带有较多的客观色彩,研究者主观意义上的"问题导向性"应该是更为贴切的。同时,如果所研究问题在相当部分个案中具有类的同质性,那么不经意间挑选的"个案"即使不具有"典型性"(典型性更多的只是信息的丰富性),也仍然能够说明所要研究的问题。同时,个案研究所需要遵循的"问题导向性",似乎也不能走向纯粹的理论导向性,纯粹的理论导向性存在着为理论而理论的危险倾向,也就存在着经验服从于先验的危险性。[①]"问题导向性"并不意味着理论的先行性,常常是能否从某个典型案例中挖掘出值得深入探讨的研究问题,这个意义上的"问题导向性"其实包含了经验与理论的双向互动历程。

在个案研究的基础上,考虑到本书所要探讨的理论问题特性,笔者在资料收集与理论建构的双向过程中拟采取质性研究方法。按照陈向明(2008:1~11)的看法,人文社会科学研究中普遍存在的实证主义、解释主义与批判理论研究范式,与不同的研究方法之间有着相当的亲和性。"量化研究"主要体现了"实证主义"的研究范式,"质性研究"主要属于"解释主义"的研究范式,而"行动研究"则属于"批判理论"的研究范式。在她看来,在研究的价值导向方面,"批判理论"及其行动研究是"实践导向"的,而"实证主义"及其量化研究和"解释主义"及其质性研究均可归为"学术导向"。而在量化研究与质性研究之间,"实证主义"的量化研究运用调查、实验、测量、统计等方法,力求通过数据分析探寻简洁的因果关系,"解释主义"的质性研究则认为社会世界的复杂性、地方性、多元性,只有通过研究者的主观介入才能得以理解,也就需要研究者与研究对象的互动交流。由此,她认为量化研究势必将复杂问题简单化,从而用量化的方式对因果关系加以计算;而质性研究则势必将简单问题复杂化,从而揭示出意义的多重性与情境性。也正因如此,"质性研究"就不能等同于传统的"定性研究","定性研究"是服务于量化研究的前期

---

① 卢晖临、李雪(2007)在罗伯特·K.殷、罗伯特·斯特克(Robert E. Stake)等人研究的基础上,甚至认为个案研究的理论潜力更为重要,有时候出于理论的需要有必要选择一个不典型的个案。如他们认为张静(2001)在将其博士论文修改后出版的《利益组织化单位:企业职代会个案研究》一书中,所选择的研究个案具有特别的理论关怀。该个案既不具有代表性,也不具备典型性,但在理论创新上具有重要意义。

探索性研究，在根本上是立足于"实证主义"的研究立场，而"质性研究"是以其自身为主要研究方法而立足于"解释主义"的研究立场。

"质性研究"与"量化研究"的分野，在国外社会学乃至社会科学领域也伴随着方法论层面的反思。1950 年代，帕森斯（Talcott Parsons）的结构功能主义理论与拉扎斯菲尔德（Paul Lazarsfeld）的实证主义方法论在美国社会学界取得了统治性地位，不过随后，这种保守的理论立场及单一的方法论体系开始遭到米尔斯（C. Wright Mills）、古尔德纳（Alwn W. Gouldner）等人的激烈批判，特别是米尔斯对"宏大理论"与"抽象经验主义"的问题判断直指这种保守理论及其方法论。尽管其初始的批判影响甚微，但1960 年代以后结构功能主义的理论范式开始趋于衰落，这当然也有着美国社会结构动荡的外部根源。与之相伴，实证主义方法论也日益受到质疑与反思，特别是符号互动论对实证主义方法论的挑战有了新成效，其中最为重要的成果可能在于扎根理论研究方法的呈现。当然，扎根理论的两位创始人之间也有分歧，格拉泽（Glaser）部分继承了拉扎斯菲尔德的统计实证主义，而斯特劳斯（Strauss）则较多继承了布鲁默（Blumer）的符号互动论，但两者的共同观点在于突出了理论创新的经验源泉，即强调从经验材料中产生理论而非脱离经验的"逻辑演绎"，并且所产生的理论创新多是默顿所提倡的"中层理论"，但这样的理论创新强调的是知识的多元性而非库恩"范式"意义上的知识替代，即突出了认识的相对性而非真理的绝对性。更为重要的是，扎根理论将质性研究与理论创新置于核心性的地位，而将量化方法与理论验证作为其补充，从而强化了"质性研究"的重要性而弱化了"量化研究"的地位，颠覆了统计实证主义的方法论（马茨·艾尔维森，卡伊·舍尔德贝里，2009：14～22）。无论如何，质性研究与扎根理论的亲和性几乎是密不可分的，以符号互动论为基础，通过深度个案研究做出的"分析性归纳"（并非"统计性归纳"）是质性扎根理论建构的基本路径。

值得关注的是，近年来随着后现代主义思潮的逐渐兴盛，叙事研究这样的反实证主义研究方法开始备受青睐，并开始在国内外学界产生相当的影响与应用。在对叙事研究的实质意义探讨中，心理学家杰罗姆·布鲁纳（Jerome Bruner）早在 1980 年代提出了区分传统的倚重逻辑——科学的"范式性认知"与通过故事来认识的"叙事性认知"的重要性。"范式性认知"往往突出的是科学的概念界定及严格的准备调查,在资料收集之前一般都设计好测量工具和观察手段,资料收集后则通过仔细的资料处理来探寻变量之间的关系,进而用简洁的理论命题来加以把握,其最终目标寻求的是普遍的真理条件。与之相比较,"叙事性认知"则更多关注到了个体行动,并突出个体行为的多样性,在特定的时间历史脉络中来把握人类事务意义的多样性与细微差别,通过生活片段的解释性知识,进而探究事件之间的特殊联系(转引自成伯清,2012)。与之相似,有社会学者更是直接运用"叙事社会学"(Maines,1993)的提法来形容社会学发展的整体转向,有必要用叙事性认知的"叙事性分析"来取代范式性认知的"叙事的分析","叙事的分析"仍然接近于一般的寻求共同要素的定性研究,"叙事性分析"所提供的则是关于特定情境的故事知识,虽然与注重"社会机制"(Social Mechanism)的传统社会学取向有相似之处,但好的故事本身意义更为开放丰富。笔者则以为,叙事社会学的方法论创新,其实是要挑战实证主义的传统窠臼,并从根本上瓦解命题体系式的理论建构,其以叙事形式取代理论命题的尺度需要研究者适当把握,研究的理论关怀或者公共议题应该可以通过经典"故事"本身加以展现。叙事研究本质上作为质性研究的一种方法,往往要求对质性研究资料做出更为系统的提炼把握,在更高层面上不仅对于其他研究者,对于多数研究对象应当也能形成观点方面的共鸣。

进而言之,质性研究与叙事研究并不必然使得简单问题复杂化,关键是其研究初期的问题认识不一定非常明确,而在研究过程中逐渐聚焦于明确的研究问题,质性研究同样需要探寻因果关系,只不过质性研究中的因果关系可能更多是相对的而不是绝对的,并借助于对一系列的因果链加以判断。相当一些质性研究者(如 Britan、Denzin、Erickson)都对只有量化研究才能得出可靠因果关系的观点加以批判,Joseph A. Maxwell 更是明确指出:"量的研究者感兴趣的往往是:什么程度上或是否变量 X 会引起变量 Y。而质的研究者往往会问 X 是如何导致 Y 的,X 和 Y 之间的过程是怎样的。"他借用了摩尔(Mohr)的分析界定,把量化研究取向与质性研究取向分别称为"变量理论"(Variance Theory)和"过程理论"(Process Theory)(约瑟夫·A. 马克斯威尔,2007:18)。这样的区分较好地把握了量化研究与质性研究的差别。在此基础上,我们还可以认为质性研究比较适合对研究对象做长时段的考察，通过整体过程的变迁来把握其中的核心特征，而量化研究则更适合对某个时间点的某种因果关系做出判断。在研究的价值导向上，笔者也认为质性研究常常是介于量化研究与行动研究之间的研究取向，亦即质性研究虽然没有像行动研究那样着力建构"批判理论"，但其因果关联与意义关联的建构同样有着较为明确的价值导向，其"应然"与"实然"的界限同样是相对模糊的，常常在研究的结论中能够比较清晰地看出其暗含的价值倾向，其潜在的批判力度虽然并不直接作用于政策应用或个体行动，但有着其实质导向的价值立场。

第二节　"关系"与"差序格局"研究中的个案叙事传统

目前在国内社会学界，质性研究与叙事研究也开始得到关注，尤其是一些侧重于理论创新的学者比较偏爱于质性研究乃至叙事研究的方法。孙立平（2000）所倡导的"过程－事件分析"的研究策略产生了相当的影响，"过程－事件分析"的研究策略与叙事方式，从根本上是为了克服静态结构分析所存在的局限，即"将所要研究的对象由静态的结构转向由若干事件所构成的动态过程"。其主要特征主要可以归纳为以下几点：（1）收集资料的方式尽管类似于传统社会学的个案资料收集方式，但这种个案必须是一种动态的由事件构成的过程；（2）一般的历史分析比较，展示出来的只是系列静态事件所构成的序列，亦即侧重于若干时间点的描述，而"过程－事件分析"，所追求的则是一种对事物过程的连贯与流畅的描述与解释；（3）在具体解释过程中，"过程－事件分析"根本上也不同于因果分析中抽象的因果逻辑，其强调事件之间那种复杂有时纯粹是偶然或随机的联系，因此也不能等同于严格的因果关系。可以说，"过程－事件分析"的研究策略影响了国内相当一批实证研究，但多数质性研究包括叙事研究的总体性理论关怀似乎尚有不足。应星（2009）曾就此对叙事研究在中国社会研究中的特征做了归纳，他认为质性研究特别是叙事研究对中国社会研究的重要性，主要是由于中国社会体制运作的变通性，中国社会转型实践的过程性以及中国社会日常生活的模糊性，同时他也指出，叙事研究要求研究者具有敏锐的问题感，"叙事性分析"（而非"叙事的分析"）也需要具有相当的复杂性与技巧性,其所需要的理论修养或者社会关怀正是米尔斯"社会学的想象力"之展现。

值得关注的是,本土的"关系"研究或"差序格局"深化研究与个案叙事研究方法之间也有着相当的契合性。在基本的研究导向上,华人社会的"关系"研究常常需要突出"关系"的特殊性,这种特殊性的意涵常常比较适合于通过质性研究方法来达成。如前所述,我们必须明确的是,这里所谓的"关系"不可能涵盖所有类型的人际关系,而本质上是以私人朋友关系为主要联结的私人"关系",就华人社会的特异性而言,其内在的家族伦理特征是不能忽略的。早在新中国成立前,著名人类学家林耀华(2000/1948)的重要著作《金翼》即以接近文学的小说体裁,运用参与观察法的个案故事描述了两个家族内外的人际关系,其小说式的叙事研究即使在人类学偏重田野调查的研究传统中也受到了质疑。对此,林耀华在1988年的再版序言中给予了明确的回答,"《金翼》不是一般意义上的小说。这部书包含着我的亲身经验、我的家乡、我的家族的历史。它是真实的,是东方乡村社会与家族体系的缩影;同时,这部书又汇集了社会学研究所必需的种种资料,展示了种种人际关系的网络——它是运用社会人类学调查研究方法的结果"(林耀华,2000:著者序第2页)。同样,这种详尽的"叙事研究"的确让读者对中国传统家族可能形成的人际关系网络有了更为全面的认识,但似乎缺乏一个更为清晰的概念及理论来进一步加以拓展,这可能也是《金翼》尽管得到重要关注,却时有质疑而难以继续理论深化的重要原因。

众所周知,与林耀华同一时代的费孝通(1985/1947)就中国传统社会提出的"差序格局"概念,正是对中国传统家族式人伦关系格局的深刻揭示,在近30年来的中国社会学重建过程中也得到了充分关注。尽管"差序格局"概念的提出并不基于某个个案,但显然与日常生活经验及系列田野调查密切相关。在1980年代中国社会学重建之后,有关"关系"与"差序格局"的理论探讨与经验研究也层出不穷,成为中国社会学本土化研究的一个重要生长点。特别是关于"关系"及"差序格局"的经验研究中,质性研究的方法较受青睐,这可能是由于在比较社会学的传统中,阐释性的质性方法比较易于说明实质内容的差异,而科学性的量化方法则比较易于趋向于"关系"形式上的一致性。在成功的"关系"质性研究

中，比较经典的有杨宜音（1999）的"自己人/外人"研究，翟学伟
（1996）的中国人人际交往的平衡性研究，前者是对"差序格局"及其华
人"关系"亲疏有别特质的经验性阐发，后者则对三者及三者以上关系网
络中行为模式趋同的特质做了揭示。从研究方法来看，两者都运用了个案
研究的质性研究方法，"自己人/外人"研究通过城乡典型家庭与个人的社
会关系研究，生动展现了"差序格局"中"自己人"与"外人"的动态
历程；中国人人际交往的平衡性研究更是典型的个案叙事研究，该研究通
过分析某个病人的住院事件所引发的各种社会关系互动，巧妙揭示了既定
交往身份与实质交往深度之间的平衡性矛盾。笔者以为，如果继续从"差
序格局"的概念与理论出发，人际关系的平衡性研究实质也说明了"差序
格局"在本质上是取决于交往的深度而不是既有的身份。在三者及三者以
上的人际网络中，表面角色身份的一致性与实质交往"关系"差序往往同
时并存，即表面上需要维持形式上角色身份的平衡一致，但这种形式上的
平衡会由于实际交往状况而被打破，正是"差序格局"式的人际交往方式
反而呈现人际交往表面平衡性的特征，这种交往过程的行动分析当然也比
较适合于运用质的研究方法。

　　由此可见，这种差序有别的"关系"交往特征，比较适合通过深度访
谈或质性"事件"来加以分析。此外，在专门对"关系"加以研究的博士
论文中，海外人类学的研究成果是相对突出的，如杨美惠（Yang, 1994）、
阎云翔（Yan, 1996）、任柯安（Kipnis, 1991）都集中对中国社会中特有
的"关系"现象加以研究，并在研究方法上都采取了偏向人类学的质性研
究方法。特别是阎云翔（1996）与任柯安（1991）更是采取了典型的个案
研究方法，他们分别通过对东北与山东的一个村庄的"深描"，细致勾勒
出了中国乡土社会中"人情"与"关系"的生动实践。笔者在此并不准备
就其具体内容的差别加以评述，而特别关注于这两项研究的案例背景是来
自于乡村社会，乡村社会中的"人情"与"关系"无疑带有村落共同体中
的人伦义务性特征。杨美惠则集中对计划经济背景下的"关系学"展开了
质性研究，其田野调查虽然没有局限于某个个案，但基本的研究方法也是
通过文献法、访谈法等质性调查方法来广泛获取经验素材，从而较早对中
国大陆重新盛行的"关系学"做出了细致分析。以上的这些质性分析，在
研究起点上都倾向于将"关系"作为中国社会文化中的特有现象，即主要

还是对华人社会中人际交往"关系"特质的探讨，但这种对社会关系的持续关注也就相对忽略了组织关系的层面，"关系"现象在组织系统中的作用在人类学的田野调查中较少受到关注。

国内以"关系"作为研究主题的博士论文研究仍较多集中于社会学领域，且大多以个案质性研究为主。如杨宜音的上述论文（杨宜音，1999）即修改扩展自其博士论文《"自己人"及其边界——关于"差序格局"的社会心理研究》，也主要采取了深度访谈的个案研究方法，这篇研究可以视作是对"关系"及"差序格局"概念及理论的经验诠释。从经济社会学学科出发，陈俊杰（1998）的博士论文《关系资源与农民的非农化——浙东越村的实地研究》，较早系统地对"关系资源"做了农村实地调查，同样通过质性个案分析对乡村精英"关系资源"的动员做了描述性阐释，同时在何梦笔（Herrmann-Pillath）等人"华人网络经济"（何梦笔，1996）研究的基础之上，认识到了由"关系资源"所可能形成的"非制度性空间"。陈俊杰的这篇博士论文较早在国内将"关系"与制度联系起来考虑，并关注到了经济行为中"关系"的重要性，但在理论层面上似乎仍没有质的突破。与之相似，刘林平（2002）的博士论文《关系、社会资本与社会转型——深圳"平江村"研究》，通过对外来群体中的"关系"运作进行质性分析，同样突出了"关系"运作过程可能对制度的替代作用。[①] 在对"关系"运作及其后果的研究中，比较典型的叙事研究还有翟学伟（2004）的博士论文《中国社会中的日常权威：关系与权力的历史社会学研究》，该研究运用了文学资料分析的新史学方法，重点对由于个人"关系"而从权力

---

① 值得注意的是，刘林平（2002）这里运用的仍然是 Granovetter（1973）的强关系 - 弱关系的理论框架，主要也是对这一理论框架做出了某种发展过程方面的修正，其本质上仍然面临着"差序格局"是否能用强关系 - 弱关系的理论框架来加以解释的问题。边燕杰（Bian，1997）沿着强关系 - 弱关系的理论框架对中国社会"关系"的研究，是将中国人的"人情"关系纳入"强关系"的范畴之中，这种差异性的探讨只是对原有理论框架做了修正，也比较适合通过量化研究得到形式上的验证。笔者则以为，"关系"研究的重点可能是需要突出中国社会的体制结构性与文化生成性的双重特征，即需要重点考察"差序格局"式"关系"互动的结构背景与文化意涵，质的研究方法对此可能有着内容分析方面的优势，"强关系 - 弱关系"的理论框架则可能遮蔽其宏观结构背景与微观文化要素。要言之，以个体网为中心的社会网络与社会资本理论范畴为主要框架的系列研究，也多将"关系"问题直接纳入"社会资本"的理论框架之中，通常也运用量化研究加以检验之，翟学伟（2009a）曾专门撰文加以批判，本书希望就此再做深化探讨，以突出本土"关系"理论拓展的必要与可能。

掌控者借来的"权威"加以分析，并将其命名为"日常权威"，这样的"关系"权威同样也指向于对正式科层制的颠覆。无论如何，以上的诸多研究都重在对"关系"发展及运作过程的研究，从中可见质的研究方法对此应该有着相当的优势，比较适合揭示"关系"运作对正式制度的替代性作用。

随着本土组织研究的逐渐兴起，管理学、心理学对华人组织中的"关系"运行也开始给予相当关注，一些研究甚至希望从中挖掘华人组织领导的根本特征。如上章所述，郑伯壎（1995a）率先将"差序格局"的概念明确引入到了组织研究中来，其细致的理论建构也是建基于日常性的个案之中。此后，郑伯壎专门从"差序格局"的视角对华人组织的内外关系做了一些个案研究，也凸显了其华人组织"差序格局"理论建构的经验基础。具体来看，郑伯壎（1995b）通过个案研究凸显了华人组织威权领导中上尊下卑的基本特征，进而推衍出恩、威并行的双元领导模式，同时也关注到了上下关系之间的状况不仅取决于领导者的威权程度，同时也受下属对领导者依赖程度的影响。其后，郑伯壎、林家五（1998）以台湾地区七家大型民企作为调查对象，通过二手资料与深度访谈的质性分析，认定企业主持人对熟识员工的归类标准主要是亲（关系）、忠（忠诚）、才（才能）三个方面，且此种分类并非一成不变而是动态性的，从而呈现差异信任的基本特征。以上的发展其实也就体现了郑伯壎从"家长式领导"曾经转向"差序式领导"的研究动向，并且同样关注到了企业主持人之"差序"的动态性。在心理学主导性的实证主义方法论指引下，个案研究始终只是差序格局华人组织理论归纳的起点，量化研究的验证始终是其要达成的最终目标。笔者以为，如果要深入组织内部的"关系"运作来看，其运作过程与组织后果均应成为考察的重点，这恰恰需要通过拓展个案研究来达成，需要更为贴切的质性分析加以展开，而并非简单地通过量化方法来修正模拟理论模型。①

---

① 从研究的基本路径来看，"强关系－弱关系"乃至于"社会资本"的理论框架，都是偏于移植型的研究，其相对成熟的理论框架比较适合做量化研究。而郑伯壎的系列研究则真正是立足于华人组织的特质经验，本土理论的建构是其基本目的，但在根本的方法论层面，郑伯壎并没有试图跳出实证主义方法论的传统定位，其个案研究常常是量化研究的前期探索，量化的实证检验仍然是其后续研究的工作重点。如要进一步建构关于中国社会与组织"关系"现象的本土理论，似乎有必要在方法论层面尝试新的突破，特别是在社会转型的结构性背景下，拓展个案法具有衔接宏观与微观的历时性研究优势。

近年来，质性方法导向的"关系"研究仍在继续（李林艳，2008；常向群，2009）。但是质性方法常常面临着统计归纳之"代表性"方面的质疑，这似乎成为本土"关系"研究持续进展的方法论难题。事实上，如何突破一般个案研究与叙事研究的局限，一直以来就是本土"关系"经验研究发展的瓶颈之一，也是本土"关系"理论缺乏进一步深化的主要困难所在。或许布洛维（Michael Burawoy）所提倡的"拓展个案法"（extended case method）的研究理路，是克服原有研究方法局限的良方之所在。所谓"拓展个案法"，即需要突出宏观与微观之间的互动，传统的以人类学为代表的个案研究往往局限于日常生活世界之中，外部的宏观结构性背景常常被搁置而未予关注，而"拓展个案法"则是要真正关注外部宏观场景，并通过具体个案反观宏观场景，对宏观与微观的双向关注有助于达成理论重构（Burawoy，1998；卢晖临、李雪，2007）。拓展个案研究从叙事意义上来看，常常可以通过其实践的过程揭示出行动的内在逻辑，当然个体行动始终离不开社会结构的基本作用，通过较长时段的个案叙事，正可以发现不同时代与体制背景下个体行动逻辑的差异。可以说，中国社会30多年来的改革转型为这种拓展个案研究方法的广泛应用提供了契机，在宏观体制迅速变革的动态运行状况中，对各个领域深入细致的拓展个案研究显得尤为必要。① 就当下的"关系"与"差序格局"研究而言，体制转型的宏观背景应该也提出了新的问题动向，亦即不仅仅是要将"关系"与"差序格局"研究从传统的乡村研究与人际关系研究中进一步拓展至组织研究中来，而且同时要进一步考虑政治、经济等宏观体制性的变动，选择合适研究对象之上的"拓展个案法"或许是深化这一研究问题的重要途径。

第三节　体制转型与国企改革的基本脉络：案例选择的宏观背景

可以说，中国改革开放以来的经济转型与社会转型无疑成为社会科学

---

① 体制转型或制度变迁中的深度个案研究在中国社会科学包括经济学领域已广有应用，并显现出综合交叉的学科取向。经济学界张曙光等学者，自1996年起至今已主编出版多集《中国制度变迁的案例研究》，对各个领域的制度变迁都有所涉猎，充分显示了深度个案研究的生命力。

理论创新与经验研究的重要源泉。在社会学界，美国学者倪志伟（Victor，1989）所提出的"市场转型理论"开创了对中国经济改革关注的社会学理论探索，其主要的关注点正在于从"再分配"到"市场"的宏观体制转型。总体来看，市场转型理论更多关注的是体制转型过程中社会分层的变动状况，在美国社会学界逐渐成为重要分支，其主流的研究方法无疑趋于量化主导的实证方法。不同于市场转型理论，孙立平（2002）倡导展开"对市场转型实践过程的分析"的研究路径，在研究方法上也更加重视深度的个案研究。在他看来，中国"渐进式改革"与苏东国家"休克疗法"形成了鲜明的对照，因此其转型过程也有着明显带有中国特色的实践逻辑，深度个案研究"所要起的作用不是推断，而是发现逻辑，发现实践的逻辑"。在此基础上，孙立平（2005）明确提出将"社会转型"作为发展社会学的新议题，亦即中国与苏东社会主义国家的转型过程为发展社会学提出了一系列新的议题，从而形成在现代化理论、依附理论之外的转型理论。在宏观层面上，孙立平关于中国社会转型与社会结构所提出的"断裂""失衡"等基本观点，正是要突出不同于"社会分层"研究的"阶级分析"立场。[①] 笔者以为，这种集中关注社会分层或阶级分析的社会学研究相对忽略了社会关系及组织关系的变迁问题，在1990年代比较盛行的"单位"及其"主从关系"的研究范式在社会转型的背景下似乎就戛然而止了。可以说，相对于主流的阶层研究或者阶级分析，国内社会学界专门对转型社会中"关系"变迁的关注明显不足，这可能也成为本书所开展研

---

① 与之相呼应，沈原（2007）明确将"市场"、"阶级"与"社会"作为转型社会学的关键议题。他在布洛维（Burawoy）所提出的"把工人带回分析的中心"的基础上，进一步明确指出："把中国工人阶级的再形成研究推向中国社会学理论框架的中心地位，不是个人理论偏好的作用，而正是转型社会的经济生活、社会生活和实践逻辑所提出的'真问题'使然。"这种聚焦于底层的视角固然是非常重要的，社会学的确需要关注社会底层，即那些承担主要改革成本的普通工人、农民和其他劳动人民，关注他们的生存状况和历史命运（沈原，2007）。但笔者以为在基层组织实践中，精英或者说地方精英，包括相当部分积极分子的行动应当处于更为重要的地位，而多数群众对组织决策与实践的作用可能还是相对次要的。Szelenyi（2008）在对孙立平的评论中，也明确指出："孙立平在文章结论中倡导一种实践社会学。他建议关注普通民众而不是精英的生存策略。我理解他的立场，但我要争论的是，在世界的哪个部分和历史的什么关头，历史是由阶级斗争还是由阶级内部不同精英集团之间的斗争所推动的，是一个经验问题。""普通民众的实践是重要的，但多重要：比它曾经有过的多还是少？——这是一个要由仔细的实证研究来回答的问题，而不应该当作一个认识论的假定。"

究的重要意义之一。[①]

此外，在对转型社会的研究视角上，渠敬东（2007）就特别突出"坚持结构分析与机制分析相结合的学科视角"，在充分尊重中国经验的基础之上通过结构与机制分析形成自身的理论问题，且在研究对象方面，"社会学家的承担，并不意味着社会学家只去关注人际网络、社会资本或者NGO之类的所谓社会组织，社会学家更应该密切关注市场、企业和国家等这些社会转型的核心领域，关注它们所具有的政治、经济和文化意涵"。在此基础之上，渠敬东、周飞舟、应星（2009）对30年的改革历程，从宏观层面将中国政治经济的社会转型归纳为"从总体支配到技术治理"，在他们看来，30年的改革历程基本可以分为三个阶段："改革最初的十年形成的是以双轨制为核心机制的二元社会结构；1990年代开始的全面市场化及分税制改革确立了市场与权力、中央与地方以及社会分配的新格局；进入新世纪后，行政科层化的治理改革得以实行，并成为推动社会建设的根本机制。由此，改革前的总体性支配权力为一种技术化的治理权力所替代，从中可以理解'中国经验'的独特意味，并洞悉中国社会转型所面临的挑战与机遇。"换言之，双轨制、分税制及科层制分别构成了三个阶段宏观体制的核心性特征。这种偏重于政治经济学的社会转型分析无疑是极具启发性的，然则，侧重宏观体制的理论分析并没有专门聚焦于城市改革或者农村改革的某个具体方面。应该说，国有企业亦即原先国营企业的体制改革是城市改革的重心，特别是国有中小企业的发展与改制最能充分体现出这种宏观体制的变迁，其中的组织领导模式及领导层的上下属"关系"形态的变化可能正蕴含着社会结构与组织实践的核心机制。

从30多年改革开放的背景来看，通俗意义上亦即计划经济向市场经济的过渡转型，相当部分国有企业、乡镇企业、事业单位从1990年代中期开始的产权改制可以说构成了最为重要的体制变革。从现有国内组织社会学的研究现状来看，其研究对象多集中于传统国有企业与乡镇改制企业，相对忽视了国有中小企业转型而成的改制企业。关注于乡镇企业运行及其改

---

① 当然，就转型社会中的"关系"问题，有一些海外中国研究的学者展开了系列研究，他们虽然没有着重从组织内部的"关系"视角出发，但也对市场化过程中企业间、企业与政府的"关系"变动有着争论（Wank，1996；Guthrie，1998；Yang，2002）。笔者在此不再展开梳理，在本书第六章的理论深化部略加回应。

制过程的研究主要集中于经济社会学的产权分析（刘世定，1996；折晓叶等，2005），而以原国有企业为对象的研究总体上比较侧重于政治社会学的立场，如张静（2001）、李亚雄（2006）从国家与社会的宏观理论框架出发，在个案基础上对原有大型国企的利益表达机制加以研究；平萍（1999）、李饵金（2003）则集中对国企改革中企业内部"车间政治"的运作形态加以考察。在对国企破产改制的研究中，阶级分析的视角一般比较集中于工业社会学的劳资关系分析，如刘爱玉（2005）考察了国企改革中继续保持稳定而"集体无行动"的典型个案；冯同庆（2002）、佟新（2006）、游正林（2007）则大都通过深度个案突出了国企改革在社会层面形成的矛盾冲突，基本反映了1990年代末期由于下岗乃至破产而出现的工人抗争运动。然则，随着国企改革的逐步到位与成型，国企改革所形成的大量下岗、破产的阵痛也正在缓解，国企改制形成了一批重组合并的国有大中型企业，以及一批私有化的中小型民营企业。已有个案研究对国有大中型企业的组织结构变动乃至"单位制"变迁的体制内分化给予了关注（丘海雄等，2008；刘平等，2008），但对民营化的中小企业的发展历程则仍少有触及，而这种中小改制企业所呈现的不同体制背景的转换可能是更为明显的，体制转型的积极意义及其内在过程恰恰也需要深度的案例研究来予以揭示。①

　　从某种意义上说，1980年代的国有企业改革至1990年代后期的国有企业改制正构成了城市体制改革的中心环节。从宏观体制改革脉络来看，国有企业改革主要经历了放权让利、承包制及股份制改造等几个阶段。1978年之前的多次权力调整主要集中于中央与地方政府之间，1978年之后进入试点改革时期，1978年开始着手尝试放权让利，1979年7月，国务院

---

① 比较来看，乡镇企业多数即是在体制之外生存发展起来的，所以乡镇企业的改制尽管也有着政策方面的动向，但更多还是在体制之外运行完成的。而国有企业作为改革核心，其改革进程自1980年代中期以后即构成了体制改革的中心，1990年代中期以后的中小国有企业产权改制更是集中显现出体制转型的显著特征，甚至可以说其已成为1990年代中后期体制转型的中心环节。事实上，国有中小企业改革一直以来也是中国政府与学界关注的热点，但总体层面的宏观经济学研究一直较多，而具体案例的微观探讨则相对偏少，尽管具体个案在推论上存在种种局限，但某些经典个案的深入挖掘往往有着较好的启示作用，所有权变革的动因与结果尽管能在宏观层面显现出来，但对其具体过程的考察可能正需要回到微观个案之中。

下发了《关于扩大国营企业经营管理自主权的若干规定》等五个扩权文件，下放了多项企业经营自主权。1980年，政府调整了企业利润留成方法，改全额利润留成为基数利润留成加增长利润留成的办法，使企业获得更多的留利，1983年至1984年开始实施利改税，政企关系开始明晰。1984年开始，以十二届三中全会通过的《中共中央关于经济体制改革的决定》为标志，中国改革的中心由农村转向城市，而国有企业改革开始成为改革的中心环节。1984年至1987年着重深化市场建设，特别是1985年出台了拨改贷的政策，预示着金融市场、资金市场逐步形成，产品市场中价格体系则逐步实施了"双轨制"，企业的外部市场开始构建。1987年至1991年，承包制全面推广与完善，开始触及企业经营权与所有权的分离。1992年十四大确立了建立社会主义市场经济体制的目标，其时在商品生产与流通领域，商品价格已基本实现了由国家定价为主转向市场形成为主。1993年的十四届三中全会明确了国有大中型企业建立现代企业制度的发展目标，1995年的十四届五中全会明确提出了"抓大放小"的发展战略，国企改革进入到产权变革的关键阶段，股份制改造成为国有企业改革的中心。最终，1999年中国共产党第十五届四中全会做出的《中共中央关于国有企业改革和发展若干重大问题的决定》，为国有大中型企业与中小型企业的不同发展道路奠定了基础，国有大中型企业继续通过公司制改造与资产重组进行结构优化，而国有中小企业则实质上走向了产权改革的私有化道路。2003年的十六届三中全会又提出大力发展混合所有制经济，促进了产权多元化的改制向国有大中型企业延伸。①

可以说，在国有企业的改革过程中，企业的产权变革与外部市场机制的建设始终是两条主线，1990年代开始建设的社会保障体制与社会服务体系建设也构成了国企改革的重要条件。从国有企业的总体发展路径来看，张卓元（2008）明确将其分为两个阶段：第一阶段从1978年到1992年，主要是放权让利，探索"两权分离"；第二阶段则从1993年开始，明确以

---

① 较大规模的大中型国有企业的产权与控制权原先基本属于中央政府及省级政府，改革的基本过程有学者将其概括为放权式企业改革，其基本特征"一个是将国有企业的管理权和当地经济发展的决策权下放给地方政府，另一个是扩大国有企业管理者的决策自主权"，区别于苏联的"休克疗法"与东欧一些国家的"渐进式改革"（Marshall W. Meyer、吕源、蓝海林、吕晓慧，2004：223）。

建立现代企业制度为方向，不断深化改革，完善新体制。从宏观数据来看，至 2004 年末，全国中小型国有企业有 80% 以上实行了改制。1997 年底，全国国有企业总数为 26.2 万家，2003 年底降到 14.7 万家，2004 年底又降至 13.8 万家。七年间消失的 12.4 万家国有企业部分是破产、关闭或者兼并合并了，但有相当部分中小企业改制为非国有企业。与此同时，至 2004 年底，全国 2903 家国有及国有控股大型骨干企业中的 1464 家已经改制为股权多元化的公司制企业（转自张文魁，2007）。由此，国有企业产权变革及经济绩效问题已经是国内经济学研究的热点问题之一（张军、王祺，2004；宋立刚、姚洋，2005；刘小玄、李利英，2005；白重恩等，2006），但以上经济学研究的重点是就改制企业的绩效后果从小样本到全面性的量化分析，对改制企业特别是产权完全变革的中小改制企业的组织管理与领导实践转型的内在过程往往缺乏深入的探讨。比较来看，国有中小企业的转制历程更能反映出计划经济的国营"单位"向市场经济的民营"企业"的过渡，因而也更加能展现出从计划经济体制向市场经济体制的结构转型，其中所反映的不同组织领导模式正是亟待研究的重要问题。事实上，国有中小企业 1980 年代的基本改革脉络与整个国有企业的进程是一致的，其政企关系根本上指向于中小企业与地方政府特别是其主管部门之间的关联，1990 年代改制前后的组织领导模式的变迁应该也与其基本的权力结构及政企关系密切相连，其中组织领导上下"关系"形态的转变或许可以成为重要的切入点，针对中小国有改制企业的深度拓展个案调查应该有着相当重要的研究意义。

第四节　具体案例状况与调查对象说明

笔者所选个案 ZY 有限责任公司是 Z 市某机械工业公司，其前身 Z 市原 ZY 总厂成立于 1979 年，在 1980 年代曾经是比较典型的小型地方企业，隶属于 Z 市机械局。Z 市是江苏省下属的某地级市，地处长江三角洲的边缘地带。相对于苏南一些地级市与县级市而言，Z 市也是国有企业相对集中的地区，其中又主要是以国有中小企业为主。由于 1980 年代后期至 90 年代初期国有企业发展明显比乡镇企业发展滞后，Z 市市区的经济发展似乎也相对滞后于周围县市。ZY 厂所在的 RZ 区 ZF 路工业区，直至 1990 年代还密集分布着中小型国有企业数十家,曾是 Z 市比较集中的工业区域之一。并且,ZY 厂周围的原国有企业在 1990 年代改制之前多数都是地方性的全民所有制机械企业,共同隶属于 Z 市机械局管理,机械行业在 Z 市的国有经济中是比较突出的。在 1990 年代后期的国企改制过程中,Z 市机械局下属的这些地方企业都先后走向了改制的道路,机械局最终也在 2008 年被撤销了,其原先下属的改制企业中,大约有一半存活了下来,ZY 厂成为其中发展得最好的企业,应该能较好地反映体制转型的结构性特征。

具体而言,ZY 有限责任公司(原 Z 市 ZY 总厂)的主要业务是专业化生产全 ZY 转向器、摆线 ZY 马达及相关配套阀类产品。企业经营在 1980 年代后期至 1990 年代初一度相当困顿,1996 年该厂进行了第一次股份改制,2000 年以后二次股份改制形成了经营者控大股的局面,完成了从国有企业向民营企业的转变。该厂的总体规模并不是很大(2000 年二次改制时的人数规模在 500 人左右,2010 年含分公司员工超过 1300 人),在 Z 市的诸多改制企业中却成为少有的翘楚。2000 年以后,公司先后被认定为国家火炬计划重点高新技术企业,江苏省高新技术企业,江苏省文明单位。2004 年被评为中国机械工业企业核心竞争力 100 强企业,入选中国制造业1000 家最具成长性中小企业,中国通用设备制造业纳税百强。公司产品性能指标达到国际先进水平,先后被评为国家级新产品,江苏省高新技术产品,江苏省名牌产品。2009 年,公司 ZY 转向器产品产销量名列中国第一、世界第三,国内市场占有率 60% 以上,ZY 马达产销量中国第一、世界第六,60% 以上自营出口到世界各地,公司跻身世界同行业综合实力前四强。可以说,ZY 公司虽然在机械行业中总产值不算高(2009 年总产值达3.08 亿元),其总体上还是属于中小企业的规模状况,但是其产品竞争力无疑已成为国内同行业的龙头老大。

进入该企业调查有着熟人"关系"方面的优势。笔者小时候曾经在该厂内部生活过一段时间,对里面的一些人是相对熟悉的,当然对"人物"与"事件"的深层认识还是通过这次调查的若干深度访谈才逐步厘清的。笔者的访谈调查与研究问题是不断交互作用而相互深化的,原先只准备就其 2000 年改制以后的基本状况进行调查,其重点意在考察一个"民营企业"或"家族企业"的"关系"运作状况,这样的研究立场无疑也是偏重于文化立场的,并且基本上取消了时间维度的纵向考察。然则,随着调查的深入，笔者发现该企业作为一个改制企业曾经是相当典型的国有中小企业，而不同于纯粹家族打拼而创立天下的"家族企业"，其中所蕴含的某种结构转型促使笔者的研究视角也产生了重要变化。从企业的成立时间来看，这个企业的发展本身并没有过多的历史包袱，其时间恰好与改革开放的基本历程相吻合，某种程度上甚至可以作为改革以后中小国有企业的典型缩影，当然相对于许多倒闭的中小国有企业而言，这个企业的脱困发展又是相当幸运的。笔者在调查中又发现，在该企业从国有企业向民营企业的转型过程中，在不同体制背景下组织运行过程中的私人"关系"始终有着重要作用，但在不同的历史阶段，私人"关系"的运行过程及实质结果则有着显著的区别，这点可能是本研究的一项重要发现，进而成为本书在本土组织领导及"关系"理论深化方面的突破点。

　　笔者的调查从 2008 年 11 月开始，间断至 2009 年 9 月接近尾声，直至 2010 年初还做了些补充访谈。在具体资料采集方法上，基本采取了文献法、深度访谈法与座谈交流法。文献法与深度访谈法、集体座谈法可以交叉循环使用，但主要还是以访谈法与座谈法特别是个体性的深度访谈为主。文献法可以有助于了解企业发展的组织变迁与体制转型的基本状况，即一方面是用于了解企业内部规章制度的一些演变，主要是对企业规章与职代会记录、改制大会记录及改制合同的考察，另一方面则是对从中央到 Z 市的国有企业体制改革及政策环境加以了解，这样的背景其实也就构成了 ZY 厂组织领导模式变迁的结构性背景。当然，重点是要通过深度访谈与座谈交流法逐步还原出较为真实的"人物"、"事件"及其"关系"形态，特别是通过深度访谈法可以获得大量丰富的"人物""事件"信息，同时也要就彼此有矛盾的访谈材料做一些比较甄别工作，以期把握更为真实的组织结构与组织领导"关系"实践状况。具体而言，访谈法主要采取了半结构式访谈方法，笔者前后共计访谈了 56 人，其中该企业离退休人员 11 人（其中副厂级 3 人，中层干部 8 人），2009 年至 2010 年在职工作人员 43 人（其中包括总经理 1 名，副总经理 5 名，中层干部 18 名，技术人员 8 名，营销人员 6 名，工人及其他人员 5 名），Z 市原机械局退休干部 2 人。在访谈过程中，有 21 人是进行了简单访谈，12 人是采取了座谈形式，另外 23 人进行了时间超过 2 个小时约半天的深度访谈，其中的 8 人进行了二次访谈，从而补充获得了较多的信息。在访谈过程中，针对不同被访谈人员设计了半结构式的访谈提纲，但主要还是通过随机性的访谈闲聊来获取有效信息，亦即通过访谈获得一些零碎故事，笔者希望能够以某种叙事的方式来粗略勾勒该企业 30 年的发展历程，并尝试进行某种阶段性的划分与理论提炼。

总体而言，在研究方法上，本书最终采取了拓展个案法的研究路径，以质的研究方法对本土组织领导中的多重"关系"形态加以理论重构。进而言之，不同"关系"所形成的不同结构形态可能有着不同的体制背景，因此有必要从体制变迁背景下文化传统选择的视角出发来考察本土组织领导模式的某种转型。当然，这一研究视角的由来也是笔者在深入个案之后而逐渐形成的。由于笔者所探讨的研究问题本身也是来自于质的研究过程，因此笔者虽然对不同的被访谈者准备了不同的简单访谈提纲，但在总体上是采取了重在与被访谈者互动的深度访谈方法，即关键是通过深度访谈准确把握有效信息，并就此进行一些追问，而不是拘泥于固定的访谈提纲。这样的做法，无疑使得本项研究过程存在着种种困难，但在根本上则是为了寻求合适的研究问题，其焦点则逐渐聚焦于组织领导中"关系"实践的过程及其后果。这样，在基本概念"关系"的把握上，虽然中国社会中的"关系"提法偏向于"个人关系"或"私人关系"，但在具体运用方面，笔者并不做完全严格的具体限定，而是力图运用布鲁默所谓"触发式概念"（Sensitizing Concept）来考察"关系"运行的内在逻辑与结构性背景。在深度访谈的基础之上，笔者发现从1980年代国营企业的党委领导体制到90年代一次改制后的股份合作制，再到 2000 年二次改制后的民营企业经理负责制，构成了该企业组织结构转型的主要脉络。① 以"触发式概念"为导向，笔者发现在这样的组织结构转型中依稀存在着 1980 年代的"主从关系"依附学→1990 年代的"人缘关系"笼络学→2000 年以后的"朋友关系"动力学的实践逻辑，在整体的组织架构层面则显现出从"派

---

① 在宏观层面，从 1990 年代中期开始，在以山东诸城为代表的股份合作制改革中，已经开始触及到了产权变革。但其总体模式一般表现为企业职工全员持股、股权趋于平均化的特征，特别是在股东大会选举中趋于形成一人一票的表决机制。除了合资、兼并、出售、破产之外，这种以"股份合作制"为指向的"一次改制"，成为 1990 年代中小国企的主要改革方向。1998 年后"职工持股、经营者持大股"已成为政策鼓励的方向，多数中小企业又进行了以产权集中、经营层控股为主要特征的"二次改制"。

系结构"到"关系共同体"的结构转型。尽管这种组织结构层面的转型，可能并不能代表整体社会结构的变化，但至少说明了不同体制背景下的"关系"形态有着显著的差别，就不同"关系"形态的差别及其权力运作机制进行初步的分析也是本书的拓展个案研究在理论层面的重要尝试。

第三章 1980 年代的"主从关系"依附学："派系结构"的斗争激化

通过该个案获得该企业的经验材料，可以认为在 1980 年代，私人"关系"在整体上渗透于对权力依附意义上的"主从关系"之中，组织内外由同一级别不同行政领导为中心形成的以依附"关系"为基本特征的各个派别，从总体上构成了"派系结构"式的组织结构。ZY 厂能够得以成立，其本身即有着外部"关系"运作的背景，并险些由于上层"派系"斗争而终止。ZY 厂成立之后，上层"关系"始终是影响该企业从厂级干部任命到一般员工流入的重要因素。在厂长负责制实施之后，厂长与书记的矛盾逐渐凸显，两者为中心的"关系"团体逐渐发展成为激烈的"派系"斗争，其斗争程度的不断升级，导致了上层行政主管部门的干预，最终以厂长、书记的双双下台而终结。可以说，这一阶段充分体现了"主从关系"依附学的基本特征，"主从关系"依附学总体上是以下属对领导的依附性为根本特征，在实践中集中表现为厂长与书记两大实力派领导的权力"斗争"，"斗争"可以说构成了"主从关系"依附学的组织结构性特征。在这种以"斗争"为主要形态的组织"派系结构"中，"权力"本身是上层"派系"斗争的主要目标，上下"主从关系"所突出的是"忠"的价值观与行为实践，这当然也有着封闭单位制的作用，但更主要的还是显现了某种行政体制中自下而上追逐权力的基本特征。

第一节 ZY 厂成立之前的外部"关系"运作与"派系"背景

在 ZY 厂成立的文献资料中，我们依据 ZY 厂 1987 年厂志能够看到，"1976 年 4 月，上级同意成立 ZY 厂，但没有委任厂长。这时 BJ 厂和 ZY

厂,对外是两块牌子,对内仍是一套领导班子。ZY 厂正式与 BJ 厂分'家',是 1981 年元月一日。从此,ZY 厂就正式成为市属的单独核算、具有全民性质的企业"(厂名在此以字母 ZY 隐去,下文统一用 ZY 代表,BJ 在此代表其母厂名)。然则,通过访谈我们可以得知,ZY 厂得以成立其实离不开 ZY 厂创始人的外部"关系"运作,企业初创的资金来源是通过 Q 书记与省财政厅某副厅长的"关系"加以解决的,外部"关系"运作其实充分体现了对上层行政权力的依附性特征。早年退休的一位副厂长对此过程有比较详细的描述:

> 1975 年那个时候,大家还都属于 BJ 厂的时候,书记是 Q 书记,厂长姓蔡,蔡嘞人是个老实人,就是带大家混口饭吃,没其他什么想法。Q 书记那个时候到北京开个会,是当时农机部基础件司组织的,发现 ZY 件这个产品很好,很有前途,就想发展,但是又不知道怎么办,没有钱也缺人,等于是要白手起家。后来,我们想起来省里面财政厅何副厅长的关系来了。刚解放那会,Q 书记原来在 Z 市面粉厂做支部书记的时候,那个何××是这边的军代表,后来就回省里面去了。Q 书记后来就带我们去找他,知道他喜欢花啊草的,就买了些盆景带过去。那个时候我也跟着去的,就在外面等着。他看到 Q 书记来看他,带的盆景也喜欢,很高兴,聊得不错。他肯定也知道来了有事情,就问我们有什么事,他是无功不受禄。Q 书记就说了开发产品的事情,他也很支持,说你们企业小,如果产品真是好产品的话还是要搞。最后,他说这样吧,我跟你们 Z 市财政局长说一下,先给你们 30 万吧,算作贷款好了。回来以后,我们支部就开会,成立了领导小组,WJF 负责做技术工作(笔者按:WJF 是一位女性,也是创厂时的技术元老之一,在 1980 年代一直是该厂的技术科长,80 年代后期在一批厂级领导下台后担任技术副厂长,成为 90 年代初期的厂内重要领导人物,下文中还要具体谈到)。我当时还是 BJ 厂的政工科长,大家都有积极性了,ZY 件当时只有一个车间,大家都把办公室搬到车间里去了,你就可以想象那个时候大家热情有多大了。这样,我们产品才发展起来了。后来,财政对我们(有)一段时间还很照顾,我们主要自筹资金不缴税,盈利不少,没有财政帮忙我们还是没戏喽……

（已退休，原副厂长 SM，2008 年 11 月访谈）

从组织领导人这样的外部私人"关系"来看，其人情化的"关系"策略在 ZY 厂得以成立的关键时刻起到了相当大的作用。当然这样的"关系"可能还是比较短期的接触互动，并不具备组织内部长期性私人"关系"运作的特征。这样的私人庇护"关系"在结构形态上似乎并没有长期性的意义，但在 ZY 厂成立的关键时刻，ZY 厂领导人与外部私人"关系"的临时联结发挥了至关重要的作用。同时，通过下面的叙述，我们也常常可以感悟到私人"关系"在这种组织成立中的微妙作用，ZY 厂的成立并不仅仅是简单外部"关系"联结的结果。由于利益矛盾与冲突，还伴随着某些重要权力人物的"关系"斗争，这样的"关系"斗争常常带有比较明显的官僚体系中"主从关系"上下等级明确的特征，并且"关系"斗争已经开始呈现"派系结构"的背景。1996 年即已退休的组织科科长 LHR（此人在 ZY 厂直至 1990 年代中期的前 20 年发展中可以说是至关重要的能人之一，详见下文展开）将自己参与其中的一段经历娓娓道来：

> 你这边一好，就有人眼红了。那个时候机床厂效益不好，他们书记和机械局局长汪××关系不错，看我们效益好就想把我们并到他们那边去了。汪是造反派出身，我们也不服他，那个时候"文革"刚结束还没落实政策，不少造反派还都掌权。我们那个时候和 BJ 厂还没分家，最后怎么说也还没定，但 ZY 产品是我们这些人忙起来的，当然是想要自己单独成立厂了。大概也就是（19）77 年的样子吧，汪和一个市委副书记陈书记关系不错，当时市委书记鲁书记不在家到中央还是哪里上课去了，这边市委副书记陈书记全面主持工作，汪和陈关系不错，就请他下个文把我们并到机床厂去。后来文件就下来了，汪就把我们 Q 书记喊到局里面去了，Q 心里面当然不愿意了，但是嘴上可能也不好当面顶，只好说回去再问问大家意见吧。当然了，那边机床厂呢也都考虑了这边人的位置，意思他们厂书记还是做书记吧，Q 书记就到他们那边做厂长吧，其他人位置也都做了安排，不过肯定是我们并给人家，人家厂大，要做主啊。Q 跑回来就问我是个什么意见，怎么办法子。我当时就火了，说 TM 凭什么啊，这个产品是我们自己

忙起来的，你机械局帮过我们什么啊，就是市委又怎么了，还帮过我们什么啊，现在一张文就想把我们整个并给机床厂啊，拿我们的钱养他们啊。不行，绝对不行。我们不愿意，就开支部会议，大家讨论谈了不合并的理由 16 条，另外也谈了可以合并的理由大概 10 条。但是基本上是不同意并的，然后，Q 书记就拿着我们的支部会议记录去找汪，汪看了以后说意思你们就是不想并了，你这个书记什么意思。Q书记只好说是众人的态度，汪说哪些人，是不是就是 LHR 他们，连市委的文都不管用了啊。Q 书记回来又跟我说，上面已经下文了，而且是市委的文唉，不好弄啊。我就说，你还是怕往上顶唉，要保乌纱啊，我不怕，我来，有什么了不起，他汪下次来了，你看着，我不会给他好脸的。说实在的，汪当时是机械局一把手，有实权，Q 书记还是怕他的，怕给自己（穿）小鞋啊，我这样的人呐就是喜欢得罪人，所以后来一直上不去呢。这个事情呢，我也跑到 Z 地区机械局 T 局长那边去汇报说明情况（笔者注：1970 年代后期 Z 市还隶属于 Z 地区），T 局长也表示支持我们，说我们不必并到机床厂去，不过又关照我们不要对外面讲，心里有数就行了。过了大概三四天，汪果然到我们厂来了，他让 Q 书记派人把我喊过去，意思（是）怎么样上面市委的文你都敢反对啊，你这个政工科长还想不想干了。我冲他也火了，意思怎么说啊，你是大书记，我们只是基层党员，我们就不能说话了啊。现在可不是"文化大革命"了啊，党员有权利发表意见吧，哪怕到党中央我都可以说话吧，至于我说的是对是错又是另外一回事情了。下面就不能有不同意见了啊，你自己好像是造反派出身吧，我意思就是点他自己清楚自己的历史问题，不知道什么时候又要给抹下来了。他语气就软多了，回头还让人通知我，意思（是）合并了我可以做副厂长，我一听不干，怎么说啊，你们狠啊，想把我表面升一下实际上架空啊，把我们实权都免掉啊。我说我什么都不干，我也干不了，就在 ZY 厂干政工科长就行了。后来拖了一段，市委书记鲁书记回来了，他和那个市委副书记陈关系不好，我们就找市总工会朱主席，朱带我们去见鲁书记，鲁书记就说你们可以单独建厂，不需要合并，就把那个文撤了。我后来碰到汪，我还跟他说市委错了的文一样会撤吧，他也没话好说。他后来还是因为造反派的历史问题给下掉了，到只有几十个人

的一个小厂去了。（已退休，原组织科长 LHR，2009 年 6 月访谈）

以上的一段访谈材料较清楚地显示了当时 ZY 厂成立过程中的权力斗争与"关系"运作。机床厂希望通过机械局汪书记乃至市委陈副书记达到兼并 ZY 厂的目的，而以 Q 书记及 LHR 为代表的 ZY 厂元老们在不断地抵制之后，最终还是通过拥有更高权力的市委书记鲁书记达成了单独建厂的目的，其中的契机可能在于所谓的市委陈副书记与市委书记鲁书记之间的矛盾。因此，我们可以看出依附于上层权力的"庇护关系"之重要性，但这种在组织之外的"庇护关系"运作始终难以成为某种长期性的"结构"状态，某种情况下反而由于外部情况的多变与"关系"联结的某些暂时性，使得某些事件斗争也具有随时性与多变性的特征。可以说，在这种相互争夺的"关系"斗争中，我们依稀已经可以看出 ZY 厂外部上层领导关系中"派系"结构的影子，ZY 厂这个单位最终能够得以成立，正是在上层"派系"斗争的夹缝中才实现的。当然，这种"派系"结构的特征在组织内部（当然向上需要拓展至局级机关，这样的工厂"单位"本身不是独立的企业）才得到了更加充分的展现，这在 ZY 厂 1980 年代的发展过程中日益凸显出来。就某种意义而言，计划经济体制下的 ZY 厂，本身就是行政体制下的"单位"，"单位"内部"关系"运作的逻辑与上级主管部门乃至地方政府的"关系"联结在本质上是一致的，建立在此种"关系"基础之上的"派系结构"特征应该也是趋于一致的。所不同的是，行政官僚体系中官员的流动性较之于工厂"单位"可能还略高一些，因此在工厂"单位"体制下形成的"派系结构"反而更具有典型性，领导层"主从关系"的依附性特征在其中也更为明显。

第二节 "主从关系"依附的普遍盛行与 "派系结构"的逐步形成

ZY 厂在 1981 年正式成立之后，在 1980 年代发展初期，由于产品在国内较具竞争力，曾经迎来了相对来说的一段发展的黄金时段。当时的书记一直是 Q 书记，厂长一度是能力相当强的 K 厂长，但很快在 1984 年 K 由于"文革""三种人"（按照当时国家政策，"三种人"即为"文革"中造反起家的人、帮派思想严重的人和打砸抢分子）的历史原因被迫从厂长职位上退下来（降为 ZY 厂生产科长），随之出现了新任 Z 厂长和原任 Q 书记相当激烈的"派系"斗争。从外部关系来看，ZY 厂的一些领导如 Q 书记尽管有着广泛的外部个人关系，但是 ZY 厂总体上在 Z 市机械局中处于较为边缘的位置，这与 ZY 厂较小的规模也有较大关系。这种相对边缘的位置使得 ZY 厂直至 1990 年代初期多数骨干及干部的流动性一直较低，这也就使得该"单位"内部在各级干部（厂级干部、中层干部、车间基层干部）之间形成了长期性的上下级"关系"。当然，在 ZY 厂成立初期，厂级领导层的任命明显受到个人与市、局上层领导"关系"状况的影响，某些中层干部本应能够升任副厂级领导，却因与某些局级领导在之前的"文革"运动中存在负向"关系"而始终不能升职，从反面也说明了这种体制下对上依附性"主从关系"的重要性。1999 年退休的劳资科长以自身经历说明了厂级干部任命中上层"关系"的优先地位：

　　后来地市合并了，局书记是梅书记，局长是许××，另外还有个副书记姓冯。我（19）66 年在"四清"工作队的时候，就是队员，"四清"对象里面就有梅书记，负责批斗他的队长是个老资格，文化不高东西写不起来，都让我写，弄得好像我冲在第一线斗他似的，仇也就结下来了。后来我们刚分厂的时候，我当时在 BJ 厂的时候已经是中层干部了，跟到 ZY 厂这边的人里面，按资历我也应该是副厂长一级的候选人，但是很快老 Q 跑回来说梅对我好像有意见，把我从名单里面划掉了，问我清楚不清楚是怎么回事。我和他说了"文革"里面的一段，他说难怪一下就把你的名字划了。说实在的，梅那个人就是喜欢给自己弄点利益，他那时候就想把老婆调到局里面不就是做公务员嘛，当时的局长许局长就不同意，梅和许关系不好，两个人也是斗来斗去的。许对我们厂还不错，但梅是脱粒机出来的，局里面 2/3 的中层都只用脱粒机的人，我们这些小点的厂里面人多数都没有机会升到局里去。不仅中层干部蛮难升到厂级干部，厂级干部升到局里面的机会也不大，像我们这样在中层位置上从 40 岁干到退休差不多 20 年的不在少数。那时候基本都这样，副厂级都是上面任命的，上面没有"关系"的一些中层干部，在科长位置上干了 20 年也很难再上去的，能力再强又怎么样呢，上面没人就是白搭。其他人就不谈了，（19）89年、（19）90年上来的副厂级SLF、BZ都是家里后台很硬的，SLF叔叔是市委组织部的一个处长，厂里出去到常州学会计的机会给了他一个人，后来就管财务，上去做管后勤的副厂长了。BZ就更不用说了，老爸就是当局长的，他虽然只有初中文凭，厂里有个在职学习管理专业中专的机会，本来是给我们的。Q书记一句话，说我们年纪大了给BZ吧，他们这些人升上去都是早晚的事。（已退休，原劳资科长TQ，2009年6月访谈）

当然，厂级干部任命除了上层"关系"以外，政治成分仍旧是先决条件，K厂长的卸任即是明证。多位被访谈者都表示，如果由K厂长一直担任厂长的话，ZY厂的发展应该不会陷入后来的困顿，K本人在"文革"后被定为"三种人"（具体应为造反起家的"造反派"），其政治命运也就被决定了。但是K本人不仅在厂内已形成了自身的重要派系力量，而且因仍担任生产科长而始终是生产方面的重要力量。按照多数人的看法，K不仅能力较强，而且对下属一直都不错，他在厂长位置上就形成了一批自己人，之后和他保持了较长期的私人关系。特别是当他在政治上被定性，从厂长位置下来之后，他已然升迁无望，其与生产骨干的"抱团"趋势也就更为明显。但根据已退休的某厂级领导表示："当然了，K之所以要和下面搞好'关系'，也可能是因为他在上面已经没有希望了，要在厂里长期待下去的话，也的确要有帮人跟着自己。那时候多数还大都是下面人紧跟领导吧，K下台了也还有势力，毕竟还是总支委员嘛，待人又不错，所以不少生产骨干和他还是贴得很紧，但K也知道自己政治身份不好，他主要是维持好自己在生产系统的权限，并没有过多地参与到后来的斗争里面去。"可以说，一直到1990年代M厂长来到该厂之后，K一直都是厂内的实力派人物，90年代的一些情况在下一章中再具体展开。组织科科长LHR也较好地介绍了1980年代K在ZY厂的基本历程，比较充分地说明了K的待人方式与个性特点：

你要说吧，要是由K厂长继续做厂长，我们厂那个时候也就好了。他能力强，搞生产有一套。就是有历史问题，你知道吧，他"文革"的时候做过全国"九大代表"。后来还做到Z市革委会主任。"文革"以后他被定性为"三种人",开始是被下到 Z 市总工会了,后来又被降到 Z 市机床厂做厂长,做了没几个月吧就又降到我们厂做第一任厂长了。哪个晓得到(19)83 年年底的样子吧,以前的"三种人"统统都要从领导岗位下来,连我们这样小厂的厂长也不能做了,他只能退到生产科做科长。说实在的,我们厂那时候要是他继续做厂长的话估计也差不了,后来过来的 Z 厂长和 K 比起来就不行了,能力要差好多。K 当厂长大概有三年吧,他就负责搞生产,虽然和 Q 书记也不能说没有矛盾,不过还是做事蛮圆一些,和 Q 书记关系也还不错的,要他做厂长的话,和 Q 书记矛盾应该也不会发展到后来 Z 厂长和 Q 书记那么大的。当然,这个也难说,(19)80 年代开始的时候还是书记负责制,厂长权限也没后来大,后来搞厂长负责制了,厂长手上权也就不一样了,矛盾自然就出来了,当时多数工厂都少不了。话说回来,要是 K 和 Q 斗的话,倒真不一定落下风,K 的能耐强,对上对下也都很会做人的。后来,K 虽然只是做个生产科科长,但还是厂里面的党总支委员,而且生产上还有一帮人都跟着他,主要都是车间主任的一批人,一直都是很有势力。后来,Z 厂长和 Q 书记斗起来以后,他们还都想拉 K,有帮人跟着 K 啊,K 差不多就是搞平衡吧,也没有倒向哪边。他是到(19)95、(19)96 年才退休的(笔者注:K 实际是 1996 年初退休的),一直都是厂里面的实力派。(已退休,原组织科长 LHR,2009 年 8 月访谈)

已退休的原办公室主任 CYZ 曾经做过 K 担任厂长期间的秘书,他也谈到了 K 的待人之道及其在卸任之际对自己的照顾安排:"K 在做厂长的时候,对下面人就不错,我从(19)81 年开始就做他的秘书了。他平时蛮平易近人,没什么官架子,蛮注意和下面人处关系的,我们经常下班了还要赶点东西,忙完了他就跑过来和我们聊天,其实也就是和我们拉关系了,这种做法当时领导(这样做的)还不多。领导虽然要有自己人,但基本还都是下面人往领导那边跑,领导不大会往下面人这边跑,所以 K 带出来的徒弟都和他特好,这些人不少都是后来的车间主任、车间调度。他知道自己要被下了,还想到我这个秘书,跑过来跟我讲了情况,说和 Q 书记说过了,让我到 ×× 车间做车间主任,Q 书记当然不会驳 K 的面子,再说我也是最早和 Q 书记一起过来的一帮人里面的，Q 书记对我印象也不错。"可以说，K 在卸任之后对其骨干下属的笼络可能更为明显，由此的确形成了以 K 为核心的一个小团体。但正如以上访谈材料所述，K 的这种对下属的"关系"笼络毕竟并不多见，这固然与 K 的个性特征有关，更重要的可能还在于 K 一直认识到自身政治成分的问题。特别是从厂长位置上退下来、缺乏行政权力支撑的 K 对"自己人"的笼络更为明显，但从总体来看，多数中层骨干对厂级领导的"主从关系"依附始终是主要的。

与 K 厂长相比，ZY 厂的建厂元老 Q 书记显然要幸运得多，Q 书记有着政治身份上的优势，他在新中国成立前就参加了解放军，在渡江作战中做过后勤工作，因此得以享有革命"老干部"的身份（后属于离休干部）。在众人的描述中，Q 书记应该是一个比较精明、圆滑世故的领导，他善于上下关系左右逢源，喜欢在经济上占些公家的便宜，甚至在男女关系上有着众所周知的"生活作风"问题，但其经济问题显然不能算是一个"贪官"。Q 书记在厂内势力的形成固然主要以其权力作为基础，但他对于下属"还是蛮讲江湖规矩的"，所以在 1980 年代始终有一帮忠实的中层干部追随者。年龄上的局限与厂内根基的牢固使他准备长期立足于该单位，他个人及其追随者在单位中也有着一定的私利，但在 1980 年代各种权限仍然集中在上级局级机关的情况下，当时从厂里所能谋取的私利也必然是相当有限的。从根本来看，Q 之所以能够多年在书记的位置上"呼风唤雨"，是与其外部持有的丰富"关系"资源密切相关的，如前所述，ZY 厂之所以能够成立，即得益于 Q 早年与省财政厅某副厅长的"关系"。Q 很善于运用其控制的 ZY 厂的各个岗位的人事权与厂外的各类"要人""做人情"，重要干部职位的向上推荐权与实际控制权也是厂内多人愿意追随他的重要依据。从 K 厂长对 Q 书记的评价中，我们可以比较清楚地看到 Q 的个性特征与"关系"技艺：

> 要谈上下级关系，最不好的就是对上对下两个样，对上一副巴结样，对下作威作福的（样），所以我觉得对干部（来讲）一个德，一个才特别重要。德主要就是看他是怎么待人的，对公对私是怎么处理的，"才"不能只看文凭，要体现成果，体现到业绩上来。要是厂领导的话这个表现就更明显了，你像 Q 书记你说他多坏是没有的，无非

就是德上面还是不足吧，喜欢占点厂里的小便宜，和单位里一些女同志关系暧昧，然后给她们安排一些好岗吧。还有就是照顾自己人吧，厂外面有交换来往的，厂里面有沾亲、有老乡关系的都能有个好岗吧。我有次跟他说，下次不能进没用的人了，他表示不会的了，下不为例。这种东西当时说起来就是不正之风，当然这是说得好听点的，难听点的话也就是腐败。后来又要进个人，我那时候还是厂长，不好安排，有点急，过去找他。意思这种事情该回要回，要大公无私啊，还以自己为例说自己就回了好几个了，Q 就是不吱声，说一言难尽啊，你再说两句他就不吱声了，我们也不好太不给他面子，说太多了大家都不好看，毕竟是同事还要共事吧。后来也就只好睁只眼闭只眼让那人进来了。Q 就是这样的，他为什么在外面吃得开呢，就是会做交换，以他的资历交往的都不仅仅是局里面的一些干部了，市里面的头头脑脑他都有交往，所以他和上面包括市里面的"关系"是铺得比较开的，这是他这么多年能一直待在 ZY 厂做一把手的重要原因。对于厂里面中层干部，形式上 Q 只有向上面的人事推荐权，但实际上他推荐上去基本也就差不多了，包括对副厂级干部，Q 也是有提名权的，副书记 JRA、后来的技术副厂长 WJF、总工程师 CZA 其实都是他提起来的。（已退休，K 厂长，2009 年 7 月访谈）

与 K 及 Q 相比，1984 年到任的 Z 厂长，管理能力、技术能力等各个方面都明显不足，他能够从其他厂的中层一跃而成为 ZY 厂的厂长，也是因为有着比较强硬的"关系"背景。可以说，当时一批新任命的正职厂级干部与副职厂级干部都是"上面有人"的，与局级乃至市里领导的各种私人"关系"在厂级领导的任命中可以说是个至关重要的因素。根据访谈的基本情况来看，1980 年代初期还是大学生相当匮乏的时期，高中文凭就已经是较高的学历，学历在当时也还没有成为干部任命的决定性因素，政治身份与"关系"背景可能还是干部任命最重要的两个因素。但在 1980 年代政治身份逐步淡化的社会环境下，"关系"背景的重要性就开始凸显出来，在厂级领导这一层次的干部任命中也就更加明显。尽管 ZY 厂的厂级领导按照行政级别仅仅相当于科级干部，在当时的"单位"体制下，也都是由局级党委会讨论通过，当时的任命除了与局级领导（相当于处级干部)的私人关系外,与市级领导和组织部门的"关系"背景在厂级干部任命中也是非常突出的。以下的这段原副书记 JRA 的访谈材料较好地说明了 Z 任职的关系背景机遇及其管理能力之差:

> Z 来的时候只有初中文凭,水平能力都不够,原来只是在脱粒机厂做个中层干部,但上面有人,所以才能做到厂长的位置上来。他一个哥哥应该是堂哥在市委组织部里当到了副部长,大概 1983 年年底本来是把 Z 安排到其他一个厂做副厂长,准备年后到任吧。结果,K 厂长由于在"文革"中当过造反派的领导,按照当时的政策,"三种人"必须要从厂长的领导岗位上退下来。Z(的)哥哥提前知道了,就直接把 Z 安排到我们厂做正职厂长了。Z 呢,人倒不坏,也没沾厂里什么便宜,但关于生产方面是个外行,有时也想为职工谋点福利,刚来的时候厂里效益还不错,上面卡着又不能直接加工资,怎么办呢,他就干脆让大家免费吃午餐,还要给大家发自行车,他有点糊涂,以为这样就能有点政绩上面会喜欢。哪知自行车还没来得及发,上面局里很快知道了,就派人下来查,意思都是国家的钱,不能随便做人情,事情只好拉倒了,还在 Z 市闹了点风波,人家都知道我们效益多好了,其实根本没拿到。免费午餐也没搞下去,成本大了吃不消,浪费也可以,又怕上面局里来查,只好算了。说得不好听点,差不多一个糊涂蛋。(已退休,原副书记 JRA,2009 年 7 月访谈)

不少被访谈者均表示,1984 年到任的 Z 厂长各方面能力都有所不足,尤其是管理能力相当欠缺,但由于其组织部门的上层"关系"而得以被任命为厂长。此外,1980 年代中期新进的技术副厂长 XT 与生产副厂长 LWJ 的任命都有着上层"关系"背景或者是"安置需要"。现已退休的质检科长 SSX 谈道:"技术副厂长 XT 是个民主党派,那人 50 年代大学学的是机械制造专业,毕业以后就给打成'右派'了,烧锅炉烧了多少年,哪里还懂我们 ZY 专业,只是在什么市里英语比赛得了个第二名,就要安排这样的'人才',再加上上面一个副局长和他一个党派的,给他说话。开始是准备给机床厂的,机床厂不肯要,就想塞给我们。他过来能干吗,我们当然不想要。Q 书记开始也不同意,后来还是怕得罪人,最后还是接收了。

结果证明对我们厂没有用，对技术发展只能起负面作用。还有生产副厂长LWJ，他和 Z 厂长一起过来的，都是脱粒机厂的。也是走的上面局里的'关系'，好几个副局长都是从脱粒机厂上去的，他原来是脱粒机厂的一个车间主任，专会往上拍马屁，这些副局长都给他说好话吧，就给升到我们厂做副厂长了。他到了我们厂就会来事搞斗争，对厂里危害更大……"对于当时的领导更替，一些退休的中层干部还是带有相当的遗憾，多数都认为如果由 K 继续担任厂长，工厂应该不会出现后来的困难局面，一些不合适经营生产的厂级领导的到来，加之后来逐步升级的内部斗争，导致了 ZY厂到 1980 年代后期逐步走向经营困难。

按照一些已退休中层干部的看法，Z 除了个人能力的局限之外，在基本态度方面也不是想多为厂里做事，而是极力地想离厂"升官"，他是希望先调入机械局担任科长（笔者注：ZY 厂厂级干部与机械局科级干部属于同一级别），在此基础上再争取有所升迁。他为此也积极开展与一些局级领导的私人"关系"："厂里要从德国引进强力磨生产线，还是要局里拍板。每次厂里出去考察调研，带上局领导，实际上就是游山玩水，Z 那时候就比较热衷于和上面搞这种'关系'，去德国谈引进生产线的事情，不好好谈判，忙着带几个副局长过去玩。总的来说，干部主要是要迎合上面，对上面负责，不是对企业负责的。'升官'是第一位的，当官都这样，至少要保住自己乌纱帽吧。"如果全面一点地看待 Z 厂长管理的局限性，我们可以发现体制上的局限性决定了 Z 对上层局级领导的迎合，其表现出的对上种种迎合的做法也体现出了其实质上希望"升官"离开 ZY 厂的意愿。在行政体制之下，"听话"本身也是厂级干部对上级局级干部的一般行为准则，不仅 Z 厂长如此，Q 书记对上更是能从则从，这也必然使得 ZY厂在人事、生产各项决策方面成为上级机关的传声筒，这种对上的少得罪乃至讨好，可能也正反映了当时 ZY 厂与局级机关之间的基本权力形态，上层局级机关的权力主导格局使得 ZY 厂在人事、决策等诸多方面都受到相当大的掣肘。

从当时的体制来看，劳动指标都是按照国家计划，ZY 厂在 1980 年代仍然无权自主招工。一直到 1980 年代末至 1990 年代初，局里文件还是要求按照比例用人，各个部门包括工会、政工、团总支等党宣科室的人员数量都是按比例分配，一般都要占 1.5% 以上，全部科室人员占全厂职工比例在 80 年代中期一度保持在 28% 以上，一些非生产职能科室人员配置较多必然导致人浮于事的企业效率问题。与此同时，ZY 厂在 1980 年代初期曾经是企业效益相当突出的单位，这种效益比较好的企业，上级机械局管理部门的控制就更为明显，不仅表现在正常的干部人事任命控制，往往还有比较明显的吃喝摊派现象，以及上面领导安排子女或亲属工作岗位的"关系"现象，这种"关系"导向很大程度上体现出了下对上的依附与讨好，显示出"主从关系"中上层权力的主导性地位。有被访谈者直接指出："原来的计划经济体制下头，局里上级领导干预很大，局里包括一些科长都很有权的，安排自己子女、亲属工作的情况很普遍，也不管过来能不能做事，特别是比较好的清闲点的办公室岗位，这也是中国人的人情问题了吧，实际上就是任人唯亲、任人唯贤的问题。连中层干部的任命不少也是上面干预的，厂长、书记尤其书记虽然有推荐权，但任命最终都是由局里指定，上面说了算吧，哪些人、哪些人一批一批的任命都要由局里最后来定，一些要当中层干部的也要到局里拉'关系'。"当然，对于这些安排中层干部乃至"优质岗位"的实质性"腐败"行为，仍然需要在形式上加以掩盖，这或许就是当时国有企业较为普遍的情形，"关系"正是这种依附于权力运作的重要工具，"背景"、"关系"对于进入这样效益较好的工厂工作是至关重要的。与之相随的是，机械局内部也出现了一批作威作福的官僚：

（19）80 年代初期的时候，提干，提中层的话，都要局里下文批的，厂里也只有往上推荐提名的权力，权力主要还是在局里，局里面下来考察批复都要好几个月的。后来到 80 年代后期开始，人事权主要就到厂里面了，但还是要报局里面备案的。还有局里面一些科长也有权的不得了，尤其以局办公室副主任张××、技术科科长仇××为代表，他们是天天在下面各个厂吃，真是筷子夹在裤腰带上到处跑。他们局里吃皇粮的真比市里机关的还要好，就一天到晚地在下面各个厂跑，走到哪块吃哪块，要是有哪里没照顾好吃得不好，当场就发脾气或者回头找事情过来，你拿他们有什么办法呢。还有就是我们开始效益比较好，局里面大小领导子女安排过来的多得去了，都往科室还是哪里一放，你有什么办法，一个个什么都不会干，你还要把他们养得

好好的，说不得动不得的，有工作上的事情都不好说，不然一个小报
告往上面一打，厂长一点办法也没有。Q 书记，喜欢到处做好人，上
面凡是要请他帮忙的事情，不管能不能做到，他都喜欢先应下来，后
面的事情怎么样再说。上面局里管工资发放的科长王××，就和 Q 打
招呼要让自己家的什么亲戚从车间调到哪个好岗上来，Q 只好嘴上应
着，回来又没位置，不好办。（19）83 年厂里要涨工资的事情报到局
里面，王××就是不批，他让我直接给厂里带话，意思（是）Q 书记
知道他的要求。我回来和 Q 书记汇报，Q 意思他知道是知道，不过这
暂时也没办法，后来我们厂（19）83 年加工资的计划就黄掉了。90
年代以后，这种情况就好些了，到了 90 年代第一次改制以后，局里面
的权小多了，包括张××再下来的时候就好多了，做事说话也就客气
多了。反正一句话，现在厂里要是有什么不好，还基本都是在明处
吧，80 年代那段是形式上一套实际上又是另外一套，明处白的暗处黑
的，开会说起来冠冕堂皇，做起来无非都是抢权、拉关系，不然就靠
边站。（已退休，原质检科长 SSX，2009 年 9 月访谈）

局级机关公务人员对下属工厂的“官僚”现象无疑和其拥有的各种行
政权力密切相连，“以公谋私”的资源交换“关系”相当普遍。特别是在
对中层干部的任命方面，机械局始终保留着最终的决定权。但是厂里保留
着举荐权，其一般意义上的人事控制权 Q 书记还是可以掌控的。因此，不
少积极分子就一心巴结 Q 书记，经常去 Q 家里去，陪他去打牌或者买花
草，这样在有机会时就很快能被提拔到中层干部的位置。特别是对缺乏外
部上层“关系”联结的积极分子而言，对于厂级领导特别是 Q 书记的“关
系”联结是至关重要的，在后来“派系”斗争中比较重要的 Q 派成员多数
都是在 1980 年代早期即已被 Q 提拔到重要岗位或“油水”职务上来的。
如原先的行政科长 XXL，办公室主任 XJL，供应科长 YXM 都是这一时期提
拔起来的，都是经常到 Q 办公室或者跑到 Q 家的积极分子，后来也成为 Q
派的重要成员。无论如何，我们可以发现这种以权力为中心的上下“关
系”中，下对上的曲意迎合通常是“关系”发展的重要起点，尤其是对于
欠缺与上层血缘或姻缘“关系”的情况下，一种刻意投靠依附的“主从关
系”的重要性就开始凸显出来。当然，除了与领导的个人“关系”之外，

职位升迁中的文凭、年龄等个体因素在 1980 年代可能也得到了相当重视：

> 定级别、评职称里面还有文凭的猫腻都很多，我们解放后一直都是在搞唯成分论，阶级斗争是第一位的。(19) 80 年代开始的唯文凭论也制造了另外一个唯成分论。职称的分配基本是按照企业的规模影响来弄的，往往不是根据个人的实际水平来确定的。与文凭比起来，"关系"可能更重要，有句顺口溜说得好："年龄是个宝，文凭少不了，关系最重要，送礼不能少。" 80 年代开始，"关系"的重要性就特别明显了，找工作里面特别明显，那个时候我们厂（效益）还不错，一些既没啥文凭也没什么本事的找"关系"进我们厂的还真不少。还有一个呢，当时党政口、宣传口的科室都有人员比例，养的闲人还真不少，所以也有位置让他们进来，你说现在还有几个下面的企业有这些位置让这些闲人进来呢？当然喽，不少大国企可能好位置还是不少的，像我们下面这些企业，大都改制成民营的了，这种情况不能说完全没有，但基本很少了，现在这个年月有关系、有背景的也不会看上我们这样的工厂了，有点办法、有点门路的都不会想来做工人了，即使安排在科室的话也不够稳定。80 年代工人地位上还是排在前面的，和现在真是天壤之别了。（在任工会主席 HLP，2009 年 6 月访谈）（笔者注："在任"系指访谈时所任职务，下文同，不再说明）

由此可见，在直接的私人"关系"之外，"学历"也开始成为 1980 年代干部任命、评定级别与职称的一个重要因素，但似乎这种"学历"的重要性并未替代依附性"主从关系"的首要性地位。当然，"关系"与"学历"的甄别也不是本研究关注的重点，无论如何，与上层领导某种私人"关系"所影响的干部任命或个人职位任命，事实上"造成了一批并不称职的个人到了一些工作岗位乃至领导岗位中来"。这种私人"关系"尽管有着相当的负面作用，其主要造成的还仅是养闲人与养懒人的问题，尚未形成结构性的矛盾冲突，但已经为后来的"派系"矛盾提供了组织环境基础。从 1985 年开始，ZY 厂的厂长负责制开始实施，但党总支委员会的权力特别是人事权并没有弱化，随着厂长生产事务权限的上升，1984 年到任的 Z 厂长与原来的 Q 书记之间的矛盾日趋公开化，并各自形成了自身的一批队伍人马，进而造成了 Z 厂长与 Q 书记之间相当明显的"派系"斗争，这样的"派系"斗争直接导致了 ZY 厂由盛而衰。从一些访谈记录中，我们隐约可以把握其基本的过程动态，这一状况的形成并不能轻易归结于个人问题方面，而是有着宏观性的体制结构动因。进而言之，由于厂长负责制的实施并没有剥夺书记的最终决定权，厂长、书记两个权力中心的确立可能是形成公开派系斗争的重要原因。以下 K 厂长的一段访谈材料较好地说明了他所感受的体制转轨过程：

> 建国以后，（19）50 年代开始一直实施的是部队的首长负责制，（19）58 年"大跃进"以后就要求"书记挂帅"了。这个时候开始，就已经是书记一把手了，厂长地位被削弱了，这就确立了党委领导负责制。后来从 50 年代末又开始了党委领导下的厂长分工负责制，这个时候厂长可能连副厂长的提名组阁权都没有了。"文革"里面党的一元化领导进一步加强了，直到 1978 年改革以后才又从党委领导下的厂长分工负责制恢复到党委领导下的厂长负责制，我们厂规模不大，还没有党委只有党总支，大权就在总支书记手里面。一直到（19）85 年开始明确实施了厂长负责制，厂长手上才开始有权了。（19）90 年之前企业搞不好，这是当时国有中小企业普遍情况。一方面搞了厂长负责制，但是党总支还保留着最终的人事权，厂长、书记互相都不买账。书记一直在这边，喜欢摆老资格，两边矛盾闹得没个停。这样，领导都在忙斗争，精力就不放在企业发展（上）了。当时斗争实际上也没有多少经济利益目标，主要就是政治斗争，互相争来争去，不过话又说回来，那个时候即使发展了职工也没有什么实惠，企业是国家的，大部分利润都是要上交的。不管怎么说，干部群众收入差别实际上也不大，大家都差不多，所以不做干部也无所谓。不像后来 90 年代 M 来了之后奖金增加了，年底还都有红包了，干部收入上来了，大家也都愿意做了，之前不少人看不出当干部的好处，只管自己拿工资吃饭过日子，所以也不太烦这些干部之间斗来斗去的事情。（已退休，K 厂长，2009 年 7 月访谈）

因此，在 1980 年代的"派系"斗争中，厂级领导之外实际卷入的主要还是一些中层干部与积极分子。由于 1980 年代中期仍旧是计划经济的工资奖金制度，干群之间的收入差距也比较小，尽管当时工厂经营效益良好，但多生产的利润不能留归己有，反之领导斗争对大家的收入也基本没有影响，对此普通职工对这些斗争起初就比较漠然。总体来看，改革之前的国有企业主要实行的是书记负责制，在从书记负责制向厂长负责制转变的过程中，书记最终的人事权没有削弱，使得彼此的权力斗争逐步凸显出来。并且在一些退休人员看来，厂长、书记的这种派性斗争也是外部上层机关机械局局长、书记斗争的延续，原机械局办公室主任对此有着清楚的说法："局里头也是书记、局长两个人，说是搞厂长负责制的时候，各厂书记跑去找局里书记问我们现在是不是该放权了，局书记当然表示不行了，党委不能放权，意思各厂书记也不能放权。后来各厂矛盾都闹到局里去了，结果就书记找书记告状，厂长找局长告状，局里局长、书记本来争斗也没停，也各自帮着下面厂长、书记说话，两条线基本上是蛮明显的。当然我们厂在局里面还比较小，和局里的瓜葛还少一点。他们脱粒机厂更不用说了，局领导不少都是他们那边出来的，上下间的联系更多，下面的矛盾常闹到局里面，跟上面领导的矛盾纠结在一起，党政两条线的派系矛盾就更明显。虽然也有些副书记、副局长掺杂在里面，但局里主要的情况还是局长、书记之间的矛盾，副书记、副局长大多也分别跟着局长、书记，（局里）各个职能科室也是的，（局里）党政口的多数是书记的人，生产、技术口的多数是局长的人。下面各个厂再有厂长、书记分别跟在后面，他们和局里的科级中层也有些平行间的调动，但能跑到机械局系统外面的很少。几年下来，局领导在机械系统与其他系统之间会有些调动，但也不多，局书记、局长几年没动，两个局领导的矛盾与各个厂的书记、厂长的矛盾牵扯在一起，整个来说局里书记、局长两派之间也是闹得没有安生。"

由上可见，厂长、书记的两大派系，在上级机关机械局可能也反映了党政分权的基本格局。体制上的基本格局是党政分权，党政两个权力中心的存在可能是出现派系结构的根源，其中分别以党政两个领导为中心而形成的"关系"网络构成了派系结构再生产的基本形态。政府机关如此，作为"单位"存在的工厂亦是如此，1980 年代中期开始实施的厂长负责制是促成工厂内部党政分权的重要体制背景。事实上，厂长负责制的试点工作是由中共中央和国务院 1984 年初决定进行的。1984 年 5 月，在北京、天津、上海、沈阳、大连和常州 6 个城市选择了 191 个企业作为首批试点单位。1984 年 10 月 20 日，中共十二届三中全会通过的《中共中央关于经济体制改革的决定》明确指出："现代企业分工细密，生产具有高度的连续性，技术要求严格，协作关系复杂，必须建立统一的、强有力的、高效率的生产指挥和经营管理系统，只有实行厂长（经理）负责制，才能适应这种要求。"在此基础之上，1986 年 9 月 15 日中共中央和国务院颁发了由国家经济委员会制定并负责解释的《全民所有制工业企业厂长工作条例》，定于当年 10 月 1 日起在全国施行。随着厂长负责制的实施，实际上造成了当时国有企业厂长行政中心、书记政治核心的"两心"矛盾，"两心"之间的权力矛盾常常会衍生出相当激烈的派系斗争。以本个案 ZY 厂为例，Q 书记与 Z 厂长无疑都有一定的私心，其斗争局面的形成应该有着两个人的人格特征与处境动机的作用，但根本上可能还是缘于某种双重领导体制的结构性动因：

　　Q 这个人呢，有点儿好色，那时候厂里头就有几个女的，经常围着 Q 把厂里各个方面的信息都透露给他，还跟 Q 要求把家里头亲戚调进来的，Q 在这些事情上面呐都不太好。Q 人也不能算太糟糕，你说他有大贪污也没有，上面想调升他也不想走，他就觉得这个厂是在他手上办下来的，应该是他自己的天下吧。Z 呢，人相对老实点，局里也给他在市中心分房了，他对厂里倒也没占什么便宜，不过是一个心思想升到大厂或者局里面去吧。反正一句话，两个人都有私心的，要让人没私心太难啦。领导斗得嘴上都说是为公家好，心里面都有自己的小算盘，都是不能放到台面上来说的。慢慢地，生产、技术上一帮子人跟着厂长的多，党宣口一帮人跟着书记的多，开起会来明争暗斗的事情总归是少不了。尤其刚开始的时候，厂长、书记有矛盾的话还都稍微忍着点，还没有后来那么公开。矛盾的核心，还是谁说了算的问题，两个人都觉得自己是一把手。其实，厂长是管生产、技术、供应、销售这些重要部门了，但在人事、财务这些方面又不能光他说了算，人事就不用说了，财务报销开始需要厂长、书记一起签字，下面人要报销就要跟两边汇报好才行，有人要忘了先让书记或者先让厂长签了字，再去找另外一个，另外那个往往要找借口拖个半天，苦的都是下面的人。不管怎么说，两边的矛盾慢慢地就累积起来了。其实，Z过来之前，Q书记与K厂长之间就已经有些矛盾了，其实这也是党政双重的领导体制造成的，这种体制也就决定了书记与厂长之间的权力分散，权力分散可以加强监督预防腐败，但是问题就是厂长和书记两个之间一般都会不和，这样他们周围分别形成了自己的小群体，明争暗斗起来就没完没了了。（在任车间主任CM，2009年6月访谈）

正是在这种党政分权的基本格局之下，Z厂长与Q书记的矛盾逐步展开。这样的派系斗争在初始阶段虽然有厂长与书记的个人私利问题，但更多地还是政治权力与随从势力的争夺。总体而言，基本的派系势力其实是与党、政分别的管辖范围密切相连的，反映到ZY厂的实践来看，生产、技术的中层骨干跟随厂长的较多，党务、宣传的中层骨干跟随书记的较多。一位已退休的副厂长总结得很好："Z是1983年过来的（笔者注：实际应为1984年初），这个之后，党政不和是个大问题，当时还是党委领导下的厂长负责制，核心、中心哪个大的问题，当时争得很厉害，其实根本说不清。生产经营权是以厂长为中心，但厂里面要有重要决策还是党总支集体开会，少数服从多数，从下到上一直到政治局应该都是这样。上面哪个领导说提拔哪个，被提拔的也就是哪个领导的人了，帮派慢慢就出来了。说起来中国人一山不容二虎，其实一个中心一个核心就自然形成两只虎，哪个买哪个账啊，两边比地位、比资格、比水平，总是要把对方比下去。下面的人就要选跟领导了，特别大多是跟着直属领导，这样工厂的派系斗争也就比较明显地表现为两支队伍了。"一些矛盾都是从一些小事开始而逐步扩大的，但随后造成了企业效益严重下滑乃至发放工资奖金的困难，普通职工也就从原先的漠不关心发展到满腹怨言：

说实在的，厂里面书记厂长争来争去的主要还是为了争权，（19）80年代的时候反正都是国家定工资奖金，大家也不用烦吃饭的事情，所以上面斗归斗，下面大家也不烦。主要都是些干部在互相较劲，我们那时候还是车间一般工人，也管不了，不想掺和。你要说刚开始有多少实质矛盾，可能也谈不上，80年代初还是书记负责制嘛，书记大权在握，厂长是二把手明确得很，（19）85年的样子（即前后）搞了厂长负责制,厂长权限大了啊,生产上的事情按道理都应该归厂长管,书记闲下来没啥事情了,人就容易难过吧。比如说有点福利事情,书记就会跑到总务那边看看,说你们这个不行那个不行,有一次发厂服了,书记开始不知道,他就发火啦,意思怎么不问问他,也就是没把他放眼里,诸如此类的小事可能不少,实际上书记是大事小事都不想放权。后来 80 年代后期慢慢国家也不管工资了,提出来的加工资政策都是只给文件,后面还注明由各企业根据自身情况做安排了。这个时候我们厂已经不行了,领导厂长书记还斗得没停,结果从 1987 到 1992 年一共有 5 年多没加工资。有的时候,甚至工资有一两个月拖着发不出来了,要等着外面的款子回来才能补上。这时候,大家意见也就很大了,牢骚肯定也多了,包括个别不太参与的中层干部也对这样的情况比较反感了。(已退休,原企管办主任 SSH,2009 年 7 月访谈)

可以说,在从 1980 年代到 1990 年代初期的改革过程中,国有企业改革的主要特征是扩大经营自主权,但在 80 年代初期根本的人事权还没有触动。钱颖一(1995:117)明确指出:"以扩大企业自主权和增加利润留成为核心的企业改革,已逐渐地把对企业的部分控制权(主要是使用资产的权力)和收入从政府转移给企业,特别是企业的经理人员。但是同时,党和政府还牢牢地控制着人事的任免权。"这一时期改革的另一项重要举措,是在 1987 年引入和推广了承包责任制,到 1989 年几乎所有的国有企业实行了承包制。关于 1987 年承包经营责任制在全国范围内普遍推行,标志性的两个文件一个是 1986 年 12 月 5 日国务院颁发的《关于深化企业改革增强企业活力的若干决定》,另一个是次年 3 月国务院总理在六届人大五次会议上所做的《政府工作报告》。国家经委 1987 年实施的基本原则主要是:包死基数,确保上缴,超收多留,欠收自补。承包制的全面实施意味着政府全面负责工资配给的时代已经终结,国有企业的工资、奖金也就与其效益直接挂钩了,深层的背景无疑是相当多国有企业出现了亏本,国家财政补贴已经不堪重负。正是在这样的宏观背景下,随着市场化进程与企业逐步自主经营和自负盈亏的深入,ZY 工厂内部的内耗斗争使得企业在 1980 年代后期陷入了经营困境,全厂在 1980 年代末至 1990 年代初的 5 年多的时间里工资奖金都没能增加，还时常出现工资奖金拖欠的情形。这样，ZY 工厂派系斗争的激化造成的严重后果，最终使得上层领导不得不高度关注。当然，其中的权力斗争与派系队伍的分化也是一个逐渐发展的过程，最终除 Q 书记、Z 厂长双双被下之外，一些副厂级领导也有调离与替换现象，所以的确可以称之为领导层权力的全面交接，这一过程中特有的行为逻辑甚至显现出了传统政治斗争的痕迹。

第三节 "派系"斗争的升级激化与领导层权力的全面交接

从访谈材料来看，ZY 厂在 1980 年代的"派系"斗争并没有直接体现在涨工资、分住房等物质利益方面，最重要的还是重要职位的争夺与分配。进而言之，提工资、分住房的分配并不完全体现为"派系"结构的特征，而主要受到资历、工龄、住房现况的影响，但是"派系"结构还是在与调工资、分房子相关的一系列事件中得到体现。诚如退休的原办公室主任所言，"以前的干部培养都是定向培养的，当然说起来也要群众评议打分的了，但说到底还是领导说了算。但分房子、提工资还是要有点不一样了，国有企业里面还是要考虑到民情的，尤其分房子还是要成立分房小组，里面都要有职工代表，所有分房子的个人都要打分竞争。房子大家抢得都厉害，总体上还是论资排辈，有些应该说还是公平的，但也不排除少数跟领导有'关系'的，包括给分房小组组长送礼的事情都有，但这样的送礼主要是为了拿个好楼层，毕竟都是要打分达线了才行，面积也大都要按户口人数来，无房户闹的事情太多，分房小组的人都有点怕不敢乱来。调工资就要好点儿，但大体也差不多，大家争得多，领导手上虽然也有个别额度，至少面上也不能说定谁就是谁了，(19) 80 年代的时候当中层干部还没多少好处，一般群众虽然对当干部没啥兴趣，但对分房子、提工资这样的事情还是争得蛮厉害。"与多人的访谈显示，就 ZY 厂而言，在公开的分房子、提工资过程中，"关系"现象及私下运作虽然不可避免，但这样的"关系"运作常常是个体性的，至少并未公开呈现以厂级领导为中心、以"派系"结构为特征的争夺现象。相对于分房而言，加工资除了自身平时的工作表现外，更多取决于个体平时在群众中的"人缘"状况，多

位被访谈者都提到了当时 ZY 厂内部加工资的基本情况,其中原来的劳资科长总结得比较到位:

> 调工资呢,以前(19)80 年代的时候,一般可以调工资的比例都比较低,往往只有 30% ~40%,怎么办呢,也就是每个车间里面自己推荐,大家互相打分,最后再往上面报,所以这个有的时候也就看你在大伙里面的人缘关系怎么样了。总的比例都是由局里分配,80 年代的最少的时候比例就只有 5%,一直到 90 年代初最多也就 40% 吧。一级工资大概也就七块钱左右,不少人一次只能涨半级……领导还是可以控制些名额甚至额度,包括外面还有上面局里哪些人来找厂长打招呼的,我们具体没看到,不过猫腻肯定有。像后来的副厂长 BZ 80 年代初刚到厂,工资连续三年连涨了三级。明眼人一看都知道,他老子是轻工局局长,Q 书记的儿子就在轻工局那头,两边肯定有某种交换。当时国企就这样,有"关系"和厂领导打招呼调工资的肯定有。但从面上看,厂长、书记也只能控制个把机动名额,全厂上下都盯着,你把哪个下面部门评定推荐的拿掉,一旦闹过来怕是挡不住,计划经济谁怕谁啊,工人说到底还是铁饭碗,要往上告你更被动。反过来说,为了涨工资引发的内部矛盾也不少,一个车间或者办公室定了别人要加工资了当面问自己有没有意见,当然都表示没意见。心里面不愿意,嘴上还不能说啊。背后就难说了,打小报告互相说迟到偷懒的都有,把某些人这个月奖金拱掉了,大家平均分的奖金也能高点儿。比方一个车间一共分到 100 块奖金,大家来分这么点钱,如果 50 个人的话一个人 2 块钱,要是人少点只有 40 个人了,一个人就能多五毛钱。为了这么点钱一个车间的同事有矛盾的,还互相打小报告,把人家挤掉了,剩下的人平分还能多拿点儿。计划经济嘛,人就是这样。(已退休,原劳资科长 TQ,2009 年 6 月访谈)

由此来看,ZY 厂在提工资中单位成员之间的矛盾多数还是小群体内部的矛盾,普通职工在群众中的人缘关系相当重要,当然也有少数人能够通过与厂级领导直接或间接的"关系"来为自己争取提工资。事实上,在1980 年代早期工资奖金的平均主义现象仍然是该工厂分配的主流,部门举荐的做法凸显了个体"人缘"状况的重要性。① 此外，工资增加的比例较少、奖金总量的固定平分都造成了当时部门小群体内部的一些人际矛盾，当然也出现了一些与厂级领导的"拉关系"现象。这样的人际矛盾与"关系"争夺可能尚不构成结构性的矛盾内容，即分住房、调工资在整体层面上可能并没有显示出"派系"结构的特征。当然，也有一种说法是认为分房里面"关系"运作仍相当重要，但同样认为这样的"关系"并不带有某种"派系"结构的特征，而更多是带有与厂级领导乃至局级领导个人私交的成分："那个时候的分房，一部分是房管所分的，一部分就是厂里买地建的房子，后来开始有了直接买几套房子进行分配。实际上厂里能分到新房的职工比较少，所以矛盾就很集中，无房户还是优先的。尤其是（19）84年分的桃园58幢的房子，在当时样式算比较新的，大家抢得就比较厉害。那阵天天晚上开会讨论，连着讨论多少天，决策是厂里面决策，条件主要是看你是不是双职工、能不能腾仓给别人房子，剩下来最重要的就是'关系'了，看你平时和领导'关系'怎么样了，当然这个时候要有领导出来帮你说话，特别要是局里领导能出面说话肯定不一样。"

可见，与上层的"关系"并没有成为 ZY 厂"调工资"与"分住房"分配的主导取向，更没有成为"派系"分割利益的结构框架。但随着派系立场的逐步形成，其利益矛盾与正式对抗的派系结构还是通过与调工资、分房子密切相关的两个事件显现出来。甚至可以说，各有一次"工资事件"与"买房事件"激化了厂长、书记两派的矛盾，是双方矛盾升级的重要诱因。随着访谈的深入，笔者从多位已退休人员那里了解到，ZY 厂中的工资调整虽然没有明确的"派系"分配现象，但是这样 Z 厂长与 Q 书记之间的权力斗争使得 ZY 厂丧失了 1986 年底的最后一次重要的涨工资机会，"工资事件"是当时 Z 厂长与 Q 书记之间矛盾初期的一个重要事件，其实也开始凸显出内耗性的组织后果："（19）86 年局里给指标涨工资的时候，关于给哪些人提工资，厂长、书记都争来争去的，开会连开了三四

---

① 就此而言，我们也可以发现 1980 年代 ZY 工厂中特别是基层车间内部普通职工生存发展的"人缘"状况（亦即普通群众之间"人缘关系"）的重要性，但就当时"单位"组织领导的结构形态出发，依附性的"主从关系"占据了主导性的地位，这不仅体现在中层骨干与积极分子对 Z 厂长或 Q 书记的依附性之上，也体现在厂级领导对上级机关领导的依附之上。

天,最后是争得定不下来。Z 厂长和 Q 书记矛盾比较大了之后,下面也都开始分化,Z 和 Q 就都想给跟着自己的人加工资,对方那边的就一定不同意(笔者注:经追问其实只是几个机动名额如何分配的问题)。这样弄得僵持不下,拖了老长时间也没报到局里。最后局里面(的)意思,你们既然定不下来,那就算了,你们厂这次的指标就作废给别的厂吧。这就把局里面二十几级的指标给浪费了,那个时候一般一个人也只能加半级工资,等于差不多本来可以有 50 个人加工资,结果一个都没加。再后来加工资要看企业效益了,我们厂让他们斗得开始亏损了,一共五年厂里所有人一分钱工资都没加。大家心里面就更怨那次没加工资,可又有什么办法,心里怨也没用。"某位退休职工的愤恨言语也代表了多数干部职工对此事的情绪,被访谈者中除了个别利益相关者避而不谈,其他人大都带有怨恨的语句或神情。

随之而来的则是 1987～1988 年的"买房事件",双方的斗争开始趋于激化。所谓房子的斗争都是在私下进行的,公开分房里面的"猫腻"是比较难于操作的:"分房至少公开分房是不会那么直接就按照'关系'来办的,全厂工人也都看着,不好弄。大家都要房子,硬性的条件还是看有没房子,无房户肯定要优先。"尽管有着这种公开舆论的压力,关于房子的私下操作仍旧存在,这种私下操作始终离不开对"权力"的依附。Q 书记本人和 Z 厂长的亲信都曾想不通过公开分房而私下直接占有公房,然而没有不透风的墙,消息很快会从各个渠道泄露并通过财务或后勤的查实都会为对方所知道,私占公房的行为均没有能够得逞。这也说明随着彼此矛盾的深入,虽然领导层面最重要的是对于"权力"本身的争夺,但双方矛盾中始终夹杂着相当的利益矛盾,尤其是核心派系成员除了"位置"的希冀之外,常常还有着分住房、调工资等实质性工具资源的考量。特别是 Z 厂长周围亲信的私下买房行为,基本已成为双方矛盾公开化的标志性事件,并成为后来 Q 书记一帮人向上告状以力图要告倒 Z 厂长的重要"罪状"。"买房事件"最终的确成为 Z 被撤职的主要问题,具体情况下文中再行说明。已退休的原任供销科长 YXM 原来是工会的分房小组成员,对双方关于分房买房中的矛盾了解得比较清楚:

书记的房子是局里面分的,他后来大概在 1986 年初,又悄悄地占

了厂里面的一套房子,是想给儿子结婚用的。厂里开始没人知道,Z
厂长从财务那边知道了,他就把这个事情告诉陈××,陈是无房户,
Z就让他直接找书记去闹,陈就跑到书记家里面去跟书记要。那时候
工人反正铁饭碗,陈是天不怕地不怕的那种人,也什么都不管,就和
Q书记闹,跑到他家里去闹,弄得厂里面也都知道了。书记开始当然
不想给,后来觉得这样下去不行,而且厂里头也风言风语了,万一闹
到上面去更不好弄,最后只好把这套房子给陈了。后来,厂长自己在
市中心×××拿了一套房子,这个应该是局里定的买的,大家也不好
说什么。(19)86年下半年开始,厂里面围着厂长的一群人,想自己
分房子,正好WB在中山西路营销部赚了点钱,当时那边还没个人承
包,钱虽然不是财务的算起来也是公家钱,他们就拿这笔钱买了五套
房子,想自己私下分掉。但是房子买了还没来得及分消息就露出来
了。据说,是WB老婆高兴得不得了,在车间和朋友说的,结果就传
开了;还有一种说法就是他儿子也不小了,那时候有十岁了,那时候
还住在集体宿舍,他跟小朋友玩的时候说的,消息也就传开了。不管
到底怎么回事,反正消息大家都知道了。书记当然是要干涉了,后来
分房的事情就上榜公布了,厂长身边想私分房子的几个人,一个也没
拿到。Z把Q的私占房搞掉还是在背后下手,Q打击Z派的私下分房
就直接面对面了,这样书记、厂长的矛盾就公开了。(已退休,原供
销科长YXM,2009年7月访谈)

关于Q书记与Z厂长两方分房的内部矛盾有着一些不同的说法,但双
方的斗争事实是确凿无疑的:"还有厂长、书记都有些个人事情,想给自
己或者自己人买房子的。WB在外面负责个营销部,他那边的钱可以不入
财务账户,他就跟Z说买几套房子给S副厂长几个人,Z当时还没同意。
WB比较滑头,后来就把事情先办了,想自己几个人私下分掉,他们可能
也给Z厂长本人备了一套,Z厂长之前应该对此并不知情。Q书记知道了,
也先让厂里无房户起哄,搞得厂长也很尴尬,但Z厂长又不能说自己不同
意,他还得保着点这批人,不然谁以后跟自己干呢。"可见,下属对上级
的效忠与上级对下属的庇护是派系结构下"主从关系"的必然结果,这也
是"主从关系"的基本意涵。就此而言,派系结构中的"主从关系"也必

然形成的是上下相互的依赖关系,但通常情况下下属对于上级的"效忠"是第一位的,诸如下属背着"主子"的一些策略性行为其实必须把握好行动后果的尺度。由此,领导寻求合适、"忠诚"而不是惹事的骨干下属就显得尤为重要,这也对领导者的政治才能尤其是对下属的驾驭能力提出了较高的要求。无论如何,Z厂长与Q书记矛盾的公开化,引发了相当一批中层干部与积极分子的分化。在访谈中不少人都指出Z厂长与Q书记家里面晚上都是门庭若市,两派人马晚上都各自到Z与Q领导家中交流信息,形成了比较明确的派系队伍。另外,还有一些车间主任则跟着退下来的K厂长,他虽然不再担任厂长而只担任生产科长,但仍然是党总支委员之一,以K为首的第三派一度趋于某种中立性的立场,这一派是双方积极争取的对象。在此之外还有较少的中层干部与厂长或书记保持着较为中立的工作性关系,这种中间立场某些情况下可以得到双方的默认,但这部分人始终不能成为Q书记与Z厂长的亲信。笔者在调查中对K厂长(1984年年初即退为生产科长)做了深度访谈,他给人的印象很是直率,看得出来是当年的一位能人。就1980年代厂内的基本情况总结,他与其他人的看法也是基本类似的,他这样评价了当时ZY厂的两派领导与自己的应对之策:

> 企业领导班子不团结,领导之间的关系是(19)80年代后期一个大问题。原来一直是党管干部,厂长负责制以后说是书记要继续发挥"战斗堡垒"作用,这个里面的矛盾就比较大了。Z上任后厂长的权限扩大了,但他不懂企业产品,用人上面也是偏听偏信,多数跟他的人都有点不着调。Q书记呢,私心比较重,为了点小利经常到厂里面报销,他们家房子装修的费用基本都从厂里报销了。当然,也不是他一个了,还有像副书记JRA,家里装修哪个会用自己钱呢,那个时候的国企就是这样的。Q书记在外面交结广泛。他解决了不少人的工作,不少都是厂里面不需要的,就是为了还人家人情或者觉得别人以后自己用得到,让别人欠自己人情吧。在厂里面根基更不要说了,这个厂本来就是他带人建起来的,所以他感觉自己功劳最大吧,把这个厂当成他自己的厂。他就一心还是自己来管厂,不肯放权给Z,和Z是大会小会吵来吵去。两边都有人跑过来跟我谈,我说我不管他们事情,我那边生产上事情多着呢,他们就说我滑头,哪边都不靠,我是没有

必要跟他们烦了，我这种"成分"对政治也看透了，好好做点事就行了。（已退休，K 厂长，2009 年 7 月访谈）

根据 K 本人及其他人的说法，K 在当时的立场上只能是自保了，他在政治上已经没有可能再次东山再起，但也因此与一些车间主任以前的铁杆下属"抱团"更紧了，K 作为生产科长在生产系统中仍有相当势力。虽然 Z 厂长的到来直接取代了他的厂长职位，但他理性地认识到自身的"政治问题"，并没有站到 Z 厂长的对立面上，而基本是在 Q 与 Z 之间保持某种平衡态势，这种平衡态势才更凸显出 K 及其追随者的重要性。在 Q 书记与 Z 厂长两大实力派斗争的具体形势上，Q 书记作为 ZY 厂的创立者，基本掌握了人事权与财务权，Z 厂长来之前的多数中层干部又是他之前提拔起来的，所以多数人始终是跟着 Q 的。但是随着时间的延续，Z 的权限也在拓展，生产、技术队伍与厂长工作有着较多接触，一些中层骨干开始成为 Z 的心腹，而党政、宣传部门仍由书记直接管辖，多数人还是跟着 Q 书记。但 Z 在年龄上有相当的优势，他的年龄优势似乎让人感觉其在权力空间处于上升时期，因此一些精明人认为 Q 书记过两年退休以后还是要由 Z 掌权，所以开始倒戈，或者出现了"脚踩两只船"的现象，这样的骑墙分子为众人所鄙弃，特别为中心领导所疏远，但这种现象其实并不少见。为了进一步说明具体情况，我们首先需要对 ZY 厂党委领导下的厂长负责制的组织结构有所了解，该厂 1987 年所编的厂志中有着该厂从 1984 年到 1987 年的基本组织架构图，对党政二元的"单位"组织结构做出了较为明确的揭示（见图 3 - 1）。

图 3 - 1 这幅组织架构图虽然没有清晰地划分出厂长、书记的权限，包括分管的技术副厂长、生产副厂长、副书记与工会主席的职权界限，但大致看来，生产经营与党政宣传两大块的"单位"职能分工还是依稀可见的。根据访谈资料来看，厂长直接分管企业日常管理与产品销售，技术副厂长负责分管技术科与动力设备科，生产副厂长则负责分管生产计划科、质检科和供应科。书记直接分管政工科（1987 年更名为组织科），副书记与工会主席实际并不参与多少分管工作，书记实际控制着行政科与劳资教育科，另外财务科与办公室也更多是面向书记负责，当然同时也需要为生产与技术条线服务。从与中层的关系来看，以厂长为首的"生产口"与以

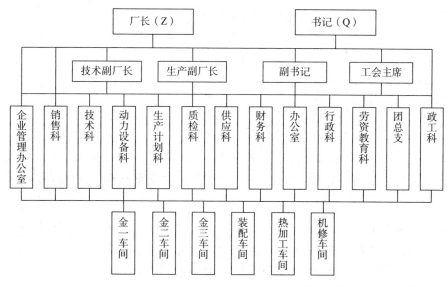

图 3-1 1984～1987 年 ZY 总厂组织机构

书记为首的"党宣口"存在着相当的势力划分,构成了两个主要的派别,1980 年代的企管办(全称企业管理办公室)主任 HXL 与政工科长(即后来的组织科长)LHR 分别是 Z 厂长与 Q 书记两派的重要参谋,一半以上的车间主任或副主任还是跟着 Z 厂长的居多,但在生产与技术条线上像供销科长 YXM、技术科长 WJF、质检科长 SSX 都是 Q 书记一派的重要成员。另外,重要科室生产计划科 K 科长是从厂长位置上退下来的,下面有几位车间主任或副主任是紧跟着 K 而构成了另外一个相对较小的派别。总体来看,Q 书记始终占据着主动权与相对的斗争优势,这一方面是由于 Q 长期势力经营的结果,另一方面则是由于最终的人事推荐权与否决权主要掌握在书记手中,书记始终牢固地控制着核心性的党总支委员会。①

进一步看,ZY 厂作为中小型的国有企业,工会与职代会的作用是相

---

① ZY 厂在建厂后一直到 2000 年二次改制前,党员人数基本在 50 人以上而一直不足 100 人,其基层党组织是党的总支部委员会,党的总支部委员会一直到二次改制之前都是 ZY 厂的核心权力组织。2000 年二次改制后,其全厂党员超过 100 人,设立基层党委,但此时的党委会已经没有实质性权力基础。以 Z 市机械局来看,在 1980 年代至 1990 年代,除了个别较大规模工厂人数达到两三千人以上,党员人数超过 100 人的设立了基层党委,多数中小企业都只设有党的总支部委员会,有四五家规模更小的工厂因党员人数不足 50 人则只设有党的支部委员会,如 1990 年到任的 M 厂长之前所担任厂长的 Z 市电磁设备厂即只有党的支部委员会。

当有限的,当然在分房这样重大利益的福利分配上,工人群体可以通过职代会提出自己的要求,并形式上由工会牵头组织分房小组。但在日常生产及发展决策等方面,职代会与工会的组织功能几乎可以忽略。比较来看,党总支始终在组织领导与重大决策中占据着核心性的地位,党总支委员均由上级机械局党委任命。尽管在1980年代,ZY厂的党总支还不能直接任免中层干部,机械局仍保留着最终的人事权,但Q书记的个人资历及外部影响力使他实际取得了人事推荐权与否决权。由此,党委领导下的厂长负责制在体制上就决定了双重领导的可能性,一方面强调要扩大厂长的生产经营权,另一方面书记却在人事、财务等方面均占有优势,对重大生产决策保留着否决权,导致了书记与厂长之间的公开争权及派系队伍的明确分化。当然,从ZY厂外部来看,机械局党委在人事、财务、重大生产决策方面才是最终的拍板者,因此书记、厂长均对上依附并部分卷入了局书记与局长之间的派系斗争。就ZY厂内部来看,在党总支委员中,两个外面调入的生产副厂长LWJ、技术副厂长XT与Z厂长形成了同盟,而副书记JRA、政工科科长LHR则是Q书记的重要人马,工会主席YB也紧随Q书记,但其碌碌无为并没有发生多少作用,K科长则如上所述是自成一派的重要人物。值得注意的是,Z厂长与LWJ之间、Q书记与LHR之间的微妙关系状况则分别说明了同一"派系"内部上下关系的某种松动性,亦即说明了"主从关系"中下属对领导"忠"之价值形态的相对性。以下的两段访谈较好地厘清了两派核心成员的一些基本情况与"关系"状况:

> 这个厂可以说是Q书记带了一帮人办起来的,Z厂长来了之后就感到要有批自己人,正好上面从外地调过来了两个副厂长,和Z就走得近了。一个XT做技术副厂长,学历比较高,大专文凭吧,Z市的外语考试得了第一名,市里面觉得不用一下好像都说不过去,但是他不懂产品,没有生产和管理经验。他后来到南京花了20多万弄了个模回来,结果加工生产的东西精度很差,也就丧失了市场。还有一个LWJ来做生产副厂长,那个人是典型的"有奶便是娘",对下面人作威作福,他刚来的时候就拍Q书记马屁,给Q书记买花草送给他,后来反而鼓动Z厂长与Q书记争权,LWJ其实有自己的小九九,他想哄着Z厂长和Q书记斗,他清楚Z斗不过Q,想自己可以渔翁得利,等

Z 下来了再让局里面老上级出面自己就可以做正厂长了。LWJ 如意算盘没打成，不久就先出事了，他在厂里面和一些童男子有作风问题，后来就被 Q 书记的人找到了证据告到上面一拉到底了……刚说的这个过程里面呢，Z 和两个外面来的副厂长呢，都是外来的和尚，成了一帮，当然下面也有些车间主任跟着他们，这样和原来书记周围的一批人就形成了对抗关系。从（19）86 年下半年开始，两边矛盾就比较公开了，有时候可以听到厂长书记在办公室不知什么原因大吵，甚至干脆是开会开到一半就吵起来了。（已退休，原质检科长 SSX，2009 年 9 月访谈）

还有个能人组织科科长 LHR 是 Q 的人，他说起来是 Q 书记的人，但和 Q 书记也有矛盾，用 LHR 自己的话来讲的话就是功高震主了，后来 LHR 一直没能升到副厂级，他一直认为 Q 书记有意要压着防着他，怕自己到副书记位置上来威胁到自己吧。因为他能力太强，而且也是党总支委员，Q 可能就对他又拉又防吧，他自己也对书记有怨言，认为自己没能上去是书记没把自己推荐上去。有几次 LHR 表示书记什么都不干，活都是他干的。又说他在哪里干什么的时候书记还在干什么呢。所以各派里面上下关系也不是那么绝对的，下属能力强了可能就不是那么听话的了。尤其是能力强的下属可能想要自己的东西，就会另立山头，像 LHR 就是，能力强，他是在党群口没到生产上来，他这个人要是有经济大权了更是不得了，管不住自己的。那时候上下关系里头听话最重要，"忠"字当头，能力很强的人常常不是很听话。后来（19）84、（19）85 年左右，Q 书记往上报新任命的是 J 副书记，他文字黑板报弄得不错，与人相处也都比较和气，关键一点，能力没那么强了，对 Q 书记最听话了。除了像 LHR 这样的例外，有一帮人的确是 Q 书记的心腹，像财务科的小 W，Q 书记可能经常拿点自己家里的小票去报一报，都很方便的。还有像供应科科长 YXM 就更是，YXM 的父亲是火车站的调度，Q 书记也需要让 Y 坐这个位置，那个时候还计划经济嘛，厂里面需要的钢铁什么的，让 YXM 负责给他爸打个电话第二天说到就到了。不然的话，拖个半个月都有可能。但是 Y 他们自己也捞好处，尤其是供应的废钢常常就自己卖了，这个里面的油水不得了，他当然不可能自己独吞，对 Q 书记、LHR 他们肯定都有交代的。后来 1990 年 M 厂长来了以后想下了他,但最后还是让他接着做供应科长了,一直到他 2000 年退休,不管怎么样,YXM 这辈子是捞得可以了,你想(19)90 年代后期他三个儿子一起结婚,他不吃力一人一套房子都给买了,你可以想象他干供应科长这么多年捞了有多少吧。还有像 Q 书记、J 副书记(19)80 年代家里装修都不用自己花钱的,YXM 会让些供应商厂家来弄,那些供应商也都乐意,他还可以和 Q、J 两个书记做人情讨个好。Q 书记最喜欢他了,对他也护得最好了。(在任车间主任 HCZ,2009 年 7 月访谈)

由上可以发现,"忠"的价值观在"派系结构"的"主从关系"中是最为重要的,"不忠""反水"在这样缺乏流动的单位空间中将面临相当大的价值谴责,像生产副厂长 LWJ 这样"有奶便是娘"、精于算计他人的"奸诈小人"被斗下来,完全得不到他人的同情,但改换门庭的现象向来不少见。值得注意的是,Z 厂长对骨干派系成员的选择也是有相当偏差的,他对 LWJ 取而代之的心机并未察觉,这种派系成员的内部问题都使得他在未来的斗争中落于下风。而精明如 Q 书记这样的领导,则对权力掌控与可用下属有着清醒的认识,他始终对组织科长 LHR 这样精明强干的下属加以提防,而 YXM 这样的"贪财"下属可能才是更为铁杆的派系骨干成员。Q 书记对待下属的一般方式代表着这种"派系"结构中上下关系的一般形态,即需要下属对自己依赖与效忠,在对下属效忠品行的考察之外,客观上需要防止下属能力过强而对自身构成威胁。进而言之,在这种"主从关系"的结构背景下,领导更为放心的下属往往是更贪图于工具性资源的骨干,领导对下属"忠"的判断一方面是定位于下属的私人效忠品行,另一方面则相当关注对下属的能力判断,下属有相当能力能为己所用固然重要,但对于能力过强的个体则常常并不放心,这种现象在技术部门可能特别明显。直至 1990 年代,技术部门中的上下属矛盾都明显带有这种特征,能力过强的下属都不可能成为领导的贴心心腹,甚至会出现相当明显的矛盾冲突(如 1990 年代初的技术副厂长 WJF 与技术科长 DY 之间的不和是其矛盾冲突的典型体现)。因此,就 Q 书记与组织科长 LHR 的关系而言,尽管 LHR 是 Q 书记一派的重要成员,就其位置、能力各方面 LHR 都为 Q 所倚重,但 Q 应该并不希望 LHR 再行被提拔为副厂级领导,因为 LHR 的能力与个性最终可能将威胁到 Q 书记的权力位置。

当然，在"忠"的价值观背后，让下属更为坚定的无疑仍然是个人利益与职位机会的给予。虽然这种个人利益常常不能公开表现在增加工资、住房分配的行动之中，但极力表现在重要机会与重要职位的分配方面，特别是在下属出了种种"问题"之时而给予及时庇护。进而言之，"主从关系"也不可能是下对上单向的绝对效忠，同样包含着上对下的给予与庇护。这在 Q 书记那里体现得尤为明显，Q 极善于通过各种位置给予来回馈其铁杆下属，甚至包括把他们要进厂的亲戚安排进 ZY 厂，前后共计安排了有十余人，原财务科一位干事表示："我兄弟下放到外地，一直想回 Z 市没有办法，我一直都是跟着 Q，Q 当然也清楚我家里的情况，很快就把他安排到厂里边了，虽然做后勤，但也蛮轻松，这样能回 Z 市就很好了。像我这种情况的 Q 书记照顾得不少，所以我们也愿意跟着他。到了关键时候我们肯定都支持他，大家都没有退路的。"此外，Z 厂长想要"升官"离开 ZY 厂，所以在和一些关系比较密切的骨干的接触中，不断表露出 ZY 厂还是太小了，自己要是能升到局里面去了，也准备把他们从这个厂带走，这样的预期利益应该也有着相当的诱惑力。但比较而言，Z 对核心派系成员的选择总体上是失败的，他对向其"示忠"的派系成员缺乏甄别选择，一些投靠 Z 的积极分子多数是只会钻营谋利的"小人"，而这些人捅出来的"漏子"往往也要由 Z 来庇护。如前所述，无论 Z 厂长事先是否知道其亲信私下占房的行为，他都不得不对此默认并加以适当的保护，只是他可能没有充分考虑到这一庇护行为所要承担的严重后果，其最终的责任也就需要 Z 本人来承担。可以说，下对上的"效忠"与上对下的"庇护"是"主从关系"（亦即"庇护关系"）的应有之意，但下对上"忠"的价值与实践在"派系结构"中始终是主流，饶是如此，改换门庭的事情还是时有发生，主要是原有 Q 书记一派个别的核心成员投靠到 Z 厂长"门下"，这也加剧了双方斗争的激烈程度：

　　你要不就离领导远点儿，要跟了谁可别随便再改换门庭了，重要的中层位置不跟书记或者厂长也很难干。站队很重要，不能随便换队，真要站错了一般就认倒霉吧。要是领导倒了或者调走了也就算了，如果领导还在这边，你就跑到另外一头去，不仅大家看不起你，原来那头肯定要找事情整你。一般来讲，你在生产口还是党宣口就得要紧跟上头，除非你能从这个口子跳到那个口子，当然书记的人事权要比厂长大一些，但大家占着位置也不是说调就能调的。即使对一些中层的人事权，机械局还是把在手里面的，但 Q 的资历老啊，上头一般也要卖他些面子。(19) 80 年代中期任办公室主任的 W××，是 Q 书记一手提起来的，原来对 Q 书记巴结得很。办公室是厂长书记都要伺候的，W 看着 Z 厂长年轻得多，估摸未来资本大吧，就和 Z 慢慢走得近了，Z 看到他原来那么巴结 Q 书记，又有点不信他，他就有点脚踩两只船的意思。做办公室主任本来也不用多少本事，无非最重要的是拍好马屁。他以前最会拍 Q 书记马屁了，哄得 Q 非常高兴，所以他和 Z 走得一近，Q 对他最光火了。他有些采购事情要批条子，Q 书记不给他签字，经常不同意购买，搞得他很难过，他后来后悔了又想回头，但 Q 书记一直对他不冷不热的。中层干部不是能上不能下嘛，Q 书记有办法治他，后来有一段就把他派出去学习，他很担心自己位置被人家顶替了，虽然最终没把他位置拿掉，但他乖多了，基本都听 Q 书记话了。所以说，跟到哪边就得忠心，不然很可能两边不讨好。其实你要说有多少选择也不见得，你如果是普通群众，跟领导去拍马屁套近乎，希望能谋个好岗，领导肯定也是就自己管的那块看可能来安排你了。如果已经是中层干部了，多数自然党政口的要跟着书记，生产方面的包括不少车间主任都要跟着厂长，彼此都是直属关系，你不听话怎么行，肯定不会有你好日子过。(在任工会主席 HLP，2009 年 6 月访谈)

以上的访谈材料也从一个侧面说明了 Q 的权力技巧，从 Q 书记与 Z 厂长的斗争形势来看，Q 书记的派系势力的确占到了优势。这虽然与其权力基础有关，但更重要的还是取决于个人的政治禀赋，Z 常常缺乏政治头脑而为下属所左右。除了前述的 "买房事件" 以外，还有人指出 Z 的重要参谋企管办主任的错误建议都被 Z 采纳了，"HXL 可以说是我们厂里面特别能折腾的了，这个人开始也紧靠 Q 书记，后来就跑到 Z 那边去了，他开始能从车间调出来也是因为他家里面有点特权，他爸那个时候在经贸局，他的继母当牙医，你想那个计划经济的时候人要批点木材什么的都要找他，看牙病也好找他,他就受大家欢迎了。Z 还没来的时候,他巴结 Q 书记,当了企业管理办公室主任。这个位置其实蛮重要,那时候还没有管理副厂长,他是要协助厂长负责日常管理工作的。这个人坏得很,Z 那个时候糊里糊涂的,H 就经常围着他出点子,一下子说是食堂免费不要钱了,一下子建议要发自行车了,这些馊点子真是吃不消。像发自行车事情还没干,HXL 就跑工会那边让人去写通讯稿出去发了,搞得市里、省厅都晓得了,结果上面明令禁止。后来上面怕厂里利润多搞福利,就增加了税额指标,后来效益差了税额也没减少过"(后来在 1990 年代初 HXL 还一度爬到了副厂级,但很快又被拉下马来,具体见下章)。这样来看,Z 的失势最终还是由于未能形成真正效忠于自己的一批人,其跟随者及从 Q 书记那里倒戈的一些积极分子也都有着自己的小算盘,并没有真正为 Z 的生产、管理决策提供合适的意见,同样也没有为 Z 的势力扩张形成有效的联合。

比较来说,Q 书记一派的凝聚力则要明显得多,追随者对 Q 的忠诚度及 Q 对其派系成员的庇护都相当到位。这其实也进一步说明了 Q 书记与 Z 厂长的个人政治能力差异,当然另一方面在体制上 Q 书记的实际权限也要更为稳固一些,一位退休的副厂级领导对此总结得很好:"Q 书记呢,是要滑头一些,Z 呢,虽然也一心想往上爬,但是手腕计谋不行。当然,Q 在工厂一共待了要有 40 多年,在局里、市里面的根基也不一样的,厂里多数人也都是 Q 带过来的,所以有一定的优势,而且 Q 的人事权要大得多。当时运生产钢材过来,需要火车站调度的照顾,他说和什么货一起过来挤挤的话,才能提前几天。火车站有个调度的儿子正好就在我们厂里头,Q 也就照顾他,开始让他做供销员,后来(19)83、(19)84 年吧就做了供销科科长(笔者注:即上文供销科长 YXM)。他负责原材料采购,一次从西宁一家钢铁厂进货,那家质量不怎么样,价格居然要高出一大截,明显有猫腻。Z 就朝他拍桌子发脾气,说以后让 ××× 负责这个事情了。书记结果就跑过来,说不行,××× 不能到供销科来,这个事情必须还是我们小 Y 来做。Z 也没办法,在人事上 Z 等于做不了主。"这种庇护固然显示了 Q 书记在人事权方面的优先性,但生产经营基本还是由厂长负责,生产骨干中多数车间主任还是站在了 Z 厂长一边,因此并没有形成完全一边倒的形势。如果仔细考量斗争形势的优劣,我们不难看出 Q 书记的政治成熟度决定了其派系力量的优先性。更明确地讲,Q 书记对其下属有着较好的驾驭技巧，下属多数对 Q 都是忠心不二，而 Z 厂长则缺乏对下属真正的掌控能力，反而常常为下属所左右成为下属达成个人目标的工具，一些派系核心成员对 Z 表面巴结而实际加以利用，可见所谓下对上"忠"的实践还是要取决于核心领导者的政治禀赋。因此，"主从关系"中功利性的追逐往往是非常明显的，下对上的"忠"更多还是出于利害的考量，特别是在权力争斗过程中常常是先拿派系核心成员"开刀"，铁杆的"忠心"下属才能获得强有力领导的优先庇护。

主要由于核心领导掌控能力的差别，Q 书记一派逐渐取得了优势地位，且这种优势地位通过进一步的人事斗争而不断扩大。Q 书记逐步运用与上层领导的"关系"攻击 Z 厂长的两个重要同盟技术副厂长 XT、生产副厂长 LWJ。XT 对产品技术一窍不通，到处出差开会买书，类似于个人旅游，经常能够几个月都见不到人，上面局里不少领导对他意见已经很不小了，Q 书记再添油加醋到处告状，终于在 1987 年底把他拉下马来。继任的技术副厂长 WJF 在 ZY 厂外部也有着强硬后台（据称其叔叔是省机械厅一个重要处室的处长），更为重要的是，WJF 本人一直是 Q 书记建厂时期的亲信，这样 Q 书记就成功地将"自己人"拱上了技术副厂长的位置。随后，1988年上半年 Q 书记一派则集中精力打击整倒了生产副厂长 LWJ，从而成功削弱了 Z 厂长一派的势力，对 LWJ 的打击遭到了 LWJ 本人的顽强反击，Z 也曾试图对 LWJ 加以救援，但 LWJ"个人作风败坏"的道德问题在当时并不是 Z 所能庇护的，这个阶段可以说双方的矛盾已经全面爆发。LWJ 下台以后，继任的生产副厂长 CZA 同样也是 Q 书记向局里举荐的，技术副厂长 WJF 与生产副厂长 CZA 均成为 1990 年代 ZY 厂的重要人物。此后，Q 书记在 1988 年下半年又想派人进驻车间力图对生产条线进行全面"夺权"，但这样的全面出击并没有取得成功，下面一段访谈材料对这一过程做了较好的说明：

> LWJ 那个事情，矛盾真是已经非常激烈了。实际上呢，就那时候整人还把个生活作风问题当个事，现在都不算什么事情了。LWJ 这个人的确是太恶心了，平时就喜欢作威作福，你可以想象他要当正职书记或者厂长真要把厂翻过来了。他当时也要 50 岁了吧，他居然还不是和妇女有纠缠，而是跟刚到厂的两个年轻小伙子不清不楚的。后来也

就这个事情整他,弄得是蛮残酷的,还要相关的当事人承认。两个和
LWJ发生关系的年轻人后来交代了也一直待厂里没地方去,也没人和
他们谈对象结婚。LWJ呢,也是的,他要干脆就不做副厂长了,在厂
里待下来以后慢慢再跟他们闹好了,他又不肯下台。他知道Q喜欢养
花草,包括办公室里面都养着花草,其实LWJ刚来厂的时候为巴结Q
自己给Q送过花,就反咬一口说老Q家里的树根和花都是用厂里的钱
买的。Q那时候之所以喜欢养花草嘛,这也是他和人家上面交往送礼
的方法,那时候不像后来都直接送钱,当然这些花草里面应该是有厂
里经费的。Q当然不能承认,就找我来做证,意思我给他弄过树根,
给他做个证,我弄当然是弄过的,我那年特地去句容找姐夫弄的。但
Q家有上百根树根的,哪里我们都能证明啊。不过Q局里市里认识多
少人了啊,Q人头熟啊,局里面的头头当然要帮着他说话了啊,我们
来证明下就行了,实际上也是走过场吧……LWJ下台后也蛮可怜的,
后来被安排到厂外中山西路门市部看看货,(19)92年最后郁闷得生
了肺癌走掉了。反正那段斗争蛮厉害的,那段争的时候也有点白热化
了,书记要抢权,后来又派朱、夏两个心腹要到下面车间做专职书
记,实际上是要比车间主任高半级。都要有专门的办公室,车间主任
都不肯,相当于来几个不干事情还要管事的"闲差",这几个人在车
间也没待下去只好又回科室了,这个事情反而加强了车间主任与Z厂
长的共同利益,他们感觉需要依靠Z厂长了,包括跟K比较近的几个
车间主任应该也和K商量过,暂时倒向Z厂长这一帮了。(已退休,
原组织科长LHR,2009年8月访谈)

由此可见,Q书记一派尽管在斗争上处于相对优势,但其对生产系统
的渗透并没有成功,Z厂长和一批车间主任始终控制了生产系统的独立性。
同时,Q书记所采取的积极攻势,引发了以K厂长(其时已从厂长位置退
下来成为生产科长)为首的部分车间主任的警觉,并形成了Z与K之间临
时的短暂同盟。K在总体上并未介入Q与Z的争斗之中,但当Q书记取得
某种优势并希望派人进驻车间之际,K即与Z达成了临时同盟以对Q加以
抵抗,K是具有相当独立性要求的能人,他的政治成分使得他也没有"坐
山观虎斗"以取而代之的可能,因此他还是希望在某种均势中寻求自身势

力的发言权，而不想在某派独大以后不得不成为其依附。当然，K 派在之后的其他事情中依然没有过多介入到 Z 派与 Q 派的相互倾轧之中。此后，面对 Q 派的积极攻势，Z 派也并非毫无作为。Q 派的供应科长 YXM 与行政科长 XXL 都有着经济回扣问题，供应科长相当老道于同供应商之间长期性的利益交换，所以 Z 派虽然知道但无从下手，而行政科长 XXL 则经常向供货方主动索贿，正好在 1988 年下半年由于索贿一台电视而被供货方告到厂里来了，Z 派正好乘势发起攻击把 XXL 告到局里去了，XXL 的行政科长职务就被撤销了。① 但从总体上看，Z 派的还击并没有触及 Q 派的核心成员，因此也未能动摇 Q 派的整体势力。

随着斗争的深入，两派斗争越来越显示出对人不对事的特殊主义特征，在人事任免方面，一般需要厂长、书记一起通过，于是厂长提议要用的人，书记往往不同意；书记提议要用的人呢，厂长又不通过。此外，尽管 Z 厂长主要负责经营生产，但他并不能完全掌握生产方面的决策权，在关于企业发展决策的重大问题上，书记始终保留着否决权，两者的矛盾影响到了生产经营的重要决策。正如多位被访谈者所述，Z 厂长当时准备发展强力磨的新产品，但由于 Q 书记的否决而最终告吹，后来 1990 年代的事实证明工厂正是发展了这一产品才摆脱困难的："开会讨论，Q 书记就是不同意啊。他就直接否决，说这个产品不行，至于怎么不行他其实也说不出个道道来，结果最后还是只好算了。说到底，凡是厂长提出来的，书记就要反对吧。反正像这个样子斗法子，厂里的发展机会也就丢掉了。"可见，尽管生产系统属于 Z 厂长的势力范围，但在关于生产与技术发展的重要决策方面依然不能一"票"定音，Q 书记对强力磨产品发展的否决，使得 ZY 厂失去了一次重要的发展机会，这或许可以称之为一次比较重要的"强力磨产品事件"。

同样，在关于工厂发展的重大决策方面，Q 书记也没有最终的决定权，与"强力磨产品事件"相对应的是更为突出的"买地事件"，Z 厂长对于 1988 年初企业买地计划的否决，使 ZY 厂在未来的发展中遭到了更大的损

① 继任的行政科长 ZGJ 之前是经过 Q 书记的"关系"进厂的，表面上却似乎靠 Z 更近一些，实则还是根据形势而动的"墙头草"。如下文所述，ZGJ 也是 Z 派亲信成员购房事件的参与者，但在关键时刻又反戈"出卖"了 Z 厂长，他向 Q 书记一派提供的购房合同是 Z 厂长最终下台的"铁证"。

失。按照多位被访谈者的看法,当时工厂车间面积已经不够使用,周围的一片地完全有条件买下来,当时这块荒地共有 25 亩只需 20 万元,厂里当时还有这个资金,Q 书记提出来其中一半可以砌车间厂房,另一半用来建职工宿舍。但由于是 Q 书记的提议,Z 厂长就坚持加以否决,最终也导致了买地计划的"泡汤"。一种说法还指出:"Z 厂长说什么也不肯买,说要买就买城里的地。Z 其实是想把利润上交,有点政绩可以出去做大厂的厂长,或者是贷款来买设备,根本没考虑到买地的好处,其实当时厂里的生产发展地方已经不够用了,还有不少职工生活也等着盖房子。买地的事情上,Z 的责任是主要的,这个事情很影响厂里的发展。"此后,工厂车间面积不足的问题,也一直到 1990 年代在郊区乡镇建立分厂才加以缓解。由此,1980 年代后期派系斗争的激化,使得工厂在经营过程中丧失了较多的发展机会,甚至最终走向了经营恶化的困难境地。经营最终恶化的重要导火索是 1988 年下半年的"产品涨价事件",1980 年代末期逐步推行的"价格双轨制"是与企业之间的市场竞争同步进行的,产品的突然大幅度涨价导致了 ZY 厂的大部分销售市场被山东 J 市的竞争厂家所替代,直接使得 ZY 厂在 80 年代末出现了较长期的经营危机。这次"产品涨价事件"的背后,仍然有着 Q 书记与 Z 厂长斗争的影子:

> 大概(19)88 年夏天的时候,Z 厂长带着紧贴他的一个销售科副科长,到武汉去开了一次产品洽谈会,回来就商量着产品要涨价 50%,也可能是那个副科长出的主意。Z 这人一直就这样,其实他不懂,以为简单涨价利润就会升上去了。当时已经市场化了,产品随便涨价肯定市场要给人家抢走。开会的时候另一个跟 Q 书记靠得近的销售副科长就直接表示反对,但 Q 书记本人并没有吱声。后来涨价以后,客户一下子少了有一半以上,书记马上就出来说话了,说早就知道不能涨价,你们要涨价也不通过我,厂长气得要命。像这样的事情也不是一次两次了,但这次结果太严重了,两个人斗得不管后果了,厂里蛮好的市场丢掉了,原来我们在全国都要占到一半以上市场,涨价以后就掉到只有 20% 多一点,大好江山就直接让人了。说实在的,这种厂长和书记的体制也是和苏联学过来的,这种做法也有道理,主要是防止个人权力太大了容易腐败吧,但这样权力分散了以后在决策

各方面就存在很大的困难了。计划经济的情况下，决策都是局里面定的，所以那个时候盲目服从，亏啊盈啊反正都是国家的，所以实际上大家都是被动的、不可能多主动，在这样的体制下面观念肯定就这样了。反正那时候大家心事都在争权上，还没想到市场来了有吃饭问题了。稀里糊涂给他们搞得没了市场，经常为发工资的事情发愁了，才意识到问题严重了。从（19）80年代后期开始，到90年代初一共有五年都没能加工资，大家的怨言可想而知。（已退休，原质检科长SSX，2009年9月访谈）

就企业内部而言，自1987年始，中小国企相继引入和推广了承包责任制，承包制的全面实施意味着政府全面负责工资配给的时代已经终结，国有企业的工资、奖金也就与其效益直接挂钩了。正是在这样的背景下，随着市场化进程与企业逐步走向自负盈亏，ZY工厂内部的内耗斗争使得企业在1980年代后期陷入了经营困境，全厂在80年代末90年代初的5年多里工资奖金都没能增加，还时常出现工资奖金拖欠的情形。事实上，与其他多人的访谈大都佐证了非常重要的一点：以Q书记的见识，应该非常清楚产品涨价的后果，但他在关键时刻保持沉默，实质上正是希望产品涨价造成相当的后果，以此来追究相关人员直至Z厂长的责任，并可以使其成为向上"告状"的罪状之一，因此适时的沉默与严厉的追究其实正是Q书记的谋略。另据多人描述，销售科在1987年起并没有专门负责的科长，两个副科长中负责主持工作的副科长跟随Z厂长，另一个则跟随Q书记一直不服，斗争始终没有消停过，在"产品涨价事件"中更是水火不容吵得不可开交，最终由两派都能接受的质检科长调任销售科长才算暂时结束了双方在销售科长位置方面的权力之争。这样的斗争无疑是以牺牲企业发展机遇及普通职工利益为代价的，甚至企业因此已经到了衰败的边缘。

然而即使出现了以上的种种问题，双方的斗争并没有有所节制，反而更加公开地趋于"白热化"，双方的形势表面上似乎也呈现"一边倒"的趋势。如前所述，从1988年底到1989年初，Q书记一派对Z厂长一派开始全面出击，Z派两位副厂级的下台使得其实力受到较大挫折。在此基础之上，Q派斗争的矛头已经开始指向Z本人，副厂长LWJ在被"整倒"之后，Z厂长被视作其保护伞又遭到攻击，组织科长LHR在这个事件中是Q

派的主要执行者，LHR 本人也承认："Z 这个人呢，其实还是老实一点，在斗争里面最后还是落了下风。那个时候 LWJ 出事情了，被派到无锡去学习，实际上也就是给挂起来了，他还给 Z 写信，意思是要 Z 保护让他回来。收发信记录我们很快就知道了，我们就开党会要 Z 检讨交出信，Z 开始不承认，后来还是承认把信交出来了，这个人还是不会搞斗争，这个事情后来还报到局里面了，也成为 Z 的问题之一。Z 有时候只知道斗气，不懂得搞些斗争策略。"其后，Q 进一步利用前述 Z 派手下的"买房事件"向上告状，在这种形势急剧变化的情况下，脚踏两只船的行政科长 ZGJ 再度倒戈，"买房事件"成为 Z 最终下台的主要问题：

> 跟着 Z 的那帮人，小辫子不少，WB 他们几个想要房子还要绕过厂里的正式程序，事情败露了也没干成，隔了年把（笔者注：即隔了一年多）我们就找证据往上面告了。那时候的行政科科长 ZGJ 是 Q 书记同意进厂的，他大连襟和 Q 书记是以前的老战友，这个关系在里头，Q 开始对他是放心得很。哪晓得他脚踏两只船，后来跟 Z 走得更近啊，Z 还年轻，ZGJ 可能觉得跟着他前途好吧。这种买房的事情，行政科肯定知情，Q 书记就跑过去找他，他还抵赖说不知道啊，没有这个事情啊。Q 书记气啊，说你居然瞒我们，到现在还不承认，你是我带进厂的，居然还敢对我不忠啊，早知上次我们就把你行政科长位置拿掉了。我也在旁边帮腔，说老×啊，你再好好想想，不要让书记生气了。ZGJ 其实是墙头草，他也知道利害，第二天就把签的买房合同拿出来了，说这个事情他开始不晓得，是 Z 厂长、WB 他们后来逼他去办的。这下子等于就拿到了他们私自买房的证据了，然后我们就悄悄到局里找位姓 S 的副局长，他是副师级退伍回来的，到地方退伍级别就降低了。S 脾气直，就把 Z 叫过去了，问 Z 怎么回事，Z 说没有的事情啊。S 就发火了，说 Z 平时看上去规规矩矩，在厂里胡来还不承认，真要好好整治一下。不过，局里纪委书记还是护着 Z，我们一时拿不下来，正好厂里面小杨不知道有什么办法调到市纪委去工作了，而且正好是市纪委监察处，后来还做到我们 Z 市纪委副书记。我们把这个情况向他反映了，市纪委监察处很重视，就把材料再下到局纪委，他们不处理就不好弄了。不过，后来局里面各打五十大板，把

Q 书记和 Z 厂长一起免了，这是大家都没想到的。Z 厂长后来还是蛮可怜的，他原来在市委组织部的堂兄靠山，（19）89 年应该也退下来了，所以 Z 没能到别处去，厂长职务直接撤销就成了厂里面的一般职工，心情肯定很郁闷，后来（19）94 年就得癌症去世了。（已退休，原组织科长 LHR，2009 年 8 月访谈）

至 1990 年，Z 市机械局的内部权力也已经统一，由外面新调来的 X 局长兼任书记职务，这种体制的变革其实是与国有企业的党政合一趋势相联系的。按照 K 厂长个人透露的信息，在 Z 厂长即将倒台之际，也就是 1989 年底，Q 书记实际年龄已经接近 62 周岁，已经过了退休年龄两年了，但他一直四处活动着没有退休，他身体那时候很好，自我感觉 ZY 厂是自己一手办起来，想做书记一直干下去，上面认识的人又多，所以前两年还比较稳当。对于当时厂里领导层的打算，按照 K 厂长的说法："Q 书记知道 Z 下台已经定了，听说上面还要派个人来当厂长，就担心上面过来个能人，想把这个事情拱掉。Q 这个时候和组织科长 LHR 商量了，想自己出来做厂长，然后让 LHR 来做书记，还跑来和我商量想让我还是具体负责生产工作。然后，他们就到局里面开始活动了。到 1990 年上半年，Q 知道上面可能也要让自己退下来，就更四处活动，还跑到局里面哭了好几次。最后，X 局长还是决定把老 M 调来了，M 应该还不知道这中间的事情，要知道可能也要气得够呛。"但按照其他人的说法，K 对 M 的到来同样并不欢迎，因此可能也是同意 Q 书记的提议的，只不过最终人事任命的事情还是由上面来定的："机械局这个时候已经感觉这个厂必须要有个能人来了，否则 ZY 厂可能就要垮掉了，X 局长对此也是要负责的，并且这个时候局里局长书记也已经'一肩挑'了，权在一个人手上，责任也就在一个人手上了。"这样，M 作为 Z 市机械局其他厂的治理能人，调任 ZY 厂厂长兼书记，与之相随的还有之前技术副厂长、生产副厂长的内部替换，ZY 厂的权力结构与组织领导"关系"模式开始呈现一种新的局面。

第四章　1990 年代的"人缘关系"笼络学：德治领导背后的"派系"暗流

M 厂长在 1990 年 10 月正式接任 ZY 厂厂长兼书记，揭开了 ZY 厂发展历史的"新篇章"。在上层授权方面，M 无疑取得了党政合一的"一把手"地位，但在国有企业其权力的集中依然是有限的，尤其是 M 厂长这样单枪匹马的外来领导，其与厂内各方骨干人才的"关系"发展是一个长期的过程。M 首先有效地通过"德治领导"赢得人心，并通过对原有骨干特别是中层干部基本"一视同仁"地稳定其位置以消除阻力，在"德治领导"的背后，M 厂长能够巧妙地与一些关键人物发展私人"关系"，同时及时压制了厂内极少数的"抢权分子"，其权力运作使得工厂在 1990 年代初期实现了厂内局面的稳定。结构层面的"派系"特征并未消除，但其斗争形势趋于隐蔽，形式上的"和谐"是国企普遍困难背景下需要维持的"大局"。在 1990 年代中期之后，ZY 厂的经营形势相对好转但尚处于勉强支撑的局面，ZY 厂成为 Z 市 1996 年首批改制的 18 家企业之一，"一次改制"的选举过程也显示了厂内延续存在的"派系"力量，产权均等化的"一次改制"趋于形成形式上"民主"治理的权力结构，进一步加剧了厂级领导讨好下属骨干乃至普通职工的"人缘关系"笼络学之选票政治。总体来看，这一阶段的"关系"运作是以稳定压倒一切作为指向的，充分体现了某种以"和谐"价值为要旨的"人缘关系"笼络学特色，其"德治领导"背后的权力技艺运作根本上是温和的，这也成为 M 能够稳定 ZY 厂并获得多数干部职工认可的领导基础，从而使得 M 成功地通过了"二次改制"而成为事实上的控股老板，这或许才是"人缘关系"笼络学巧妙运用的最终目标与实质成果，产权的完全控制也就预示着"人缘关系"笼络学的基本终结。

第一节　稳定压倒一切："德治领导"的
初步目标

M厂长也是Z市本地人，1968年本科毕业于合肥工业大学机械设计专业，随后在安徽天长农机厂工作了将近10年，1970年代末调入Z市机械局下属的矿山机械厂担任生产科副科长（该厂规模较大，当时即接近2000人），1987年被选调提拔为Z市电磁设备厂厂长（该厂规模较小，仅有300余人）。他在担任电磁设备厂厂长的三年间，该厂经营效益是Z市机械局的一枝独秀，这样他在来ZY厂之前就积累了比较丰富的管理经验。他的ZY厂厂长选任还不是简单的个人任命，而是代表着Z市机械局用人方式的某种革新。在1980年代末，由于各方面的原因，主要当然是有着体制方面的根源，在Z市机械局所属的20家左右的企业中，多数企业出现了经营困难，不少企业领导层中普遍出现了以厂长与书记为首的两派之间的派系斗争，对下属企业的厂长、书记等重要领导的调整已经不可避免。1990年的这次调整共有六个厂的厂长替换，在形式上采取了公开招聘的方式。各个报名人在局领导会议上进行施政演讲，然后评委打分评定，M厂长的任命在此看来应当是公平的。更重要的体制调整在于，各厂的厂长负责制得到了进一步强化，厂长的各项权限终于明确地被列到了书记之前，而基本不用再担心一些决策被书记简单否决。诸如ZY厂这样的中小企业，书记最终都由厂长兼任了，但同时也明确规定，每年年终由局级机关考核各厂效益，不见起色的应聘厂长将重新调离，这种强化厂长权限的厂长负责制开始体现出责、权、利的统一。

从宏观环境来看，1990年代除了国有企业自身权限不断增加之外，更为重要的是在企业内部逐步实施了厂长、书记"一肩挑"的模式，即由厂长来兼任书记，从而实现了"两心"变"一心"，通过权力的集中来解决派系斗争的结构性问题。但对诸如ZY厂之类的国有企业而言，先前积累下来的问题并不会随之立刻得到克服。M厂长作为一个"外来的和尚"（这点与Z厂长有点类似），刚到ZY厂的时候可以说是举步维艰（这点与Z厂长截然不同）。按照一般的说法，最大的问题应该还是资金困难，除了生产经营方面的困顿，人事方面的矛盾是M厂长所急需解决的核心问题。

M 在尚不清楚人事矛盾的情况下，首先采取的是稳定人心的做法，且始终是以维护 ZY 厂的整体利益为重。在 1980 年代初期经济效益不错的情况下，不少人"托关系""走后门"进厂，在 90 年代初效益糟糕的情况下又开始纷纷动用"关系"要离开 ZY 厂，使得 ZY 厂出现了一些空缺岗位，整个工厂的生产经营相当严峻。M 首先对上需要顶住压力，而不是只顾巴结上方领导，这种"以厂为重"的做法逐步赢得了多数干部职工的信任：

> Q 书记也好，Z 厂长也好，对上面都是能巴结就巴结，不少事情可以说就是唯上是从，尽量不得罪上面。M 就不一样了，敢为了厂里面事情顶上面的要求。M 刚到厂的时候，要走的人特别多，各方面来打招呼的也不少。M 带我们顶了不少人，基本都是从厂里利益出发的，大家慢慢也就服他了，这个人的确比较正。比方说吧，上面有个市委副秘书长来打招呼，要把我们这边李××调到经贸委去，这个人对我们厂还是有用的。M 就让我拖着不办，那个市委副秘书长亲自跑到厂里来了，正常一般厂长总要给点面子吧。但 M 关照我提两个条件：一是他老婆也在我们单位，要走一起走，不要走了个有用的，把个没用的留我们这边，二是要他们把住房交出来。后来局里面又有人打电话来，我接的，局里的意思（是）市里副秘书长都来了，你们还一点面子都不给啊，我说这个没办法，大家都走了，这个厂怎么办啊，不是面子的问题哎。不要说他市委副秘书长，更大的官来了我们也不能轻易同意啊，得罪你只好得罪你了。最后我们还是同意放了，老婆还是留在我们厂了，也不要逼人太甚吧，不过房子留下来了，当然他也赚了，到机关反而分到好房子了。不过我们厂好歹也多一套房子，厂里房子紧张啊……还有（19）90 年、（19）91 年的样子，那个奖金还要上级批示，销售科长陆××年底奖金 8000 多块钱，当时超标很多了，那时候厂里还没有那个权，讨论那天 M 厂长说等一天再定，然后他当天晚上就跑到 X 局长家请示把这个指标批下来了。M 对上面该顶的还是顶，经常为厂里干部职工的利益向上面争取，大家对这个人看法也不一样了。（已退休，原组织科长 LHR，2009 年 6 月访谈）

与对上峰的适度抵制相比，M 对内则注意通过个人素养来凝聚人心，他刚到厂里的时候，可以说是用自己的实际行动感动了多数职工。原财务科长对此谈道："M 刚来的时候，给人的印象一直都是平易近人，没有架子。每次打扫卫生都是和工人一起打扫的，他经常下车间一线，到车间人家工人吃烧饼他也拿一半过来吃。他相当朴素，又很有亲和力，跟工人一起像朋友一样，这样大家对这个厂长印象就不一样了啊，慢慢就接受他了。出差的时候他都是带着大雪碧瓶装好白开水，经常只吃些蛋炒饭、云片糕，太艰苦了。在外面从来不乱花钱，夏天大家干（渴）得不行了，他就去买黄瓜给大家吃。基本都住在巷子里面小旅馆，一晚上一般 20 块钱，有时候还都住地下室，吃饭也就在巷子里小店简单吃点，都很便宜的。反正出去是没有住好吃好过，那时候真是艰苦创业，M 一直就是个事业型的领导，不是享受型的人。当然，现在大家出差都是标准间了，条件也不一样了，'前人栽树，后人乘凉'嘛。当时来看，M 厂长带头的艰苦精神对企业能够脱困是非常重要的。"比较来看，M 在个人品性方面的确要比 Q 书记与 Z 厂长高出一截，他更多体现出了以事为本的务实精神，从而呈现某种"德治领导"的特征。不仅如此，M 在与普通下属和合作伙伴的接触与"关系"发展中，也比较关注于对他人品性的考察，对纯粹功利性"拍马屁"式的"关系主义"则是相当抵制的：

> M 厂长和之前的 Z 厂长比起来，是有很大的不同，以前有个统计员小 C 喜欢巴结 Z 厂长，经常中午帮 Z 去食堂打饭，大家也都习惯了。实际上也就是送点午饭给厂长，希望能一直保住自己的好岗吧。M 来了以后，小 C 又想帮 M 去打午饭，M 坚决不要，说自己打饭就可以了。M 干实事大家都看得见，他来了以后坚持每年去跑市场，这个和以前的厂长明显不一样，大家的饭碗都靠市场的，在家里面待着和客户的"关系"是发展不起来的。尤其那个时候，我们比较困难，规模也比较小，厂长亲自带队跑的话，人家感觉到的重视和信任也不一样。由于业务上始终没断，在工资方面，他一直都量力而行，在困难时期尽量做到工资不拖欠，特别是年底提前忙资金回笼，做到了尽量不影响干部职工的生活。另外，在选 MD 分厂厂址的时候，M 特别地慎重，特别看乡领导的为人，我们一起看 GZ 镇镇长样子就比较滑头，XL 乡乡长比较让人放心，最后才定在 XL 了。（在任生产车间主任 CJ，

2009 年 9 月访谈）

　　总之，多数干部职工对 M 的初始印象都很好，他的"艰苦奋斗"、"干实事"的精神让他赢得了广泛的支持："他来的时候就让人感觉很朴实，1990 年代已经没什么人穿解放鞋了，可是厂长还穿着解放鞋，看上去不像个厂长，在厂里面一直都穿工作服，到现在还是这样。办公室常年失修，现在装修得也很简单，办公桌现在还是很简单，20 多年都没有换过。"除了个人的朴素之外，M 的敬业精神是让人最不得不佩服的："M 来厂以后，每天来得早，走得晚，这都和以前的领导有差别啊。以前正常班都是八点半上班，五点钟下班，他一般早上七点就来上班了，晚上经常要七八点才走，如果有加班有时要等到十二点以后。这是有目共睹的，二十年如一日，当然2000 年二次改制后，有人说现在企业是他的了，他是给自己在忙钱了，这个肯定各人有各人的说法了，但是至少改制前是国有企业，这样的领导在当时并不多见。"可见，1990 年代后期开始的企业产权改制至少在 90 年代初还是大家所难以想象的，以权谋私、假公济私常常是不少国企领导的普遍情形，也是 ZY 厂多数干部职工自身在 80 年代末的基本感受，与之相比较，M 厂长的个体品质与敬业精神赢得了全厂多数职工的尊重。如果说，以上这些"以厂为重"的做法为 M 厂长赢得了大家的信任与尊重的话，真正让众人不得不服而心生感动的还是 1991 年年初的"淹房事件"：

　　　　M 当时是真廉政，廉政廉政，就是廉洁勤政吧，关心职工超过关心自己。（19）91 年下大雨，厂里职工宿舍"二十五户"全都淹掉了，厂里就开会，大家分工，老 M 带头去职工家里帮忙挖水。可是他家自己住的小平房那边地势很低，我想起来知道肯定也淹了，就跟LHR 他们商量到他家去看看帮帮忙。到他家一看，已经淹到膝盖了，他妈妈蜷在小床上，眼睛看得不是那么清，问我们是哪里的，然后跟我们抱怨："小 M 这个小东西，他到哪里去了啊，他不管老娘了啊！"我们只好说 M 厂长在厂里面，我们是代表他过来看看的。那间小平房已经是危房了，随时都有危险，上面的梁撑不住了，他母亲当时就蜷在小床上，连上厕所也上不了，上面的梁一旦塌下来不得了。之后，我们几个都商量着要给厂长分套房子了，我就到局里头打报告请局里批，局里同意了，再和 M 老婆单位邮电局联系商量得差不多了，由两边分摊一起买一套两室一厅的房子。结果 M 知道了，坚决不同意，说现在厂里困难，自己刚过来绝对不能让厂里出钱给自己买房。我们解释厂里只要承担一半的费用，他就是不同意，这套房子也就没有买成。后来还是局里看不下去了，才直接从局里分房名额里给了套房子给他，等于是局里出钱买的房了。后来我们还了解到，他开始在电子设备厂做厂长的时候，厂里分房子，他也主动放弃让给其他职工了，他自己表示到那边也才两年不到，人家职工都干了几十年了，不能因为自己到这边做厂长了，一来就拿房子。（已退休，原副书记 JRA，2009 年 7 月访谈）

"淹房事件"是 M 厂长到厂半年左右的事情，终于让全厂上下都感到来了一位"舍小家为大家"的好领导，他的个人道德权威可以说是树立起来了。另外，他的个人领导能力逐步得到展现，一批厂内的骨干开始愿意跟着他干事了。2010 年仍在职的供销科长 ZJ 对 M 的概括总结是比较到位的："M 是苦出身，到我们厂之后一直都是勤俭办企业，1990 年他刚来就强调'深入一线，调查研究'，那个时候规模小，还顾不了技术方面的事情，主要就是要抓好市场，抓好生产。当时经济困难啊，经营也困难，M 真正是个实干的人，这点让大家感觉和原来 Q 书记、Z 厂长比起来是不一样吧，慢慢大家也就没有之前 Z 厂长、Q 书记之间的意气之争了。厂发展起来了，大家才能发工资，年底有奖金啊，感到跟着 M 厂长干不会错，M 的个人权威也就树立起来了。"在此基础之上，多数人感到 M 在个人道德品质之外，最重要的是有领导能力，当时厂内资金紧张问题、人心涣散问题最终都能被克服，M 的个人领导可以说功不可没。事实上，M 很清楚当时 ZY 厂的处境，他当时最主要的目标就是把厂内形势稳定下来，积极地把各类人才留下来，并充分地发挥他们的积极能动性。他亟须稳定的主要是中层干部及一些骨干人才，从这个意义上来说，"外来的和尚"的身份也使得他没有什么历史包袱，反而相对容易为多数干部职工所信任，有人就特别指出："很多原来当一把手的，换一个地方都要带一帮人来，往往就形成一个势力圈，一批领导亲信，M 总可以说是一个人就这么过来了，这样原来的各方人员都比较容易接受他。"

M 在稳定人心、凝聚人才方面采取了一系列举措。首先，1990 年下半年到任之后，针对当时一些有“关系”的工作人员想调走的状况，M 就将每个周日定为“厂长接待日”，表示欢迎大家来向他反映意见，要大家在厂再待一段时间看一看，并且着重和各个中层干部谈话交流，很多不同的想法、意见就得到了沟通。其次，M 开始对一些人才进行更适合的工作岗位调整，比如像当时王××中专毕业，1990 年的时候也算是人才了，他开始在车间里面做普通工人，M 发现他的文笔表达都不错，就按照政策把他调到组织科，后来又转到工会了，他发挥了相当积极的作用，一个人可以抵上好几个人，在此基础上逐步压缩了党宣口的工作人员数量。最后，M 在人才方面开始重视引进大学生人才，在有限的条件下也安置了“大学生宿舍”，还关照工会帮他们介绍对象，对春节不回家的大学生安排除夕团聚活动。这样，1990 年代初企业得以引进了几个重要的技术骨干，工厂在从生产主导逐步向技术导向过渡。可以说，M 在 1990 年代初的工作重点还是要“理顺领导层的关系，实施人性化的管理模式”：稳定住多数中层干部与车间主任，把一些技术骨干提到重要的岗位上，并逐步压缩宣传部门人员配备，党政宣传与生产经营两大系统长期形成的彼此成见及派系矛盾得以消解。与此同时，针对刚到厂的“人心”混乱以及前述斗争造成的后遗症，M 在人格道德魅力之外，更多地用“人情味”来稳定“人心”，这种“人情味”在当时的背景下特别体现为对重要下属的“关系”笼络，除了极个别“抢权分子”的位置受到触动之外，这种上对下的“关系”笼络更多也是以稳定为主要目标，某种意义上显现出领导在部属中“人缘关系”的重要性。①

第二节　“派系”暗流下的表面和谐：“人缘关系”笼络学的成功运作

表面看来，M 在形式上似乎在厂内拥有绝对的权威，但实质上党总支委员仍然都是由上层任命的，1990 年代初的党总支委员中除了组织科科长

---

① 笔者所要考察的重点是不同体制背景下组织领导模式与“关系”实践形态，1990 年代初期 M 所体现出的德治领导特征带有其个性特征，但在这种“德治”的背后潜藏的还是上对下“人缘关系”的运作，特别是在 1996 年“一次改制”之后这种自上而下的“关系”笼络学特征就更为明显，甚至可以认为构成了某种“人缘”政治的重要特征。因此，M 在 1990 年代主要体现出的还是“人缘关系”笼络学的“人缘式领导”特征。

LHR、生产科 K 科长（即原 K 厂长）、党总支副书记 JRA 之外，还有新提拔的生产副厂长 CZA、技术副厂长 WJF。除了生产科 K 科长自成一派外，其余众人原先多数都是 Q 派的重要成员。其中，副书记 JRA 能力偏弱，始终没有成为非常重要的人物。K 科长与 LHR 是其中资历最深、人脉最广的实力人物，K 科长自身始终有着一帮车间主任的追随者，而 LHR 从资历上来看则是 Q 派的实际继承人，至少对多数中层干部有着导向性的作用。当然，随着时间的推移，CZA 与 WJF 也逐步形成了自身的力量，特别是 WJF 在技术与生产条线上都有着一些自己的亲信，其个人的技术能力与管理能力也是非常突出的。应该说，在 M 来到 ZY 厂之前，除了 K 科长的政治成分影响之外，其余四人皆对自己接替正职厂长抱有希望，尤其是 CZA 与 WJF 分别作为生产副厂长与技术副厂长，其管理权限与基本年龄都具有接任正职厂长的相当优势，也成为 M 来到 ZY 厂以后最主要的两个阻力。当然，这些潜存的实力派人物并没有直接对 M 厂长公开对抗，但潜在的暗流使得 M 的组织领导实践也不能按照事本主义的原则行事，而需要集中考虑与各方"关系"的笼络与平衡，"人缘关系"笼络学的领导策略可以说是至关重要的。事实上，在德治领导的背后，M 厂长充分展示了与下属接触的"关系"技艺。在某种意义上，尽管他身兼厂长与书记于一身，但在国有企业的背景下，作为一个外来者始终存在被"架空"的危机，更需要借助于与既有"实力派"的合作与妥协。

针对主要来自生产副厂长 CZA 与技术副厂长 WJF 的阻力，M 对厂内原有骨干，特别是 Q 书记一派的多数重要成员采取了积极安抚的策略，用 M 本人的话来说："我来 ZY 厂之后就没有带外面一个人过来，也没有把一个中层干部换掉。"在人心浮动的情况下，人事处理方面无疑要以稳定压倒一切。与此同时，他很快发现了在人事关系上可以发展的突破点，Z 厂长一派的多数核心成员已经下台，因此与原有 Q 书记一派的核心成员成为 M 厂长发展私人"关系"的重点。按照原组织科长 LHR 的说法："X 局长最后提拔 M 到我们厂做厂长，X 局长和厂里那个被斗下去的 LWJ（笔者注：即前述 1988 年因生活作风问题而下台的生产副厂长）关系不错，两个人原来一起是脱粒机厂哪个车间的同事，两个人的老婆也是下放到一起的朋友。LWJ 撤职后被放到外面中山西路那边门市部去了，X 就打电话想让 M 把 L 调回厂里来。M 就跟我商量，表示是局里 X 局长的意思。我说这个人恐怕不行，让他问问副书记 JRA，J 也说这个人不行，说那时候 L 在厂里面就弄得乌烟瘴气，再让他回来搅浑水大家都吃不消。后来 M 就没有让 L 回来，反正我们觉得这个来的厂长和大家是一条心。"据了解，M 对 X 局长还是相当尊重的，但 M 非常清楚地认识到他所要倚重的厂内实力派干部群体，并没有简单地唯上是从，维护好与 ZY 厂内一些实力派"老人"的关系是非常明智的。就其实质而言，LWJ 是原先 Z 派的顽固分子，组织科长 LHR 与副书记 JRA 作为 Q 派的核心成员，显然不愿意 LWJ 就地东山再起，M 在此对 LHR 与 JRA 的支持是至关重要的。

事实上，M 敏锐地认识到原先 Q 书记所倚重的组织科科长 LHR 能力很强，已经成为 Q 下台后 Q 派中层骨干的实际掌门人，因此他认识到安抚发展好与 LHR 的私人"关系"应该是掌控厂内骨干势力的关键："M 对待下属是真有一套办法，他首先安抚好了能人组织科科长 LHR，L 组织宣传能力都很强，经常谁也不服，局里始终也没提升他，他就经常闹情绪，但和下面中层大都处得不错。M 来了之后很快就和他相处得很好，L 到哪里还都帮 M 厂长说话，这也说明 M 厂长绝对是一个精明的领导。"按照 LHR 本人的说法，他对 M 厂长可以说是感恩戴德，谈起 M 一直赞不绝口："M 对我的话，那也是没的说，头一年他刚来，他家住着靠我家，星期天下午出去洗澡就到我家来转转，看我这边条件不行，当时就跟我说年底给我换电视，（19）90 年年底其他副厂长才拿 3000 块奖金吧，给我的红包就有5000 块了。后来，到退休之前我的待遇一直都是副厂级待遇，年底红包拿的都是和副厂长级别一样，一直都是 8000 到 10000 元，（19）90 年代初那个时候就不少了。这种待遇在之前也是不可能的，之前厂长、书记手上的财权也都有限得很。再一个呢，他对我的确是非常尊重，有什么重要事情也都来和我商量，领导这么尊重我，我当然不能还摆谱了。一次改制之前，我就退休了，M 还是每年过年过节亲自来看我。现在基本都是工会 H 主席来了，除了红包之外，每年的烟酒都是另外的，我对 M 今天也没二话，他现在不求你什么了还能对你这样，你不服他不行啊。"可见，工具性的投入是 M 发展与 LHR "关系"的关键。如前所述，LHR 之前虽然是 Q 书记的得力干将，但同时也是 Q 书记需要着力防范的对象。因他政治才能相当突出，虽然只有初中学历，但说写功夫均是一流，完全可以担任厂级书记的职位。可惜 L 到 1990 年时年龄已经有 55 周岁，这种年龄方面的限制使他在 M 来之后已经不再有过多的政治抱负。通过与众人访谈得知，LHR 一贯喜欢在物质上占点便宜，在生活中由于妻子身体不好，一共有四个小孩要抚养，所以他的经济压力也比较大。可以说，M 的适当投入正好满足了他当时的主要需求与平时的一贯秉性，M 对 LHR 的适当安抚说明了 M 敏锐地把握到了厂内核心人物，笼络好他实际上也就稳定了相当一批干部骨干。工具性的投入无疑是 M 的领导策略的重要体现，并且也是 M 对多数干部的一贯方法。当然，工具性的投入也说明 M 厂长实际权限的增长，分配权限的增加是 M 能够开始充分调动下属积极性的重要缘由。[①]

前述由于历史的政治原因，1980 年代从厂长位置上降职使用的生产科 K 科长，始终还是 ZY 厂的党总支委员。K 科长与组织科科长 LHR 一样，尽管并未担任副厂长的职位，却始终是厂内名副其实的实力派，并且实质上也是生产系统的实际指挥者。但与 LHR 相比较，K 科长则不是能简单工具性收买的能人，M 对于 K 科长则主要采取的是"礼遇"的办法，通过非常尊重 K 科长并实际支持他在生产系统的权限来达成彼此的联盟，以此实际上反而基本"架空"了生产副厂长 CZA。此后，正好由于 1980 年代末期"买地事件"的影响，ZY 厂丧失了就近扩厂的条件，新型产品的发展需要生产车间的扩张。M 厂长在此显示了非常巧妙的策略，1992 年正好通过异地分厂扩建的巧妙方法将 K 科长从总厂调出任 MD 分厂厂长，并享受副厂级的级别及待遇。当时对 K 科长的调动，也需要机械局相关领导的协

---

① 事实上，M 厂长实际权限的增长有着国有企业进一步增权放权的背景。1992 年国家颁发了《全民所有制工业企业转换经营机制条例》，正式授予企业经理人员 14 项控制权：生产经营决策权、产品及劳务定价权、产品销售权、物资采购权、进出口权、投资决策权、留用资金支配权、资产处置权、联营及兼并权、劳动用工权、人事管理权、工资及奖金分配权、内部机构设置权、拒绝摊派权。但是以上政策规定的自主权在 1990 年代也只是在部分领域获得了充分的自主权，而在其他领域，如资产处置、拒绝摊派等方面，企业自主权仍然很有限，以至于没有（钱颖一，1995：119）。无论如何，按照这一条例规定，企业享有了相当的人事任免权与经济分权。按照该文件规定，"企业对管理人员和技术人员可以实行聘用制、考核制。……企业中层行政管理人员，由厂长按照国家的规定任免（聘任、解聘）。副厂级行政管理人员，由厂长按照国家的规定提请政府主管部门任免（聘任、解聘），或者经政府主管部门授权，由厂长任免（聘任、解聘），报政府主管部门备案"。在工资与奖金收入分配方面，该文件规定："企业有权根据职工的劳动技能、劳动强度、劳动责任、劳动条件和实际贡献，决定工资、奖金的分配档次。企业可以实行岗位技能工资制或者其他适合本企业特点的工资制度，选择适合本企业的具体分配形式。"

调，但关键还是取决于 K 科长的个人意愿。可以说，M 厂长还是比较清楚
K 科长的意愿，K 有意愿做事情并渴望取得权力，但由于政治原因已经不
可能再在 ZY 总厂重回厂级领导，MD 分厂的设立可以让 K 独当一面地担
任分厂厂长，且副厂级的职位及其收入待遇无疑具有相当吸引力。事实
上，K 的领导能力的确在 MD 分厂建设中得到了充分发挥，K 还带走了生
产系统中几位跟随他并且相当能干的车间主任，他们对 MD 分厂的建设起
到了至关重要的作用。与此同时，M 也借此提拔了两个重要车间的车间主
任，开始在总厂生产条线培养自己的队伍了。M 十分清楚 K 需要的不是简
单的工具利益，而是领导权力的共同分享，他向 K 承诺不干涉 MD 分厂内
部的人事与具体生产事务，一方面是基于对 K 基本道德与个人能力的信
任，另一方面也显示了其高度放权的笼络手段。

通过对组织科长 LHR 的工具性笼络与将生产科长 K 科长调任 MD 分厂
厂长（这种调任也可以说是裂土封王，更是一种积极的笼络），M 厂长基
本上解决好了对 ZY 厂最主要势力的安顿。但在整体形势基本安定的背景
之下，M 厂长与其他副厂长之间也存在潜在矛盾："M 就不一样了，他一
来首先就厂长书记'一肩挑'，厂里面其实就没有可以跟他对抗的人了。
有些人可能心里不服他，但是也不会明显表现出来了，因此要是有矛盾的
话也很隐蔽的，外面是看不出来了。那个时候条件也不行，几个副厂长在
一个办公室，我每次有事情过去就感到没人说话，各人没多少话，关系感
觉比较微妙。不过，M 来了以后始终是稳定压倒一切，他清楚厂里面虽然
书记、厂长下台了，但是还有一团团的人，他基本都是安抚，很少触动
的，中层的位置都没变，这样大家对他可能也没太大意见。他经常说的就
是'人心齐，泰山移'。人心当然不可能一样齐，不过总不能把反对的人
都换掉吧，弄得人心浮动群起反对的话，企业怎么搞得下去呢？"尽管 M
较好地处理了与多数中层干部与车间主任的关系，但他与一些副厂级领导
之间的矛盾还是不可避免地在扩大。这主要还是因为当时的副厂长多数都
认为自己是有资格继任厂长的，而 M 这样外任的到来阻挡了他们的"扶
正"，除了生产副厂长 CZA 与技术副厂长 WJF 的暗中抵制之外，还有非党
总支委员的厂长助理 HXL 已经跃跃欲试地要"掌权"了。如上章所述，
HXL 原先也是 Q 书记提拔到中层的，但他后来在 1980 年代成为 Z 派的重
要人物，并且始终是一个很不安分的"抢权"分子。但在 Z 派基本失势以

后，H 其实并没有可依靠的根基队伍，厂里多数干部职工对这样的"小人"是深恶痛绝的。M 面对 HXL 的某些"擅权"行为，较为迅速地加以罢免，当然没有遇到阻力，对他的处理可谓深得人心：

> HXL 那个人，你晓得吧，人有多坏，绝对的小人，变色龙一个。他刚来厂的时候，对我是毕恭毕敬，当着 Q 书记和我的面讨好我们，说要如何如何地效忠我们。临了，Z 来了以后，他倒过去不要太快。一次居然当面横我，说要把我从厂里面踢出去，跟我玩让我去中山路门市部，我当时就火了，你是跟哪个说啊，这是你意思还是 Z 厂长的意思啊，要是 Z 的意思你让他当面来跟我说，不要拐弯抹角地让你来说，我到厂里也不是一天两天了，不是哪个想赶就能赶的。这种人，表面上风光一时，终究大家都会认清，后来 Z 厂长下来了，H 居然又拉到局里面关系，（19）90 年初还做了厂长助理，也享受副厂级待遇。在 M 面前还想要手腕，很快就给免掉了。起因是局里的一次工作比赛，按局里要求，前三名得奖的（工人）要提一级工资，局里头人也坏，提工资并不另外给名额，还是要用厂里面原来名额。M 在外面出差，H 给他打电话，M 意思是这个比赛有比较大的偶然性，不代表真正水平还有平时努力，人家忙了两年也没加到工资，他就一次比赛就加工资不合理，等他回来再说。H 居然不听，觉得自己上面局里有人，就自作主张给那个得奖的（工人）先加工资了。M 回来后很恼火，一次和我一起去局里路上就说了，H 喜欢抢班夺权不能用，过了一段果真就把 H 的厂长助理给拿掉了。当然这个事情只是导火索，关键在于他认清了 HXL 这个人不能用，两面三刀，在自己跟前巴结奉承，自己一出差不在厂就通宵打牌不来上班，只知道拉了关系往上爬，不能做一点实事。M 把这样的人拿下来，全厂上下都拍手称快。（已退休，原组织科长 LHR，2009 年 8 月访谈）

由上可见，M 当时在人事权与财务权方面都取得了相当的权限。当然，在财务权方面，尽管上层的财务审批制度基本终结，但一方面局级机关仍然有着较强的监管能力，另一方面企业自身效益如何才决定了剩余利润可分配资金的多少。1990 年代初期由于局级机关的控制，加之企业经营尚未根本好转，M 厂长实际控制的经济分配权还是相当有限的。除了财务分配权之外，M 厂长实际已经掌握了相当的人事控制权，尽管他还没有掌控绝对的控制权，但一方面上层的权限不断下移到企业，另一方面厂长与书记的兼任更巩固了其领导权威，M 实质上已经开始掌握了中层干部的任免权，包括对一些副厂级干部的推荐任免权。从对厂长助理 HXL 的罢免来看，M 厂长显然不是纯粹"老好人"式的领导，他对待之前厂内存在的一些"不正之风"及夺权人物还是采取了及时打压的策略，但他始终还是以稳定作为第一要略，不得不考虑到对一些实力派人物特别是 Q 派留存势力做出某种妥协，"关系"笼络的领导策略在这个阶段始终是占据主导地位的。① 按照组织科长 LHR 的说法，当时 M 已经准备拿原先 Q 派的重要人物、厂内首贪供销科长 YXM 开刀了，后来考虑到组织科长 LHR、副书记 JRA、生产副厂长 CZA、技术副厂长 WJF 等人的求情，才给他们"面子"没有拿掉 YXM 的科长位置，但同时也对 YXM 的实权做了严格的限制：

> M 刚来的时候，一些厂领导并不欢迎他，有人明里就不服他，供销科科长 YXM 是代表。他一直在废钢处理上面玩手脚，在称（重）上面玩花样，每次都有意把废钢称轻一点，多出来的就可以拿出去卖了。然后弄自己的小金库，向上报每年都只有十几万吧，其实大头主要都是个人分掉了，这个大家都知道。当时已经是买方市场了，YXM 还坚持要参加订货会，早半年就把钢材定好了，无非想自己先谈好卖家收回扣而已。还直接不服 M 管理，开会常迟到。一次，在后面车间楼上开会，他又来迟了，M 说了他一句，他居然还顶起来说怎么说啊，来迟了有什么要紧啊，大不了我不干了。M 当场就说，那好，你不干的话就不用干了。他当时也有点傻了，旁人老 J 他们在场想保他

---

① 性格分析当然不是本书关注的重点，但本书的个案展现当然要触及多个重要"人物"的人格特征。即使以 M 为例，在不同的环境背景下也有着不同的行为取向，M 在 1990 年代的"德治领导"背后隐藏着其"关系"笼络的领导特征，至"一次改制"之后，M 对普通职工的"讨好"取向也更为明显，组织内部"选票"的重要性常常迫使组织领导者趋于"老好人"式的"人缘式领导"。"二次改制"之后，M 才基本显现出市场化条件下根据下属能力及德行开展"关系"定位的特征，亦即呈现情理基础之上较为公平的"人心式领导"特征。

也不好说话，我当时又不在。回头他们就告诉我了，老 Y 回家后可能也被老婆说了，就来找我让我说情。我意思这个情恐怕不好说吧，M 是一把手，说出来的话不算数，以后怎么服众啊，你也是撞到枪口上去了，活该，哪个叫你这个样子的。他就跟我哭着说无论如何帮帮忙，我只好说有个办法试试看。我到老 M 那边呢，把老 Y 说了一通，然后意思呢他毕竟干了这么多年了，说下就下来面子上过不去吧，下不为例，我来主持个中层干部会议吧，让他公开读检讨信，大家也不会有什么想法了。后来，我也关照老 Y，以后乖一点吧，不要再乱来了。随后，小金库也上交到财务了，后来一算账，每年估计要有四五十万，厂里活动经费一下子也宽松多了。而且，M 厂长自己在供应采购方面一直都强调要按照程序走，他自己从不介绍熟人来，让你下面人无话可说。（已退休，原组织科长 LHR，2009 年 8 月访谈）

可以说，这笔经费当时来说也是一笔相当不小的资金来源了，这也成为 M 当时能够给予骨干下属额外分配的主要经济来源，其实也就是将某几个人的"小金库"划拨出来，成为厂内共有的机动经费，这种额外机动经费的掌控是 M 调动下属积极性、形成权威的重要基础。此外，按照其他人的说法，组织科长 LHR 之所以要极力保护供销科长 YXM，还是因为平时 Y 对 LHR 没有少"孝敬"，LHR 始终喜欢占公家便宜，这是他的一个弱点。总体来看，对于组织科长 LHR、副书记 JRA 这样的人脉骨干，M 只要做到事务上的尊重与经济上的给予，就能够有效地安抚好他。特别是 LHR 在对 M 心存感激之后，主动地在若干会议场合支持 M，并且和不少中层干部打招呼表示要支持新任 M 厂长。由此，M 厂长在笼络好 LHR、JRA 之后，也顺理成章地较好发展了与 Q 书记派一些核心成员的关系，较快地赢得了大部分中层干部的支持。就某种意义而言，LHR、JRA 这样的领导中心，并不能就 ZY 厂的生产做出实质性的贡献，但安抚好他们成为笼络"关系"发展的重点。按照众人的看法，YXM 当时只是充当了反对 M 到任的"急先锋"，背后则有 CZA、WJF 等人的怂恿与支持，所以 CZA、WJF 对 YXM 也都"说话"加以保护了，M 保留了 YXM 的职位其实也是对既有实力派的某种妥协。

比较来看，生产副厂长 CZA 与技术副厂长 WJF 则有着自身的派性力量，某种意义上构成了对 M 厂长的相对威胁。更为重要的是，虽然 M 厂长控制了对于副厂长职位的任免权，但党总支委员的任免还是牢固控制在机械局上层党委。如上一章所述，CZA 与 WJF 都是 Q 书记在斗倒 Z 派的两个副厂长后一手提拔起来的，Q 书记向上举荐并将他们上升到党总支委员的位置上来。CZA 是西安交通大学的本科生，所以他的上台与其学历密切相关，在 1980 年代末开始强调学历的背景下，名牌大学毕业生即使在 Z 市也是稀缺的，所以他在 Q 的庇护下理所当然地成为 ZY 厂的副厂长，后来还取得了总工职称。在众人的描述中，C 是典型的"老好人"，工作能力则明显不足，在 K 担任生产科科长时期，所有的生产任务都是由 K 来组织完成，他不需要也不能够完成什么生产方面的任务。但是，C 在企业外部也有一定的背景，C 的一个亲戚是当时 Z 市财政局局长，当时银行放贷控制较紧，财政局相对方便联系银行贷款事务，在1980 年代至 1990 年代企业效益不景气的情况下，几十万的贷款都可能成为 ZY 厂的救命稻草，所以 C 的这一"关系"当时相当重要，1990 年代初期 C 联系的两次重要贷款对缓解 ZY 厂的困难起到了重要作用。在厂内，C 对任何人都始终是客客气气，一到生产车间就给所有工人散烟，几乎所有工人都对这位"平易敬人"的领导爱戴有加，这在后来的第一次"改制"选举的投票结果中展现无遗。在基本的权力格局中，CZA 并不具备向 M 厂长挑战的权限，同时他的一贯风格也是偏于柔弱的，因此他没有与 M 发生公开的对抗，但他经常在一些会议上不表态、不合作来对 M 暗中抵制，特别是在一些车间主任的任命上采取不吱声的方法来表示反对，M 与 C 的矛盾可以说在厂内是人人皆知的，但只是到 1996 年第一次改制以后才趋于明朗化。

技术副厂长 WJF 是一位"女强人"，她是 ZY 厂建厂的元老，也是早期的技术骨干，其丈夫是 Z 市规划局局长，叔叔是省机械厅的一位处长，外部的"关系"背景自然大不一样。W 虽然学历只是中专，却是精明强干的，对产品的早期发展起到了很大的作用，因此她自认为对 ZY 厂的发展居功至伟，完全能胜任厂长之职，对 M 的到来一直就有抵触情绪。不过，她也一直没有与 M 发生公开的对抗，并比较牢固地控制了一批人马，特别是在生产系统中有着相当的实力。在众人的描述中，WJF 的"私心"是比较重的，厂里由于厂地不够用，就准备对原有一些简易房进行改造，为抓紧时间等不及审批报勘就开工了，WJF 想要阻挠又不好亲自出面，就让自己妹妹出面举报"违规建筑"，W 丈夫正好是规划局局长，就派人下来检查，这个改造只好再报审批，前后耽误了好几个月。"纸包不住火的，M 后来当然知道了，气得不行，但他不会放在脸上的。特别是举报人 WJF 的妹妹，是 M 同意后刚到厂工作才半年左右吧，当时 W 妹妹在个百货公司下岗了，她要到我们厂来，可又不能做什么。要按照 M 后来的做法肯定是不让进厂的，可那时候 M 到厂不久嘛，他可能也想和 WJF 搞好关系，特地为她妹妹安排了一个仓库管理员的岗位，本来这个岗位都没有，专门为她妹妹安排的。结果好心没好报，M 能不气嘛。"可见，M 当时对 WJF 也希望能够积极笼络，可是 WJF 并不属于那种"可交"之人，通过这一"违规建筑"事件，M 也认清与 WJF 之间难有通力合作的可能了，但 M 始终维持了表面的"和谐"安定。

比较来看，尽管 M 与 CZA 的矛盾较大，CZA 的领导排名也在 WJF 之前，但 CZA 这样只会做"老好人"而缺乏工作能力的领导，实际上较少有得力下属忠心相随，在 1990 年代初期尚难以对 M 构成严重挑战。而 WJF 这样的建厂元老，则有着一批骨干相随，从而构成了对 M 的实质性威胁。对此，M 在没有带来外人的情况下，必然需要在 ZY 厂内部积极发展"自己人"。M 积极扶植了能人 DY 担任技术科长，DY 原来是 Z 市火柴厂的工人，自己后考入江苏理工大学机械制造专业学习，于 1989 年毕业来厂，他对各类产品的创新能力相当强，而 WJF 毕竟只有中专水平，虽然人也很聪明勤奋，但水平和 DY 相比有相当的差距，且 WJF 在待人处事中的"人缘"基础也在逐步削弱。用退休的原 1990 年代企管办主任 SSH 的话来说："比较来看，WJF 是个肚量很小的人，M 待人的肚量大，M 能容人，W 不能容人，所以 M 能够赢人心。W 对人容易记仇，我记得那时候，W 可能是在外边搞兼职吧，早上经常迟到，我平时负责考勤，有一次就把她迟到记下来了，月奖金扣了五块钱吧，她一直到退休都记得，临了退休前还跑我面前说了一通。我自己都忘了，我负责厂里面纪律考核，这些小事经常得罪人，哪里能记那么清，不过对这点小事就能看出人的个性来了。当然，肚量大小和个性有关，也和学历见识有关。W 毕竟只有中专学历，而 M 是老本科出身。W 那时候在技术上就怕用大学生，尤其一些本科生比她水平高，特别 DY 水平高嘛，W 就容不下他，处处要打压他。M 当然一眼就看出来了，M还是有魄力，正好原来凭资历熬上来的老技术科长退休了，他就任命DY做技术科长。W的年龄是1995年年底要退休的，其实也就是让D来接W的班了。事实上D也就是（19）95年接班做技术副厂长的。"按照其他人的说法，DY在技改工作中能够担负责任，对其他技术人员比较宽厚，因此素有人望，而WJF则遇到技改怕真正负责，常常避重就轻加以拖延，对其他年轻技术成员的成果常会据为己有，将年轻人成果变成自己署名去评职称的事情也发生过，其在技术系统中的"人缘"状况日益糟糕，但她作为建厂元老始终在生产系统中有一定的实力，在工人群体中也有较大的影响力。

WJF与DY之间的矛盾使得技术队伍不再成为W的天下，M终于在技术条线上培养了"自己人"。此外，像MD分厂的二把手TYG原来是跟随K厂长（前述被请到MD分厂担任一把手）的重要人物，也是跟随K前往MD分厂创业的主要助手之一，但随着时间的迁移，TYG急于全面掌权的个性展现出来，从而与K厂长的矛盾趋于公开化。1993年年底K向M要求将TYG从MD分厂调回总厂，M顺理成章地将TYG调回担任最重要的金一车间主任，这一位置的给予在当时可以说是最大的恩惠了，这样TYG也成为M在生产条线方面的重要骨干。可以说，在其他派系的内部分化过程中，M适时吸纳壮大了自身力量，DY与TYG都是能够做事的"能人"，不同于针对组织科长LHR与副书记JRA的笼络，对技术人才DY与生产骨干TYG的重用已经体现出M后来以能力为重的事本主义"关系"发展趋势。总体来看，1990年代初期，产品市场不断发展壮大，人才市场发展还相对滞后。ZY厂本身的经营局面也没有完全打开，另外就是相当数额的经费审批还需要机械局机关决定，所以M未能大量引进人才，反过来说，ZY厂的各类骨干也还不具备向外流动的条件。可以说，形式上权力中心的一元化并没有实现权力的完全集中，在原有的关系脉络下仍潜藏着"派系"斗争的暗流，但在国企经营相对比较困难的情形下，生产经营的重任已经使得领导层的矛盾斗争并不公开化，由此盛行的是自上而下的"人缘关系"笼络学，体现出上对下讨好的"人缘"政治的基本特征。尤其M作为一个外来的领导者，在ZY厂建厂已有十年左右且原来人事纷争激烈的情况下，亟须厘清原有的"关系"脉络，积极展开上对下的"人缘关系"笼络，从而防止被地方实力派"架空"。他对于诸如CZA、WJF这样有一定实力的反对派，并不采取直接打压的策略，而是利用其自身队伍的分化来加以削弱从而壮大自身的力量。当然，尽管 M 开始形成了自己的势力，但还难以说他在 ZY 厂中取得绝对优势，这在其后的第一次改制过程中得到了充分的体现。

第三节 "一次改制"的基本过程及其"民主"后果："人缘关系"笼络学的巅峰

1990 年代中后期起，国有企业整体面临着经营的严峻形势，从中央到地方开始了全国范围的国有中小企业产权革新。1996 年下半年，Z 市启动了 18 家国有企业"改制"，这次"改制"根本上是要改变原有国企单独投资的局面，而融入干部、职工股份，通过员工持股来增加工作积极性，以此希望缓解国企经营的困难局面。Z 市机械系统选择了两家企业进行改制，其中之一即为 ZY 厂。按照当时的折中原则，所选择的企业规模不大，经营方面尚能正常发出工资，但也相对比较困顿，希望能通过"改制"来有所突破，调动干部职工积极性，通过试点来为其他国企提供经验。机械局原办公室主任较好地说明了 ZY 工厂 1996 年 9 月份第一次改制的宏观背景与具体状况：

> M 到 ZY 厂之后呢，已经党政合一了，M 充分调配利用资源，团队组建战斗性加强了，面上看上去也没有大的人事矛盾了，但那个时候计划经济后遗症还比较严重，企业发展还看不到很大前途。局里面感觉 M 是个能人，ZY 厂毕竟在他手上有点起死回生的味道了，希望能把 ZY 厂做个改制的试点，做个典型向全市推广。从宏观上看，(19) 96 年的股份合作制改革，（企业）土地所有权不能改，山东诸城市委书记胆子比较大，首先把诸城的大小国企都卖了。这个里面也有国有资产流失的问题，一种呢是要有效转移资产，另外一种是企业真不行了，可是为了面子压着下面改制，也就是让工人买快破产的厂了。前面的情况主要是为了发财，后面的这种情况就是要升官。我们Z 市呢，当时搞得还比较温和，尽量挑的都是一般些的中小企业试试看吧。另外，在模式上还没敢就直接民营化，还是让职工一起入股

的，这样阻力也比较小。(19) 96年股份合作制开始实施的时候，全市有18家企业一起进行，机械局是两家。当时大家都不想改，都想不通，当时ZY厂里欠银行债务很多，工人只想安心拿工资，都不想自己出钱来投资的。干部和职工都没有准备，当时人的观念还都没能转过来。工作组还进驻了一个多月，做大家的思想工作。最后，首期认购是平均每个职工集资3000块（元），其实厂里还特地每人发了300块奖金，实际上也就是每个工人集资了2700块。（已退休，机械局原办公室主任ZJ，2010年2月访谈）

据1996年的《ZY总厂实行"先售后股"股份合作制实施方案》，在改制形式方面，"实行'先售后股、内部职工持股'的股份合作制。即将改制前的我厂国有资产经过评估、界定和剥离后所余净资产一次性地全部出售给内部职工，职工出资入股。股权仅为职工个人股，不设置国家股和集体股"。在具体实践中，由于实际银行负债总额超过了资产总额，评估剥离后净资产为负120万元，股本总额为260万元，拟定每1000元为1股，共为2600股。职工认购采取分配认股的形式，分配认股标准为每人5000元，即每个职工5股（实际分二期认购，1996年7月10日前认购了3000元，1997年3月底二期认购了2000元）；董事会成员的认股配额为职工认股配额的5倍，即25股；董事长的认股配额为职工认股配额的6倍，即30股；受聘的经营班子其他成员为职工认股配额的4倍，即20股；监事会成员也是职工认股配额的4倍，即20股。被聘任的中层管理干部为职工认股配额的2倍，即10股。[①] 这样的持股比例，实质上是有利于普通职工的，一度也就使得职工真正具备了很大的发言权。董事会及监事会核心组织成员也均由选举产生，提名候选人与实际入选者按照1.5∶1的比例进行。由于产权分散，并且在选举中实行的是一人一票原则，企业内部管理

---

① 《ZY总厂实现"先售后股"股份合作制实施方案》规定："对今后更换的董事会、监事会、经营班子成员及中层管理干部人员，新任的成员必须增加到规定的认股配额。正常更换下的成员，其规定增股的部分转让给新任成员。"事实上，由于1996年"一次改制"到2000年"二次改制"之间仅仅四年时间，第二次董事会改选也主要是增加了副厂长BZ为董事，除个别中层干部退休外，其他重要董事会、监事会、厂级领导主要核心成员的股份数量并没有发生变化。

形成了某种"民主"选举式的治理模式。

当时，厂内开始时对这场产权改制并没有思想准备：这次"改制"也使得面似平静的厂内领导格局进行了一场较为平和的斗争。所幸的是，当时技术副厂长 WJF 与 MD 分厂 K 厂长分别于 1995 年年底、1996 年年初退休，退出了这场"民主"选举。按照众人的说法，如果这两个"实力派"人物直接加入选举，其后果可能更加微妙。无论如何，第一次"改制"选举的结果，还是体现了"人缘关系"笼络学的重要性。其结果是生产副厂长 CZA 得票最高，在全厂实际投票的 486 张选票中（按一人一票的原则投票），达到了 340 张，远远超过半票；而 M 厂长仅仅取得了 269 张选票，略超过半票仅 20 多票。一般的说法是，原先 WJF 与 MD 分厂 K 厂长的两派人马多数是投票给 CZA 了，这里面应该有刚刚退休的 WJF 与 MD 分厂 K 厂长的授意。[①] 因此，多数被访谈者都特别强调这次改制的董事会选举体现了 1990 年代初期"派系"力量的残存。当然，选票的多少并不完全取决于"派系"积极分子的意向，但他们常常会鼓动群众的投票过程，特别是"民情"常常会由于一些群体性的利益问题而被引导左右。按照 M 厂长及其他人的事后解释，他在第一次"改制"中的相对"失利"，也缘于1995 年年底的一次"工资调整"事件。这次工资调整，实际仍然受到机械局操控，机械局当时还是强制规定只有 30% 的职工可以加工资，之前 ZY 厂由于经营困难，已经若干年没有进行工资调整，至 1995 年其实具备了全面加工资的条件，大家都希望自己能够入围，结果是全厂包括各个部门及车间内部都矛盾重重。虽然在形式上需要进行打分及民主评定，但能否划入调资队伍还是要由 M 厂长最终确定的，不少没有入围的职工可能也找 M 反映情况，但 M 无能为力，30% 的调工资比例 M 无法更改。结果，不少职工就对 M 有不满情绪，这在 1996 年的"一次改制"选举中可以为人所利

---

① 较普遍的看法是，K 一度与 M 之间已经比较融洽了，K 之所以在刚退休后"一次改制"的关键时候组织人马反对 M，最主要的原因就是在动员 K 去 MD 分厂做厂长时机械局领导曾经承诺由机械局再给他一套住房，后来 K 快退休前却一直没有兑现。K 就直接找 M 要求由厂里解决，而当时的厂里财务状况并不允许，ZY 厂在 1990 年代就没有再建房或购房，M 无法满足 K 的购房要求，导致了 K 在"一次改制"中对 M 的反对。表面看来，这一事件具有相当的偶然性，但如同 1995 年未能全面"涨工资"的事件影响到 M 在 1996年"一次改制"中的选票一样，这背后仍然有着上层体制的较多束缚，M 作为一把手常常要承担由上级机关机械局的决定举措乃至空口承诺所引发的矛盾意见。

用，从而使得本来声望较高的 M 在这次投票中险些出局。

　　尽管如此，M 厂长毕竟取得了超过半数的选票，得以入选董事会成员，而能力平平的副书记 JRA、德行较差的工会主席 YB 均没有入选。而且，当时机械局党委还保留了对一把手的最终任命权。也就是说，入选董事会是能够担任董事长及总经理的必要条件，但并非得票数量第一就直接担任董事长或总经理，厂级领导的任命最终还是操之于上的。尽管 CZA 的得票排名第一，但这时的机械局党委几个领导也都看到 M 维持住 ZY 厂经营的效果，并且清楚 CZA 的能力水平，知道 ZY 厂如果让 CZA 做一把手的后果，最终还是让 M 继续担任董事长兼总经理，CZA 担任常务副总经理，另外一名没有入选董事会的原厂长助理 BZ 则接替 CZA 成为生产副总。BZ 在 1990 年初被任命为厂长助理（副厂级，同时被任命的厂长助理还有前述被撤职的 HXL），如上章所述，BZ 也有着较深厚的外部"关系"背景，其父亲是轻工局的局长，岳父是 Z 市人大副主任，其夫人也成为轻工局下属某厂的厂长，外部"关系"背景是他 1980 年代末期能够升任副厂级职务的重要缘由。但 BZ 当时的群众基础尚不牢固，在 1996 年的第一次改制选举中仅得 200 票，未过半数而未能进入董事会。由此可见，股份合作制之后，组织领导的权力架构也产生了重要变化，组织中层的基本结构尽管基本没有变动，但组织上层的领导结构产生了重要变化，笔者自制了示意图以做说明（见图 4 - 1）：

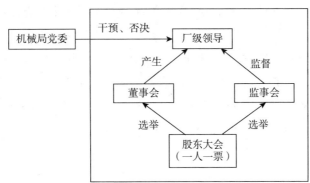

图 4 - 1　ZY 厂 1996 ~ 2000 年股份合作制期间组织领导机制

　　由上可见，"一次改制"使得权力中心开始由上层机关转向于基层职工了，虽然在最终的人事任免上，机械局党委还保留了一定的权限，对董事会成员出任一些领导职务进行干预甚至否决，并保留了对于一把手职务的最终任命权，1996 年新选任的董事会成员也没有完全替换原有未入选的副厂级干部职务，但日常权力中心已经开始转向董事会，1996 年之后的董事会开始取代党总支成为组织领导的核心，重要的经营决策与人事任命都是经由董事会做出的。更为根本的组织权力机构开始转向股东大会，股东大会采取的是"一人一票"的均等式投票原则，尽管需要三年一次举行换届选举，但是这种普选使得权力授权来源发生了自上而下的根本变化。按照当时逐步过渡的导向，未来的重要厂级领导必须当选为董事会成员，而由于董事会、监事会的选举由全体职工"一人一票"进行"普选"，这就使得普通职工"选票"的含金量大大增加了。由此，M 厂长及其他厂级领导都更加需要良好的群众基础，即不仅要争取积极发展与厂内骨干的"关系"，而且需要赢得更广泛普通职工的支持拥戴，这反而造成了"一次改制"以后的管理困难。原质检科科长较好地描述了"一次改制"前后的 ZY 厂领导状况：

> M 是擅长于用人之长的，他自己其实对我们产品也没有那么专，但这么多年来他自己经常到第一线看，肯定是要比一般的中层干部更懂了。他就是冲在生产第一线、销售第一线，这样大家对他都是比较敬重的，一部分干部职工还是服他的。但是，当时企业虽然有了转机，但效益还是不行，大家只能说工资还好，但是养老、医疗保险都有拖欠。所以说，当时改制也是不改不行了，原来体制下面呢，你个人再让大家服，可是大家也不会有什么动力。反过来说，M 在管理方面还是强调工厂纪律、车间规章制度的，有扣奖金这些规范化的做法，所以也有一部分工人对他是有意见的。到了第一次改制的时候，一人一票了，他得票过了半数，但还是靠后，比 CZA 要低得多了。C 是那种老好人，他反正是副职，很多事不需要他负责，所以从来少得罪人，对谁都很客气，所以普通工人对他肯定都拥护了。第一次改制以后，管理的压力就加大了，也就是常常让你不好管，不敢管了，大家手上都有票，如果管得太严厉的话，就很容易下次大家都不选你了，你连董事会都进不去，更不要谈其他领导职务了。所以，有一度 C 副厂长成为最受欢迎的领导，他对人看上去就平易近人，工人就容易喜欢这种人嘛。C 得票最高，也很活跃，(19) 96 年之后的前几年

他更是春风得意，因为他不用担心选票不通过，他不做实事也不会得罪人，跑到车间就给大家发烟，你说工人能不喜欢他吗？不过真要搞生产他是搞不上去的，这样的领导在机关可以，但是在企业恐怕就不行了，老怕得罪人纪律怎么严格得起来，要做一把手就更不合适了。当时一次改制后的分权体制就是这样的，C 当时的得票可以说让 C 本人有点扬眉吐气的味道，也给 M 造成了不小的压力。（已退休，原质检科长 SSX，2009 年 6 月访谈）

如前所述，技术副厂长 WJF 与 MD 分厂第一任厂长 K 厂长都由于退休而退出了这场重要选举。董事会成员七人中，生产条线的重要骨干 TYG 与技术条线的重要骨干 DY 都得以成功进入董事会，他们在 1990 年代后期成为 M 厂长的左膀右臂。DY 在 1995 年即已经成为技术副厂长，他的能力水平与个人声望入选董事会在众人意料之中，其得票数高达 330 票。而 TYG 并没有担任厂级领导职务，仅仅是以车间主任的身份入选董事会，所得 294 票也显示出他在生产系统中的群众基础。此外，监事会成员中的 LJM 和 HLP，也是这次民选中脱颖而出的"民间领袖"。TYG、LJM 与 HLP 都是 M 厂长在"一次改制"之后发展"关系"的重要人物。TYG 之前就是 ZY 厂的能干活跃分子，M 厂长在"一次改制"之前就已经将他安置到最重要的金一车间担任主任。比较来看，TYG 在 ZY 厂生产系统一直有着长期的"人脉"，他作为骨干分子入选董事会似乎也在情理之中，而 LJM 是偏重于技术条线的人才，有着大专文凭，作为 1960 年左右出生的人，在 ZY 厂也属于知识分子的行列了，但在当时 1990 年代中期资历尚浅，本来是难以直接提拔中层干部的，而且在改制选举中就"工资调整"事件而鼓动群众反对 M 厂长，对 M 的选票较少也有直接作用。但 M 厂长认识到和 LJM 发展"关系"的重要性，反而将 LJM 提升为质检科科长，慢慢与 LJM 缓和了矛盾，LJM 也成为 M 后来动员企业内部职工的重要人物，2000 年二次改制后进一步重用为监事会主席。而 HLP 原来只是工会干事，工会主席 YB 平时只知吃占贪拿，与干部职工关系相当糟糕，在董事会选举中落马是必然的，HLP 是人缘较好的一位女性，很快也被 M 提拔为工会副主席，2000 年二次改制后则担任工会主席，对后来缓解 M 厂长与普通职工的劳资矛盾起到了重要作用。可以说，1996 年"一次改制"的重要后果是弱化了原有完全附着于上层权力的

"主从关系"的重要性，而凸显了在基层群众中以民望为基础的"人缘关系"的重要性。在这样的背景之下，M 对于反对势力以至于"调皮捣蛋分子"都尽可能地加以安抚，这可能是由于反对势力及"调皮捣蛋分子"很大程度上能影响到具体选举过程中的动向：

> 一次改制以后，M 对于厂内一些有影响力的反对者，也能逐步为己所用甚至是重用，他的确有自己的一套办法。（19）96 年第一次改制选举的时候，LJM 那个时候拉了帮工人反对 M，而且还在那边喊口号，影响很不好。现在看呢，M 对 LJM 还是重用的，L 还是有能力的，开始 M 就让他做质检科长，后来处得也不错，二次改制的时候也是支持 M 的。当然，L 技术上还是有所不足，但他在厂里面一直有人缘基础，二次改制后 M 还让他做监事会的主席，后来还让他负责新厂地建造，L 现在到哪里都说他的好，你访谈也知道的吧，他不会跟你讲和 M 作对的事情，处处都说 M 的好，当然经济杠杆对人作用大，他有办法让你心服口服。说起来 M 现在大权在握了，有办法整治你，可是 M 不会这样干，如果 M 是这种人，大家都散了也就拉倒了。他的办法是以德报怨，你对他不好，他还照样对你好，给你个好帽子一套，该有的甜头也都有了，除非你真有神经，不然肯定对他感恩戴德。即使对厂里面能折腾的几个闹星，M 也是尽量安顿好，看你想要什么，只要不太过分 M 就尽量满足你。像 HZY 比较能闹，喜欢贪点小便宜，M 就让他做行政科长，干总务是有不少油水的。还有像陈××，就是前面说（19）80 年代被 Z 厂长撺掇得去和 Q 书记要房子的，也不是省油的灯，就是喜欢管几个人，M 就把他派到中山西路那边的门市部去了，这样他也不会在厂里面闹事情了，阻力就消除了不少。这几个能折腾的人，特别 HZY 都是能拉选票的，不把这样一些捣蛋分子安顿好，M 在后来的二次改制里面也不会那么顺利。（已退休，原工会主席 YB，2009 年 7 月访谈）

总之，在"一次改制"之后，主要权力基础从上层"领导"转向了基层"群众"。① 如前所述，M 厂长及其他厂级领导都更加需要形成较好的群众基础，即不仅仅是要争取骨干积极分子，更重要的是要取得广泛的普通职工支持。在这样的情形下，常务副总 CZA 最具有竞争优势，"他对人始终是客客气气，虽然自身水平较低，也难有骨干下属追随，但在工人群体中这种杀伤力最大了，现在还有人怀念他，认为他是周总理式的领导人物。群众嘛，有时候容易被领导的一些假象迷惑，觉得这个人是好领导，其实不相干，他要做正职厂长，我们厂肯定早垮了"。与之相比较，M 厂长虽然注重实干，但同样也出现了某种"讨好"普通职工的倾向："M 还是很辛苦的，1996 年底的时候 M 厂长和技术副厂长 DY 跑到新疆乌鲁木齐，那边有家大型农业收割机厂，过年就待那边也没回来，每年年底过去。运气还不错，最后人家同意要用我们的产品，连续三年每年都有 600 万元以上的订单，那个时候这样的订单就不得了了，全厂的工资奖金主要就靠这个了。而且每年年底所有职工都有股份分红 1000 元，这个全厂差不多每年要拿出 50 万现金。那时候不少工厂都倒闭了，我们厂这样比起来当然算不错。所以多数职工心里肯定是感激 M 的，这就为 M 下面的二次改制奠定了群众基础。"按照若干退休的中层干部的说法，一般职工也认识到 M 为工厂所做的贡献，是 M 带领大家走出困难的。当然，M 在这里的巧妙之处恰恰在于是通过分红来实现福利的均等化分配，在人均集资约 5000 元的背景下，每年以 1000 元的收益回收，这对当时的工人来说无疑是有吸引力的。也正是通过这种工具性的平均化分配，M 才真正取得了竞争的优势。可以认为，这样的分红在当时的中小国企中是不小的力度，但没有扩大再生产地全部分配正是为了赢得多数职

---

① 股份合作制的"一次改制"以后，机械局虽然还保留了对于董事长及总经理的最终任命权，但任命范围原则上不能脱离所选举的董事会成员，并且要考虑到厂内干部职工接受与否，其具体事务的实际管理权限也同样受到了极大的削弱。例如，"M 在 1997 年组织全厂职工到江西九江、庐山旅游，当时局里面还有领导认为风险很大，还打电话来批评，都被 M 顶回去了。股份合作制改制以后，工厂除了土地之外，已经主要是工人的工厂了，所以这样出去至少在经济上没有大的问题，不然局里面在经济上还可以阻止，因为那样等于就是随便拿国家的利润给职工出去玩了"。就某种意义而言，机械局尽管仍保留着相当权限，但诸如董事会、监事会成员选举及某些重要决策及分配方面，ZY 厂可能已经接近某种社会化乃至群众化的组织形态。此外，需要说明的是，在股份合作制实施之后，M 作为董事长兼总经理而被明确为"一把手"，可能也体现了当时延续厂长负责制的某种总经理负责制的管理体制。而在现有通行的国有企业治理体系中，董事长与总经理的两职分离与相互监督，常常有可能是形成新的矛盾乃至"派系"结构的制度动因。

工的选票支持，这种工具性的"讨好"是 M 在当时的形势之下不得已为之的。正是以这种工具性的平均分配为基础，在 1999 年 7 月举行的第二次董事会、监事会选举中，M 厂长的选票明确地占到了第一位，达到了 489 票之多（总票数为 512 票），占到了绝对多数，远远超过了其他众人。

与此同时，这种"一次改制"之后形成的 ZY 厂组织结构同样存在深层次的"接班"问题。M 厂长出生于 1943 年，按照一次改制以后的体制，仍然将在 2003 年左右退休。所以，1990 年代后期开始，厂内围绕他退休以后的厂长接班问题又产生了新的"派系"分化，其核心人物正是技术副总 DY 与生产副总 BZ，他们也分别在技术条线与生产条线上培植自己的势力。按照组织科科长 LHR 的说法："我提醒过 M 厂长接班人的问题，(19)95 年左右一些老人都不存在什么竞争了，包括 CZA 的年龄也差不多 55 周岁了，年轻点的主要是 DY 和 BZ 两个人，都是 40 多点吧，他们也都分别在下面拉自己人了。我就提醒厂长应该尽早定人选了，我的感觉可能还是 DY 的能力比较强些。但是，BZ 和不少车间主任之间的'关系'很铁，而且车间主任大都文化水平不高，担心 D 要做厂长会把他们都换掉，所以和 B 都贴得很紧。另外呢，就是金一车间主任 TYG，绝对不是个省油的灯，他跟谁都是开始跟得紧，慢慢就想取而代之产生矛盾了，他之前一直紧跟老 K 的，跑到 MD 分厂做副厂长，后来想取代 K 被 K 踢回总厂，回到总厂做金一车间主任，和 M 的关系也就比较近了。他在第一次选举中以车间主任的身份进入了董事会，而 BZ 第一次落选了，他就想取代 BZ 做副厂长。局里面当时还有最终决定权，BZ 外面有背景，最后没有被拿掉副厂长的位置，所以 TYG 和 BZ 之间矛盾也不小。而且 TYG 管的是最重要的一个车间，他就自己要求决定车间里面的人事安排，M 也就着他。反正 M 是要积极安抚好 D、B、T，在三个人中间也常常'打太极'，这三人都有些自己的铁杆，M 在当时的情况下没法建立起自己的绝对权威，反而要通过他们来拉选票吧。"可见，M 在这里所开展的是典型的"关系"平衡术，在下属之间保持某种中立是赢得各方支持的重要手段，即 M 在当时的体制下主要是本着"少得罪人"的态度结交"各路诸侯"实力派，维持相对"和谐"以保证自身可以连续入选董事会才是最为重要的。

因此，一次改制之后在股份合作制的体制之下，"派系"结构尽管趋于弱化但并没有完全终结。可以说，1980 年代的"派系"结构主要是由积极分子与中层骨干附着于厂级领导形成的，至 90 年代前期仍然有着该结构的弱化呈现，而 90 年代"一次改制"以后则形成了厂级领导及董事会成员更为积极拉拢各个中层骨干尤其是车间主任的状况，因为中层骨干往往能影响其部门下属的选票，车间主任所影响的工人选票则更是主要力量，从而成为厂级领导积极争取的对象。生产副总 BZ 与若干车间主任积极发展关系，同时很注意自己平时在工人面前的言语态度，在 1999 年的第二次全厂董事会、监事会选举中成功入选董事会，在地位上得以进一步巩固，防止了来自 TYG 对其生产副总位置的威胁，但同时又加剧了与技术副总 DY 之间的矛盾。因此，按照多数人的看法，DY 与 BZ 从根本上构成了 1990 年代后期主要的领导层矛盾，M 厂长在积极处理好与他们"关系"的过程中，始终采取了相对平衡的策略以避免两者发生直接的冲突。与此同时，M 厂长加强了与生产、技术条线之外的中层干部的互动，办公室、工会、质检科、供应科、销售科、行政科等中层干部负责人都对 M 厂长是相当支持的。在此基础之上，D 及其技术条线与 B 及其生产条线，也都相对依附于M 厂长，尤其是各个车间主任实质上仍听命于 M 厂长，D 与 B 的矛盾始终是潜藏而没有爆发出来。因此，1990 年代的"派系"暗流是趋于弱化的，彼此的矛盾常常是隐而不彰的，这显然不同于 80 年代由两个权力中心所直接引发的公开激烈的"派系"斗争。更为重要的是，随着股份合作制的实施到位，"派系"之间的界限也更趋模糊，领导层更加关注于积极发展自身的"人缘"关系，这种对下讨好、少得罪人、以和为贵的行为取向也就使得股份合作制的负面作用逐步显现出来。①

　　由此，国有企业产权的"二次改制"逐步纳入轨道，"经营层控股、经营者控大股"悄然在山东诸城等地开始实践，M 厂长敏锐地意识到了"二次改制"的机遇，他可以在这次改制过程中购买 ZY 厂而成为最大的股东，这样他将成为 ZY 厂事实上的"老板"而不再有"被接班"的威胁。所以他也开始积极筹划"二次改制"，并在 1998 年至 1999 年两次派出了

---

① ZY 厂为"二次改制"准备的材料中称："朱镕基 1996 年在山东考察时引用理论界的观点说股份合作制只是'一种过渡性的企业组织形式，一个企业不可能既有合作制形式，又有股份制形式'，而且'既承认股份制原则，又承认合作制的一人一票原则，在企业管理的实际操作中也是有困难的'。"可见，这种体制方面的困难是有相当普遍性的，应该已经引起了当时中央领导的关注。

赴山东、浙江等省考察的考察组,当然"二次改制"能否加以推行还需要视全厂干部职工的选票通过与否。如前所述,从宏观的上层政策来看,1999年9月22日中国共产党第十五届中央委员会第四次全体会议通过了《中共中央关于国有企业改革和发展若干重大问题的决定》,该重要决定实际上为各省市地方的国有中小企业民营化提供了合法性。① 随后,江苏省于2000年1月29日颁发了2000年1号文件《省政府关于做好2000年国有企业改革和脱困工作意见》,其中明确江苏省国有企业进一步改制的目标是"国有小企业改制面达到90%,经营者持大股的面占到30%,国有资本从国有小企业中有序退出"。以该政策文件为依据,M厂长成为Z市第一个跑到市政府要求"二次改制"的厂长,后来也被戏称为"Z市要做资本家的第一人"。由于省里文件的推动,Z市也亟须寻找典型展开试点,于是ZY厂的"二次改制"申请也基本得到了市政府的肯定,在2000年1月底召开的市机械工业会议上,副市长刘××基本明确了ZY厂进行"二次改制"的方向:"ZY厂完成了股份合作制,运行不错,不能到此为止,还要向前走,怎样走,进一步上规模,进一步深化,思想再开放一些。总之,要思想大解放,改革大动作,产权结构大调整,重点考虑国有资产从中小企业有序退出问题。"

尽管明确了ZY厂"二次改制"的方向,但并没有确定"二次改制"的最终受益人。通过1990年代后期的发展,ZY厂无论是产品还是市场可以说都已经是个"香饽饽"了。据多位被访谈者反映,当时机械局有几个副局长或是本人,或是家人,都有意要购买ZY厂,但是省政府2000年1

---

① 该决定明确提出,"国有经济需要控制的行业和领域主要包括:涉及国家安全的行业,自然垄断的行业,提供重要公共产品和服务的行业,以及支柱产业和高新技术产业中的重要骨干企业。其他行业和领域,可以通过资产重组和结构调整,集中力量,加强重点,提高国有经济的整体素质"。还提到,"放开搞活国有中小企业。要积极扶持中小企业特别是科技型企业,使它们向'专、精、特、新'的方向发展,同大企业建立密切的协作关系,提高生产的社会化水平。要从实际出发,继续采取改组、联合、兼并、租赁、承包经营和股份合作制、出售等多种形式,放开搞活国有小企业,不搞一个模式。对这几年大量涌现的股份合作制企业,要支持和引导,不断总结经验,使之逐步完善。出售要严格按照国家有关规定进行。无论采取哪种放开搞活的形式,都必须听取职工意见,规范操作,注重实效。重视发挥各种所有制中小企业在活跃城乡经济、满足社会多方面需要、吸收劳动力就业、开发新产品、促进国民经济发展等方面的重要作用。培育中小企业服务体系,为中小企业提供信息咨询、市场开拓、筹资融资、贷款担保、技术支持、人才培训等服务"。

号文件中的"经营者持大股"的明确提法成为 M 厂长手中的"尚方宝剑"。当然，其他董事会成员与副厂级干部也可能有着购买 ZY 厂的想法，特别是常务副总 CZA，但由副厂级干部购买难以在政策上找到依据。在这种形势下，局里有人鼓动开展了干部和职工民情调查会，其采取的策略是规定只要有一半以上被调查者不同意由 M 购买，ZY 厂就须由其他人购买。随后，局机关组织了调查组进驻 ZY 厂，重点是要展开"民意调查会"。可惜，让局里某些领导遗憾的是，M 厂长得到了广泛的支持，在所调查的 50 名中层干部和职工代表中，除了 5 人表示反对之外，其他人都赞同由 M 厂长购买 ZY 厂。有着这样的"干部和群众基础"，以省政府苏政发〔2000〕1 号文为依据，M 厂长最终得以顺利购厂。① 按照不少已退休的中层干部的说法，他们都很清醒地认识到当时的形势，局里面想派别人来改制，他们是坚决不同意的，经过差不多十年左右的交往，他们深切地感到"M 是一个'讲感情'的人，由他来改制，大家才有出路"，多数近年来退休的中层干部也表示，他们当时力挺 M 的作为显然是值得的，如果按照其他一些工厂后来被外人购买的经验来看，他们立刻就可能被买断工龄而提前退休了。M 之后一直对老骨干相当不错，即使现在退休了也多有照顾（具体情况在下一章中再行叙述）。工人们当时也没多少反对意见，ZY 厂的"二次改制"自始至终没有出现工人抗议举动，而此后即使是机械局其他各厂的"二次改制"都相继出现了或大或小反对性的群体性事件，某些抗议规模在 Z 市都产生了相当大的影响。ZY 厂如此顺利地在 Z 市率先完成产权改制，是一个比较突出的现象，从中也可看出 M 本人在厂内干部职工中得到了广泛的支持。在最终的全厂无记名投票中，M 的实际得票率也超过了

---

① 由于 ZY 厂的资产负债比率相当高，2000 年银行欠债 2000 多万元，基本与实际资产规模相当，当时出让的资产总额仅评估为 336.39 万元，按照当时的政策交叉，M 厂长连续享受了省文件 40% 的优惠与市文件 40% 的优惠，按照国土部门、国资部门确定并经市改指办（全称"改制指挥办公室"）批准，实际享受折扣优惠达 80%，实际上交转让金 67.2788 万元。其结果是 M 当时的个人股份逐步占到了 ZY 厂股份的 51%，成为事实上的控股"老板"。按照当时的说法，M 厂长是与亲戚朋友借款若干购买 ZY 厂的，分别有借条为证。无论如何，M 厂长在此可能是"钻"了政策的漏洞，当然这不是本研究关注的焦点，当时这样的"国有资产流失"问题并不鲜见。事实上，当时这样的连"买"带"送"现象相当常见，除了企业产品经营状况之外，企业领导人的选择决定了企业未来的成败，本书这里所要强调的是在"二次改制"过程中，全厂主要骨干与 M 厂长的"抱团"现象是他能够顺利改制的重要因素，也是 ZY 厂后来不断发展的关键一步。

90%，说明多数普通职工尤其一般工人对 M 也是支持的，当然这可能与 M 平均性的工资增长与股份分红政策相关。可以说，M 在选举式的"人缘"政治中站稳了脚跟，是其能够得到支持成功"二次改制"的根本所在，而在此之后组织领导的上下"关系"实践开始受到市场化作用的影响，呈现双向选择可进可退的"朋友关系"动力学特征。

第五章 2000 年以后的"朋友关系"动力学：
"关系共同体"的发展与危机

2000 年"二次改制"以后，随着企业产权的集中，M 厂长真正成为 ZY 厂的企业"老板"，其绝对性的权力地位得以确立。① 在人才市场逐步发展的过程中，他引进与使用了一批重要骨干，这些人紧密围绕在 M 的周围，某种较为开放而又相对牢固的"关系共同体"开始形成。在这样的"关系共同体"中，M 显示了其相当"仁义"的面相，他的重信用、讲感情、舍得工具性的给予为他赢得了相当一批得力骨干。同时，他也基本能够按照"二次改制"的合同协议规定，较好地处理了与多数工人的劳资关系。在此基础上，外部市场竞争日趋激烈，人才的内外流动也越来越正常，这就使得某种双向可选择的"朋友关系"动力学逐步展开，亦即市场环境下的组织领导与骨干下属的"关系"形态，呈现较为明显的可选择性的特点，M 的大度甚至促成了部分外流人才向 ZY 厂的回流。与此同时，某些与 M "关系"衰退的能人或是效力他处或是独立创业而离开 ZY 厂，这也消解了 ZY 厂内部可能形成的组织内耗，使得内聚性的"关系共同体"相对稳固。需要突出强调的是，ZY 厂基本完成了向民营企业的成功过渡，但总体上还仍然依赖于 M 个人的领导决策，职业经理人的接班取向并未显现，其骨干群体的"关系共同体"可能由于 M 个人的退出而终结。可以认为，这种以个人"关系"领导为中心的"关系共同体"作为现代企业管理

---

① "二次改制"之后，股权分配比例如下：全厂总股数 1362 股，占总股 100%；一般职工股 476 股，占总股 35%；退休职工股 6 股，占总股 0.4%；中层以上干部股 195 股，占总股 14.3%；经营者（指 M 厂长本人）原有股 12 股，新增股 673 股，合计 685 股，占总股 50.3%。2001 年以后，M 通过购买退休职工股份，实际持股达到 51% 以上，在"一股一票"的原则之下，已经成为事实上的绝对权威。至 2009 年底，M 的股权比例已经达到了 ZY 公司的 65%。

制度的替代物,尽管在企业发展过程中起到了相当积极的功效,却始终存在人治领导的实质性危机。

第一节 以 M 为核心的"关系共同体"的
逐步确立

"二次改制"之初,机械局并不愿意放权,除了开始有些副局长想自己或家人改制购厂之外,更多的机关普通干部可能是觉得以后不能再来"沾点油水"了。更为重要的是,他们意识到 ZY 厂的"二次改制"只是个试点先例,随后其他各厂也将纷纷开展"二次改制"。因此,在"二次改制"之初安抚好上级机关依然是一项重要工作。在"二次改制"签订的附件里面,ZY 厂也就是 M 本人承诺每年继续向机械局上交 20 万元的"管理费",当时对 2000 年的该厂所缴税款与剩余利润规模而言已经是不小的数目。[①] 起初的一至两年里,机械局的一些副局长、科长并不适应"权力"旁落,还想在一些人事任免及企业决策方面加以干预,但 ZY 厂职工戏称完全可以把上面的话"当耳边风"了。其后,特别是 2003 年以后,随着企业规模的不断发展,据传机械局一些领导还提出要增加这笔所谓的"管理费",但这时机械局已经毫无权力影响可言,想多拿点"管理费"的想法也无疾而终了。不过,M 始终承诺这笔 20 万元一直都上交,一直交到 2008 年机械局解散为止。可以说,在"二次改制"以后,ZY 厂产权发生了根本变化,经营权也就有了质的转变,M 成为事实上的权力中心,权力格局的变动带来了组织领导模式的重要变化。

当然,"稳定"始终还是 M 能够领导好 ZY 厂的重要基础。M 在 2000 年"二次改制"之初即提出了"分流不下岗、增效不减员"的口号,这在 Z 市一度也广为传颂。事实上,在决定性的中央文件中,1999 年颁布的《中共中央关于国有企业改革和发展若干重大问题的决定》中明确指出:

---

① 即使在 1996 年"一次改制"之后,向国家缴纳的上缴税一直都是企业剩余利润的主要部分。1996 年、1997 年、1998 年、1999 年四年间的工业总产值是 2407 万元、3002 万元、3501 万元、3857.60 万元,上缴税分别为 125.9 万元、200.5 万元、226.5 万元、274.84 万元,同期实现利润仅为 10.5 万元、30.26 万元、35.5 万元、36.88 万元。因此,就当时的经济规模而言,直接上交机械局 20 万元的"管理费"已经是不小的数目了。

"在国有企业战略性改组过程中,要充分发挥市场机制作用,综合运用经济、法律和必要的行政手段。在涉及产权变动的企业并购中要规范资产评估,防止国有资产流失,防止逃废银行债务及国家税款,妥善安置职工,保护职工合法权益。"确切地讲,在诸如 ZY 厂这样的早期中小企业改制过程中,对于"防止国有资产流失"并不是其所突出的重点,但出于当地社会稳定的需要,地方政府对国有企业的改制都有着保护职工的条款,如在 ZY 厂 2000 年第二次改制《企业产权转让合同书》中,对乙方的权利义务(注:即 M 的权利义务)都做了相关规定,其中维护企业职工权益方面有如下的条款:

4. 乙方在受让产权的同时,乙方企业接收在册全部职工,接收安置率为 100%,企业并按国家规定参加职工养老、医疗、失业等各项社会保险,如因企业原因与本合同生效时的在册职工解除劳动合同,企业按劳动部门规定对职工承担相应责任。① ……

5. 乙方受让产权后,企业继续实行全员劳动合同制,并按《劳动法》、《公司法》等法律法规以及市政府有关政策规定使用和管理职工,维护职工合法权益。

6. 乙方受让产权后,凡企业有下岗职工的须按国家、省、市各级政府关于下岗职工基本生活保障和再就业工作的政策规定,由所在企业承担下岗职工的基本生活费,在岗职工一次性下岗人数超过 10% 以上的,须报劳动主管部门批准。

可以说,以上的这些合同限制也体现了当时 Z 市地方政府及机械局主

---

① 根据时任劳资科科长 YZ 的说法:"我们厂的一些补偿方案主要依据的是 Z 市市委常委的一个会议纪要。后来市政府才出台了 2003 年(45)号文还有 2003 年(46)号文。我们改制基本和 45 号文是吻合的,当然,后来 46 号文对 45 号文做了补充。45 号文规定由经营者购买,46 号文又提出经营要公开拍卖。45 号文提出如果企业职工离厂或者企业破产,要事先成立补偿金加以补偿,46 号文提出来如果是个人提出,最多补偿不能超过 12 个月。这个主要是由于 45 号文的漏洞,造成了不少有能力的个人可能主动离厂再领补偿金的问题。"也就是说,离厂的补偿金多少是按照是否个人提出为依据的,2000 年以后不少有能力的各类人才流动已经相当普遍,ZY 厂主要还是保障了一些缺乏技术的老弱员工与普通劳动力型工人的基本工作。

管部门的一些考虑，所以合同上基本都承诺了工人不减员、职工基本福利不变等条款，但合同文本在实践中始终有着被弃置的风险，ZY 公司某分厂的负责人对此谈道："其他有些改制工厂的领导只管自己，不管工人，工厂被整垮掉的不在少数。M 是个干实事的人，人情味很足，即使二次改制之后，多数中层干部的职务仍然保持不变，在岗工人也没有削减。厂长主要是以稳为本，在用人上从来没有任人唯亲的做法。之后 Z 市有的改制企业都重用一些自己人，特别是从家里面请来一些亲戚，M 就不一样，除了自己儿子大概是 2004 年进厂的，他自始至终没有让家里人过来，连自己的儿媳妇是做会计的，也没让她到厂里面来，听说还有一个外甥为此和他很不愉快。"M 本人对此有非常直接的解释："我那个外甥想过来，他在别的国企也是下岗了吧。他又不能做什么事情，我当然不能养这边，一旦有了事情我都不好管。我对他们亲戚也比较直接，哪家相对有困难，适当地直接给点钱补助下。不能让他们到厂里面来乱搞，不然整个企业就乱掉了。"当然，M 以公司发展为重的工作风格还是不可避免地会诱发劳资矛盾，M 充分发挥了工会主席 HLP 与监事会主席 LJM 在其中的沟通协调作用。如前所述，1996 年一次改制之际，HLP 与 LJM 均得以入选监事会，HLP 还在 1999 年的选举中当选为工会主席，她一直是 M 在人际关系方面的得力骨干，2000 年二次改制以后在劳资之间发挥了积极的调解作用，比较好地处理了 M 与普通工人之间可能产生的"误会"，同时她还详细说明了 M 在私人照顾困难职工方面赢得的"人心"：

> 在社会责任方面，我们企业改制以后没有一个人下岗，可以说是对国家负责，对个人负责，国家税收不断增长，个人收入也不断提高。国家其实也是先放后收，当时让经营者先负责干起来，然后的话嘞，通过像最低工资、社会保障各方面的政策，一些做法再做规范吧。这是面上的情况，具体到我们厂的话，改制以后，M 总和普通员工的关系还是发生了某种变化，工会在其中起到了缓和沟通的作用。事实上，改制以后 M 总对厂里的事业心当然更重了，厂里工作量来不及完成经常要换岗加夜班，有一次 M 总夜里一点多还到车间来转了转，不少工人都很紧张，认为 M 是过来查岗的，厂里面就有这样的谣言。我后来就和 M 总反映了这种情况，也跟他讲这么迟到厂里面，无

论是对他自己的身体还有安全方面，还是对厂里面的管理都是没有好处的，M总说我根本就不是来查岗的，而是来考察工序的，看看车间里面是否还要安排增加人员，再增加哪些设备的。后来我也就和工人反映了这样的情况，过了几天果然人员设备就都增加了，工人也就大多能理解M总了。在一些细节上，M对工人也还都不错的，比如除了加班工资以外，凡是工人加班食堂都会安排晚餐；哪个工人过生日，就由工会出面送蛋糕。这些虽然不要M亲自过问，但他能这样安排，也很不错了。所以我们厂的劳资关系，在Z市也经常是被评为先进的，没出现过什么罢工之类的劳资冲突。M能够入选全国"五一"劳模，也得益于比较好地处理了劳资关系。特别是他对一些困难个人的帮助，人情味就更明显了。我们厂原来有一个工人，大概2000年得了肝炎病，经常休假，劳资科给她病假扣的工资都由工会补贴全额补上。后来要形成常例制度吧，我们就要把工会补贴都张榜公示，对她的补贴也不可能一直都全额了，她为此还找我们闹过事情。虽然有些不愉快，但是我们相信只要凭良心，还是可能通过其他方式再补助，后来每次她住院我们还是都过去，还要送一定的慰问金。有一次发病比较严重需要钱，她跟厂里求援，M总了解到情况也一同过去看望，他跟我讲厂里的补助制度还是不能变，中途自己下车私人取了5000块钱送到医院了。(20)05年吧，这人不在了，她小孩读的职校，后来就录用到厂里来工作了。这样的事情挺多，还有（另一位）职工死亡了，小孩考上了Z市高专，M又个人资助了5000元；传达室的老J得了胃癌，他也补助了5000元。基本惯例是每位困难的，每人资助5000元。这些做法在现在社会恐怕不太多，但是工人心里面感觉就不一样了，受过资助的困难职工有些是过世了，不过其他职工都看得到啊，也就感染了大家。包括退休困难职工，虽然主要都靠社保了，M还是会有付出，蛮有人情味的。（在任工会主席HLP，2009年4月访谈）

因此，M对困难职工表现了相当宽厚的一面，M对家庭困难或大病职工表现得比较有人情味，在保留其工作的同时额外地一次性私人给予5000元的生活补贴，对于个别有偷盗产品行为的工人的处理也比较仁慈，最多是离职而不会追究法律责任，由此M的领导在普通职工中总体上是较得

"人心"的。一些普通工人都反映，M 对待工人总体上还是宽厚的：一般基本工资都是透明的，节日加班费是平时工资的 3 倍，周末加班费是平时工资的 2 倍，M 对所有合同期间的工伤负责，即使合同工（临时工）均为同工同酬，合同工的基本工资加奖金可能要超过在职职工，这在 ZY 公司都是很正常的。2008 年年底经济危机时，合同工解聘基本也都是按照劳动法发给两个月工资了（全部按照 2008 年的工资奖金的平均数，当时每月工资奖金总额约 2500 元到 2700 元），总共支出要超过 30 万元，120 个合同工无一闹事，的确显示了 M 较好的安抚策略。M 一贯强调"企业靠职工发展，职工靠企业致富"，除了工资以外，2005 年以后普通工人的公积金、养老金逐年递增，普通工人的月均收入到 2009 年接近 3000 元，这在 Z 市的生产型企业中来说的确是不小的数目了。可以说，M 基本较好解决了普通职工的收入待遇问题，当然这需要以企业的长期发展作为基础。

与普通职工相比，M 在 2000 年以后的工作重点无疑逐步转向了骨干人才方面，M 首先要解决的就是"位置"问题。M 在 2001 年到 2002 年相当策略性地实施了"老干部养起来"的巧妙办法，M 的称法类似于中央 1980 年代所设的"中顾委"。当时，与 M 年龄相近的一批中层干部，大约有八至十名，都大致要在 2002 年到 2005 年间退休，M 一方面要把他们的位置腾出来，另一方面又要照顾好他们，其中多数人还是 M 在"二次改制"中的鼎力支持者。于是，M 将他们分批升格为"厂长助理"，享受副厂级待遇，也就是让他们把原来的位置空出来，不参与中层岗位的竞争，在收入上提高一截"养老待退"了，然后把一批年轻人提到中层干部的重要岗位上来。M 在中层干部的任免上除了实施"老干部养起来"的策略，还是主要以稳定为主："M 最注意人心稳定，对于相对年轻的中层或车间主任，如果你实在能力不行，他更多还是派个助手给你，最后还是不行就婉转地请你到闲地方把你养起来，这样你也就没意见了。对个别车间主任他就是这样处理的。他这样人情化的做法，让你对他没啥意见。"以稳为主、安定人心的做法赢得了老、中、轻各级骨干的支持。

可以说，M 在重点处理好了普通职工与退休老干部这两头的基础上，开始积极地与一些重要骨干人才进一步地发展"关系"了。当然他首先要从整体上解决好人才问题，他一直提倡"待遇留人，事业留人，感情留人"，也与当前部分企业与单位的人才口号相当接近。M 明确重点提出

"销售为龙头,技术是先导",ZY 公司对销售与技术人才的收入都是有偏向的,销售与技术都是实行承包,即销售承包与技术承包。销售人员的收入待遇得到了最大的提升,其销售提成自 2004 年开始即已基本达到 1%,2008 年人均年收入达到 15 万元,最高的销售员年收入达到了 30 万元以上。技术人员收入尽管不能达到这么高的水平,但每年 ZY 公司的"一号文件"都特别突出了技术骨干的重要性与提高待遇的系列做法,技术人员的收入除了基本工资以外,主要包括了岗位津贴与技术承包收入,2006 年以后平均每人工作两年后的年收入一般也要达到 6 万元以上。尤其是在市场条件下,技术人员在有其他选择的情况下,收入无疑是吸引他们的首要条件,市场竞争的具体背景及对收入增长的作用将在下一节中再展开。时任组织科科长比较清晰全面地说明了 M 整体上带动销售、技术工作,注重新进大学生培养的一系列做法:

> 原来的国有企业嘞,就是工作效率、工作节奏都比较松散,M 在 2000 年以后更加突出了外抓市场、内抓技术这两块。M 总当然首先是要抓销售,毕竟有了市场才能生存发展,像现在市场规模还在扩大。但随着销售规模的扩大,他当然清楚企业发展的后劲还是需要以技术改造为主,所以对技术人才采取了一系列的保护激励措施,也最早改造技术部门的办公设备。大学生生活上照顾好他们,集体宿舍里面热水器、洗衣机等各种设施都是一应齐备的,工会过年过节还要搞活动,买房结婚了有困难还可以提出来和厂里借钱,特别针对年轻的技术人员还有额外购房补贴,前两年大概是人均 3 万元吧。M 总提出来的就是要建设"人才的凹地,收入的高地",的确,我们厂技术人员收入就 Z 市的收入水平不低了。当然,这些都是面上的情况,具体到各个人,M 有着他的一套办法,尤其是对各个他能用得上的人,他很清楚你有什么需求,尽量地照顾好你,尤其是不少年轻人,大学毕业生,刚过来的时候有的都是外地农村的,家里比较困难。他会特批些安家费用,五千一万都不等的。当然,也不可能一下子给太多,主要还是要通过做一些技术项目来给奖金吧,逐步实施了项目承包制,这样也才能真正调动他们的潜能。M 总还让工会关心过一些新进大学生的个人大事,帮新来大学生找对象,技术科副科长 SDM 老婆就是 M

总关心介绍的，他后来一直也对 M 总很感念。ED 到我们 Z 市开的分公司挖他过去，他始终没有过去。（在任组织科长 GXP，2009 年 5 月访谈）

当然，在具体个别性的"关系"运作中，M 其实显现了相当高明的区别针对性策略，这种"关系"差别首先当然是体现在奖金分配方面。按照已退休的原任财务科长的说法，即使在 1990 年代时期，M 也开始具备了一定的经济分配权，每个中层干部的具体奖金数量都是由 M 本人掌握，M 一般都是根据各个人的工作量和贡献来决定具体分配，这也是 M 在 90 年代能够迅速发展与一些中层干部"关系"的重要依据，但当时奖金份额主要仍按照副厂级、中层干部、车间主任的等级位置来加以分配，同一等级身份内部的分化差距仍相当小。2000 年以后，M 大权在握后，各个中层干部与技术骨干的收入分化更加明显了："工人工资与奖金平均收入在 2008 年差不多三万元，虽然不能算高，在我们这里也就不错了。中层干部工资奖金大概要翻一番，底线实际是六万元吧，但每个人其实都不一样。各人年底的红包实际一直都是有差别的，甚至可能会相差比较大了。红包上都有名字，但是大家心里清楚，也不知道谁多谁少的，不过加上每个月的工资奖金还有年底的钱，每个人每年不会少过六万元的，这是个底线。M 实际上一直对每个人年终奖都有一笔账，每个人都是有差别的，我是副科长，2004 年干的活比较多，年底反而比同科室的科长多拿了 5000 块，可能我自己嘴不严，不知怎么给科长知道了，M 就给那个科长补上了差额，但后来 M 又找个机会多给了我一笔，等于实际上我还是多拿了奖金。当然，他也点我意思下次别在外面说奖金多少了，我也学乖了，少说多做，给 M 干活他都会记着，他的记忆力真是很好，全厂包括下面分厂的中层骨干几十号人，他心里应该都有一本账吧。"应该说，M 的"人情"策略相当多元化，他针对不同人群与个体常常有着不同的处理方法。对于一些即将退休的生产技术骨干，M 采取的是积极留用的返聘策略，这些骨干所能创造的经济效益是明显的，由于多数退休留用骨干有一定的退休金，M 对他们常常并不需要支付较高的薪金，关键是运用长期交往性的"关系"来加以维系。金二车间主任 WSD 是这么形容自己退休以后留厂续用的感受的：

我是今年（笔者注：指 2009 年）10 月 15 号到期要退休了，本来联系了浙江宁波一家企业，准备退休以后就过去干。10 月 8 号厂长就打电话让我过去，我就过去了。厂长问我退休以后有什么打算，我就直接说了去外地企业，他就问我留厂继续留用如何，每年除了自己的退休金，厂里给三万块钱津贴。我说考虑考虑再说，他说不用了就当面给个回话吧，我也就答应了。感觉他对老同志都还不错，自己在厂里面也熟门熟路还是愿意留下来的，虽然浙江那边的收入可能是这边的两倍，但是感觉还是留在厂里面好。一个是去浙江要离家，再主要还是和 M 这个人处得长了，感觉不错。他这个人比较稳当，一个字"正"，（19）90 年来了也没怎么拉帮结派搞斗争，厂里困难亲自出去跑市场。做事情很"细"，对什么岗位多少人非常明确。M 这个人可以说是穷不失志，富不癫狂，2000 年二次改制以后做了老板对我们这些老同志都还不错。缺点是脾气不好，可是都是为了工作，发过火不记在心里。我跟他关于人员、工资、奖金等方面吵了有四五次，可是事后都没有什么影响的。他基本有问题也是找中层干部发火，不会找工人发火的，说过也就拉倒，不记仇，不用行政手段整人。这种直来直去的方式虽然有时候让受批评的人下不了台，但只要处得时间长了，也就习惯了，觉得这样的领导还是不错的，愿意跟着他做事吧。（返聘车间主任 WSD，2009 年 12 月访谈）

笔者在追问之下得知，WSD 如 2009 年底到宁波打工应该能拿到五六万元，但对那边情况也不熟，同时要离家在外，因此他还是愿意和相处已久的 M 接着干，尽管 M 所给的收入大概只有宁波那边工厂的一半。不同于 WSD 这样的生产性车间主任，M 对非常重要的技术骨干 YXJ 的重视程度更为突出，YXJ 在 ZY 公司的重要性可以说在相当长一段时期内是难以替代的。2004 年以后，随着企业规模的不断扩大，M 逐年引进的德国机器设备已经基本取代了 2000 年之前的机器。然而，这些机器的修理要求的技术含量也相应提高，从德国请技师来厂修理的费用非常高（除了按照德国薪金水平支付工资外，还要承担路费、住宿费），厂内虽然也着力培养了年轻人，但当时的技术水平一直不能和 Y 相比："一些机器修理 YXJ 过去就弄好了，别人就是不行，Y 也带了两个徒弟，两徒弟也还都到德国去培训过了，但是有时候有的事情吧，各人天分还是有差别，有些问题还是只有 Y 才能看出来解决掉，另外呢，他毕竟经验老到，这些修理不是模式化的，哪里出问题了，感觉、经验都很重要。"由于这样的原因，M 对 YXJ 这样的重要人物的退休留用完全是给予超过中层干部的基本待遇，2008 年后留用的年收入约在 10 万元左右。值得关注的是，M 对 YXJ 除较高的工具性待遇之外，还格外地加以尊重，甚至每年春节主动给 Y 打电话拜年。Y 本人也一直是 ZY 厂的职工，是从普通工人干起来的，他对工厂改制前后的体制利弊有比较深切的体会：

> 我觉得，改制是非常必要的，二次改制在产权上发生了实质性的变化，整个领导才能发生变化，以前都是上面领导"三寸半的条子"一递，人就调来调去，厂里实际都没办法控制。你有本事不用你，你也没办法，你又不能换单位。现在改制企业领导就是老板了，他对干部、对人才肯定是不一样了，像厂长春节还给我打电话拜年，退休了还高薪请我留用，这在以前都是很难想象的，国企厂领导不可能这么关心人才啊。当然了，我不要说不退休，退休之前就有人要挖我过去了，美国 ED 在我们这边开的分公司，（20）05 年的时候就让我过去，我（20）08 年快退休的时候又有人和我联系，让我过去。我最后还是没有去，和 M 遇（相处）长了，就知道了，这个人讲信用，待人很"真"，他承诺你的收入说到做到。不像有的外资公司，现在具体负责的不少也是中国人，过去以后不少事情还是不兑现。所以说，经营者、企业家的个人素质还是很重要的，但最重要的还是体制问题，（19）80 年代那阵，厂长、书记两个人都只知道争权，一个不服一个，盯着上面巴结领导，有什么学习培训的机会都是给有"关系"的干部子女，我们下面这些干事的人，想学点东西都没机会，更没人来真正关心我们，都靠我们自己去摸索了。现在虽然问题也不少，但个人能力还是被肯定了，个人学习和发展的机会不一样了，企业领导可以选择有用之人做事情，做事的人也可以选有魄力讲诚信的领导。（返聘技术骨干 YXJ，2009 年 5 月访谈）

由此，在根本摆脱了局级机关直接控制工厂的"单位制"束缚之后，

M 在厂内重用了一批相当能干的技术骨干，对他们的困难包括家庭困难都尽力予以帮助，对高级技师就通过解决其女儿工作的办法，使其对自己感恩戴德。RY 对此是这样陈述的："应该说改制以后，M 的一些做法都是蛮人性化的，这个可能还是外面不少个体老板做不到的。M 这个人讲义气，把你当朋友，和我们老员工私人关系都不错，我女儿上的机械技校，毕业了工作难找，M 主动过来说让小孩到厂里来吧，我当然感激他了。我本来在质检科待得蛮舒服的，有什么问题临时到车间看一下就行了。为什么一把年纪了还到这边分厂（笔者注：指 MD 分厂）车间做主任，每天在车间里面忙得没停，还不是感觉和 M 处得不错，愿意给他出力啊。撇开工作的话，他和我们绝对是朋友，人心处人心嘛，他对我们不错，我们只好加倍工作了，想办法把工作做好。"M 的人情化运作的确赢得了这些老年骨干的"人心"，在和比较年轻的中青年骨干相处之中，M 则更显得像是一个慈父，对他们呈现某种"家长式感情"。一些年纪较轻、本科以上学历、具备跳槽潜质的技术骨干及中层干部，也都表示和 M 相处非常愉快，做他的下属很"舒心"：

　　　　我 1992 年到厂里来，原来上大学就是学机械的，刚来在技术科，M 总那时候就说我走路比较快，可能就是做事不喜欢落在后面的那种性格吧。2000 年 M 总就把我调到销售科来了，负责 MD 销售，从副科长到科长一步步提拔起来的。M 总跟我们之间感觉就像是"家长式感情"。M 总一直都是以身作则，给我们一种领导示范的作用，他的个人权威也就来自这种以身作则的领导示范。他对我们不会那么严厉，一直都是一个重感情的长辈。重感情，其实就是情大于法，合情合理，让人心服口服。对我们自己而言，感觉工作比较稳定，跟一些外资公司的白领生活相比，没有那么大的压力，当然稳定本身也是有两面的，一方面是感觉对公司有感情怕流动了，但是另一方面自身也缺乏进取了。不管怎么说，我对现在工作是满意的，跟老板干得也很顺心。当然，我们企业还有不少不足，企业的发展模式是需要转变了，人员培训也需要加强。目前还缺乏针对生产、技术、销售、管理不同门类的培训，这些都需要未来进一步加强。但不管怎么样，有这样的老板，收入也还可以，我是不会走的，跟着老板好好干吧。（在任马

达销售科长 LXQ, 2009 年 4 月访谈)

在技术骨干与中层管理骨干之外, M 始终是知人善任的, 比如他始终清楚国内市场的开拓与稳固有赖于销售员的工作绩效, 销售人员的选择与"关系"互动也是 M 人才工作中非常重要的方面。在销售人员的选择方面, 按照 M 本人的说法, 其尺度把握是非常重要的:"选销售人员呢, 要拿捏好分寸, 因为在外面搞销售嘛, 总是要交际, 交际能力是关键, 选的人就不能太老实, 得要滑一点。你得给他放权, 最重要的是要把握好结果, 销售款有没有回来就是结果。搞销售常常需要一些特别手段, 特别是招待公关得要灵活, 但底线是不能同时帮其他竞争厂家卖产品。所以, 我一般对销售员也都比较宽容, 一点小过错就算了。"在市场不断拓展的形势下, M 对销售人员的人情策略也更为明显。按照销售员们的说法, M 对他们可以说一直都像老大哥一样, 每年春节刚过都会通过"家属座谈会"的形式, 特别请所有销售员和家属吃饭, 感谢销售员家属做出的牺牲。一位销售员指出:"我们厂每年年初都有个'家属座谈会', 这是一种无形的激励, 我也和其他企业的销售人员有过接触, 他们多数企业年底主要就是兑现奖金, 缺少这样的活动, 这种活动促进了大家的积极性, 不仅给职工激励, 也给家属很大的安慰, 这让大家感到工作动力是多方面的, 既是为厂, 也是为家吧。"除此之外, M 对多数销售员家里的婚丧嫁娶都要亲自出场, 基本等同于中层干部的待遇, 对于销售员本人的病灾更是关心有加, 有一位销售员 2004 年被误诊为肺癌, 当时要到南京住院开刀, M 亲自从 Z 市赶到南京慰问, 带了不少甲鱼, 还给了些慰问金, 让他深为感动:"M 总过来虽然给的钱不多, 几百块钱吧, 但是亲自赶过来看我, 让我太感动了。当时医院给我误判成肺癌晚期, 我们销售员, 在外面应酬抽烟比较多, 以为得了肺癌也很正常, 还以为自己活不了多长了, 人这时候最需要别人关心了。M 这时候来看我, 说真的, 他走了以后我就哭起来了, 觉得 M 这人讲良心, 自己临了也算没跟他白干一场。后来我才知道是被误诊了, 回到厂里工作当然要更拼命了。"当然, M 这样的"关系"运作本质上是以个人能力作为基础的, 反过来下属对 M 的"人情"举措则报以人品道德式的高度评价与工作回报。M 对不称职的销售人员的处理也是以软性的"人情化"举措居多:

对于营销人才的选用提拔,一直都是持公平、公开、公正的原则,也就是公开招聘了。引进人才本身也很重要,我们销售副总 WXT (20) 02 年来了之后业绩全面增长,也说明了个人作用的重要性。当然,M 总本人对大客户也很重视,对竞争对手都很熟悉,非常了解市场发展状况。在还没有转制以前,就有些干部亲属想进营销岗位,M 一般都是要看实际工作能力的,像现在的外经营销人才,不仅要懂业务,还要基本英语口语都要过关,工作能力就更重要了。当然,工作里面总有个人业绩的差距,还有自己业绩的滑坡,这也要分析原因,所以每个月的市场形势分析会很有必要,如果仅仅是客观市场的原因,也是没有办法的。一般只要不是道德原因吃里爬外,帮其他企业搞销售,M 总都是容忍的,都是给以帮助鼓励的……当然,你两三年都实在干不好,只好是换岗了,M 不用明确提吧,你自己也不好意思干下去了。(在任外销科长 WZJ,2009 年 5 月访谈)

在这种"人情化"的管理模式之下,M 对严重违纪的下属处理也是相对轻柔的。他一贯倡导的是:"管理上从严,处理上从宽。""M 在事务要求上是高的,但在事务的处理上面对待人是宽厚的。对犯错误的职工吧,也都是批评得比较厉害,但是处理得话还是比较温和。2004 年有一个工人家里也比较困难吧,不时地偷点厂里面的阀门,后来给当场抓到了。考虑到他家里的实际困难,如果开除的话生活比较困难吧,就让他交代自己一直以来的偷盗情况,还写了保证书,继续做留厂察看吧。2007 年下面 MD 分厂某车间奖金出现账务问题,一共有十几万挪用吧,应该是被车间主任吃喝挥霍掉了,后来也就象征性赔了两三万,最后换岗算了。另外有个销售员代其他厂卖东西,2008 年掌握证据后只是把他开除了,也没有追究他的法律责任,实际上,像他们混了这么多年的销售员,出去了路子还蛮宽的,收入也都不会怎么差吧,开除个别这样的人主要也是对其他销售员有个警示作用。""M 这个人吧,其实是很精明的领导,你有什么小九九,他都清楚,可能暂时不动你,等到一定时候再算总账,做领导嘛,要能耐得住。原来一个技术科副科长泄露了图纸,是向其他企业卖钱吧,M 总开始不说,后来找个别的借口把他调离技术科到生产上了,到金一车间做副主任了,实际上也是把他挂起来了。但不管怎么说,M这样的领导不刻意整人,待人始终相当宽厚,给人都留有退路。人家反对他个人的,只要对工厂有益的,他并不是一棒子打死,相处多了就知道是个有决断但又重感情的领导。"诸如像"一次改制"中反对过M的董事会成员LJM,M不仅在"一次改制"之后对其加以笼络,而且在"二次改制"之后始终没有对其进行报复,而是继续加以重用并担任监事会主席,这样素有人望的骨干分子现在也就成了M的得力干将,尤其是在出现劳资矛盾的情况下就有了周转人物与回旋余地。①

因此,多数人还是认为由M取得控股产权,是ZY厂2000年以后取得较快发展的重要动因(当然产品本身的竞争力也是很重要的)。M较之于副厂长CZA、WJF更有容人之量,也更能够用人之长,只有M的个人领导才足以服众,他较好地达成了与多数普通职工特别是企业骨干的良好"关系"。由此,我们可以认为,ZY厂在2000年以后的不断发展,正得益于以M为中心形成了一个相当有效的"关系共同体"(胡必亮,2005)。一位相当欣赏M个人的原机械局干部就M的领导策略感慨道:"'当家人挑担子',比较其他一些副厂长,也只有M才能把这个担子挑起来。M真正重视企业发展,不仅为厂里职工做了贡献,也为社会、为政府做了贡献。他和下属人心距离拉得近,'心往一处想,劲往一处使'。为什么还要这么辛苦呢,就是要多干点事情,多忙点事情,领导要为民办实事,下面人才会服你,这样不发威也有威了。这就还是要为大家干实事了,我们共产党能得人心,也是让老百姓都得实惠了才行。那些贪得无厌、不管老百姓死活的也不会有好结果。高高在上、以权压人的领导长远总归是不行的。一个道理,企业家对下属、对客户不能是'有事有人,无事无人',平时大家就要做朋友,要为社会多做贡献。在处理内部矛盾上也是要淡化不是激化,非原则性的问题要'大事化小,小事化了',要处理恰当,摆正位置。人的口碑很重要,'鸟去留声,人去留名'。M这个人,品性比较正,里外

---

① 就某种意义而言,2000年以后,LJM的技术水平相对欠缺,在技术方面并不能堪以重任,但组织人事工作是其强项,2008年M还让其与上述退休留厂技术骨干YXJ共同负责新厂房建设工作,M这样的用人气量无疑是深得人心的。LJM在访谈中也绝口不提过去"一次改制"中对M的反对,其他人也认为M是有容人之量的,虽然在市场条件下流动已经是一种常态,但是像LJM这样的年龄与技术条件在其他企业很难找到这么好的岗位了。

'关系'都处理得很好，这是他能够成功的根本。"由此，M 在市场条件下的成功可能很大程度上归功于其朋友关系式的组织领导方式而形成的"个人权威"，同时其德性化的民族企业家情结也成为重要的权威源泉：

> M 真正是个企业家，一方面，他一直强调不能只看眼前，要看得更长远。在企业发展过程里，他说我们企业要有产值 5000 万就好了；等企业发展到 5000 万了，M 总又说这个厂要是能发展到 1 个亿就好了；一直发展到现在的 3 个多亿了，M 本人的中国情结还是特别重，他总是觉得我们企业的发展也代表了民族工业的发展。另一方面，M 舍得技改投入，10 块钱里要有 9 块钱是投入技改设备方面的，这样企业才能不断做大做强，这就让职工有很大的信心。M 一贯主张自力更生，WT、ED 那时候都想要和我们合资，提出来拿我们的市场换他们的技术，M 最后还是否决了这个方案，现在我们的发展证明这个决策是非常正确的，M 的决策能力的确有目共睹。（在任组织科长 GXP，2009 年 5 月访谈）

可见，ZY 公司发展规模的不断升级，显然与 M 的事业心与决策能力密切相关。M 在改制以后，曾经数度有外资公司要求投资购厂。可以说，M 个人只要钻漏洞，将 ZY 公司出售，就可以身家数千万安度晚年。但是 M 并没有这么做，他的个人事业心在此也得到了体现，并且他对其他骨干领导的意见相当尊重，同样也赢得了骨干人才的敬服。按照引进的 WXT 副总的看法："M 是干事业的人，不肯直接卖厂回家，这也是我们愿意跟他干的原因。另外，我们不搞外资合资也有原因，外资进来的经验常常是它资本雄厚，跟你合资它情愿前几年把你搞得亏本，然后总资本缩水了它再注入资本，这样它的资本比例逐步提高再慢慢控股以后它才真正把技术引进起来发展，最好它能把你全部收购，上面那些官员看有就业，能保证工厂运行也就能有 GDP、有税收、有政绩了，一般也就把工厂卖给外商了。像我原来所在的工厂就给美国 WT 公司收购了，后来很快就被他们作为他们的中国车间运作了，你自己的竞争力也就没有了。所以这边多数人也不赞成和外资合作。"M 自己也表示，2002 年、2003 年美国 WT 公司两次找过他，还有丹麦 ED 公司也都找他谈过，一种方案是直接收购，另一种方案就是合资，但合资条件相当苛刻，其实质就是要将 ZY 公司变成他们的一个生产车间，他们可以提供部分技术，而市场则要全部交给他们支配。M 表示自己历来主张“要做野生动物，不做圈养动物”，力争要将公司发展成为“中国有地位，世界有名气”的知名企业，他不能接受与外资合资而被兼并，多数跟随自己的骨干也不愿意被外资公司兼并，可见 M 已经将 ZY 公司的发展作为自己的终生事业来对待。在市场竞争中，M 的发展口号是“矛盾在发展中解决，效益在规模中实现”，“企业的未来发展目标是民族品牌，世界性的航母”。尽管 ZY 行业规模较小，ZY 公司的产值规模不可能与大型机械企业集团相比，但 ZY 公司的相对地位上升相当迅速，2004 年以后 ZY 公司海外市场规模不断扩大，2007 年成为全球第四大 ZY 企业，2009 年更是步入三甲之列。之所以在相当激烈的市场竞争中能有这样迅速的发展，除了宏观经济环境与产品本身竞争力的因素之外，最为重要的还是 M 引进及凝聚了一批重要人才，其在市场条件下的人情运作策略体现出了某种可选择的“朋友关系”动力学特征。

第二节　市场化的竞争与可选择的“朋友关系”动力学

“二次改制”之后，M 在安定团结好既有人才骨干队伍的基础之上，迅速展开了针对外部“人才”引进的“关系”互动。M 在真正掌握用人权之后，引进了不少人才，特别是高层管理人员，相应的管理副总、销售副总、外销副总都是外部引进的。从 1990 年代到 2000 年以后的这种人才的引进也伴随着体制方面的阵痛，这在销售副总 WXT 漫长的引进过程中体现得特别明显。早在 1990 年代初期，双方在一些行业协会的会议上就有接触，M 即有意想请 W 过来工作。到 1995 年，W 原先所在的山东 J 市同类竞争厂家和美国 WT 公司合资了，M 又让人再请 W 过来，但是 W 所在工厂已经是外资待遇了，Z 市 ZY 厂当时连调工资还要等机械局审批，M 由于权力有限而不得不作罢。从 1990 年代到 2002 年亲自参与联系 WXT 的前任组织科长对此谈道：“所以说 1990 年代的时候，我们也提出来对人才要引得进、留得住、用得好，但当时待遇留人实际是空话。2000 年以后，我们这边体制也变了，能给人家的待遇也不一样了，请人家过来的时机才成熟，他在山东那边待得也不顺畅了，最后 2002 年就过来了，带了不少先进经验过来，在车间亲自培养了一批技术工人，关键还带来了一大片市场。反正两边就好比谈恋爱，这一拖就是十年。主要是我们这边的体制变得慢，另外呢也担心人家过来干不长时间就又走了，但是最后决定要请人家来了，我们 M 总就表现出'用人不疑，疑人不用'的魄力来了，生产、销售的大权一度都交给他了，也就是交底牌了，不再防着人家什么了。果然不出两年，我们厂的生产技术水平不一样了，市场拓展得也非常快，WXT给厂里创造的财富其实是很难计算的。当然，我们给人家的待遇也很丰厚，并且在开始的基础之上也逐年提高，W 可以说在我们厂安定下来了。"在对 WXT 的个人访谈中，他详细描述了个人感受，2002 年过来之前的境遇以及对未来的打算：

> WXT：M 总的修养水平没得说，重感情，能交朋友，宁可自己吃亏也不能亏待别人。他目前对各个部门的分配基本上是公正的，对下属是宽厚的，奖励多于处罚。以销售为例，M 总对超额的给奖励不谈，但对没有达标的也尽量在奖金上给以补偿。我在外面待了那么长时间还很少见过这样的老总，对人真是非常宽容，特别外资公司一般不会这样的。应该说，M 在厂里得到的拥护，是他自己长期以来真诚待人的结果。M 总对人是非常讲信用，就我来讲，我 2002 年自己过来的，当时承诺的房子、老婆工作、小孩上学、收入待遇后来都一一兑现。这么几年来，我们一直处得很舒服。我以前是在山东 J 市 Y 件厂，收入也不错，国内原来两家企业规模差不多，我原来一直在那边负责生产，后来美国人来合资了，他们的股份占到了 51%，过了两年干脆成了他们独资了。美国人原来定了两个人选做一把手，我也是候选人，合资谈判的时候最后就确定了那个人，那人后来就一直要排挤我，有几次到美国参加培训的机会都有意地不让我去。我后来就很恼火，和上海那边的总部也说了：两个人只能留一个，如果他一直在我是肯定要走的。美国人的那种企业文化，表面上看的话也是以人为本的，说什么员工是企业的财富，但实际上还是实用主义，不会容忍这种领导不和的。用那个赶我走的一把手的话来说就是，企业离了谁都照转，我就这样被牺牲掉了。于是就决定过来了，M 总给我的条件也

很优厚了。后来我的收入基本每年都有上调吧，现在我对厂里的贡献也没有之前大了，M还是一如既往吧，这个人讲义气，不会过河拆桥，的确是个能得人心的好老板。

问：您感觉现在这边的发展怎么样？有没有其他打算？

WXT：我在这边也谈不上有大的发展了，只是生活上比较舒适，经济上还不错，最关键的是老板待人真好，不用再去烦那些背后算来算去的事情了。虽然自己40多岁往50走了，还是有别处的公司请自己过去啊，毕竟小孩也上大学了，过去也挺方便。之前在山东过得太不开心了，碰上个好老板不容易，所以不想走了，现在在这边别墅都已早买了，年龄也不小了，不太想再出去拼闯了。（2009年5月访谈）

按照M本人的说法，WXT也是一个既有能力又很务实的人，表面上虽然是担任销售副总的职位，实际上是生产技术方面的行家，担任生产副总的职责，因此对ZY公司的市场与生产贡献都很大。2002年过来之前M就承诺解决W的"房子、票子、妻子、孩子"，"房子"当时说是直接给一套100平方米的住房，"票子"也就是当时年收入10万元以上，"妻子"即要在厂内安置其配偶工作，"孩子"即要帮忙解决小孩的就学问题。W提出来只需要M先解决妻子工作、孩子上学和居住问题，至于住房产权和收入多少可以干了再说。M则谈道："W果然不同凡响，在技术上辅导了一批技术工人，带过来一大块市场，他（20）02年底过来，我们（20）03年的销售量就增加了20%以上。而且，关键是他发展客户的能力，以后的几年我们国内的销售增长量基本上都保持了这个幅度。我2003年就把住房产权给WXT了，另外（20）03年他的收入就定到了20万以上。别人给你创造了财富，你就必须得要回报。"在解决了基本生产与销售规模之后，M日益感到了企业管理水平的相对滞后，为此他在2005年聘请到了管理副总XTS，一位在大型机械工程厂担任过厂长的管理者，M对XTS的聘请同样是在他相对困难的时候成功的，因此X对M也充满了感激之情，觉得M在最困难的时候帮了自己，经过几年的交往，感觉这样的老板才是自己要追随的老板。此外，原来在国有大型企业担任领导的XTS，对原先体制上存在的弊端与当下民营企业的上下属关系也有着深刻的体验：

我是 2005 年的时候才过来的,大概 2001 年开一个机械行业会议的时候,我在会议上就认得 M 总了,那个时候可能大家彼此印象都不错吧,之后他一直让我过来,但那个时候我在华诚华通干得还不错,那边还是国有企业,产品市场比较大,企业规模也大,是有六七千人的一个大厂,我那时候不是很想到 ZY 厂来,毕竟两个厂规模差得比较大吧。后来(20)05 年 7 月我又在美国举办的一个展销会上碰上 M 总了,他还是请我过来,这时候我在那边也不顺了,上面一个书记犯了事情牵连到我,实际上也就是斗争啦,对方认为我是那个书记的人,非要把我下掉。M 一直这么诚心诚意的,我也就同意过来了。我原来是不想待(在)Z 市的,无锡其他大些的厂也有让我过去的,我主要考虑小孩现在上初中不能不看着一点,小孩过去上学不大熟悉,所以我还是最后选择留在 Z 市了。还有就是 M 的口碑不错,觉得过来不会吃亏的。M 的确待大家不错,对我们来说讲信用能干事的老总肯定还是首选了,当然大家的关系都有个相处的过程,现在慢慢变成"朋友"了,逢年过节的除了公司活动之外,还可能带家属一起吃饭聚会吧。感觉企业副总基本都是从外部引进的了,但是中层的培训还是不够,内部人才的提升不足,要做到外部也招,内部也出企业才能真正发展起来,这当然是个长期的过程。不管怎么说,我是一直在国有企业待着的,现在的体制肯定比原来的国企有利于企业发展,国有企业原来的体制就是婆婆多,上面这个领导同意,那个领导不同意。买个设备,审批什么手续一大堆,搁浅也不知道怎么回事。企业是机关怪胎,上面多少事情又说要企业赞助,你不弄还不行。用人方面更是如此,厂长动不了副厂长,书记和厂长斗来斗去的,都是上面任命的,哪个能把哪个怎么样啊。所以这种资源的内耗是不可避免的,企业很难搞得好。现在反正都是老板说了算,哪个真正跟老板过不去,对企业发展不好的,都可以请你走,这个完全不一样了。反过来,真正对企业有用的人,老板也尽力想留住你,那种只会任用家人亲属的民营企业,多半在市场竞争下面也难做大,不少最终也给淘汰掉了。(在任管理副总 XTS,2009 年 5 月访谈)

当然,M 的用人与选人首先看重的还是能力,M 在市场条件下的"关系"策略主要是指向于能人骨干的。用 M 本人的话来说:"人无完人,关键是要把人的长处发挥出来。道德上不可能没有瑕疵,关键还是要看事情能不能做好,做事情的态度如何。当然,还有相处的过程也很重要,大家在工作之中最好能形成朋友一样的默契。但是最重要的还是人家困难的时候,你对别人怎么样吧,你对别人讲良心,别人心里都会记着。"2005 年引进的外销副总 LF 原来是 Z 市 RZ 区外贸局副局长,在机关因为"生活作风问题"而离婚,也可以说升迁无望了,他对自己选择来 ZY 公司很满意,也表现出对 M 个人的感激:"我到这边来呢,一是看产品好,有市场竞争力,二是看 M 总直爽,敢说敢干,也是我们 Z 市的名人了。他做区人大代表多少年了,我是区外经贸局副局长,区人大会议上认识的。我在机关干得不顺心,上面不喜欢我,拿着些生活作风的由头不给我扶正吧。我气不过,想出来,我又不是非要在那边耗下去。M 见面就让我到这边来搞外销,我怕自己做不起来,他说半年适应上手就可以了,我其实最多三个月就比较熟了。不管怎么说,现在是经济杠杆第一了,我现在收入和现在普通机关干部比起来,也有两倍多了,当然官员可能有灰色收入,但我的工资都清楚得很,不需要提心吊胆的了。跟 M 干呢,心情好,就是干事情,环境比较清静,不用烦那些乱七八糟的人事,各人干各人的事就可以了。尤其我这样外来的人,不存在和厂里面人原来有什么瓜葛。不管怎么说,我很感激他给我的这个机会,让我从机关跳出来了,这一步对我很重要。"

可见,M 引进的一些有特长才干的副总,往往都是在他们个人相当困难的时候过来的,毕竟 Z 市的城市规模与 ZY 企业的原有平台并不占有优势。但也正是这些危难时机使得这些副总来到 ZY 企业后对 M 相当感激,此后与 M 的各种互动更强化了 M 的这种个人威望。无论如何,这批能人的到来,使得原先一些副厂级领导的职权与地位都受到了冲击,但 M 始终保留了他们的副总级收入待遇。例如,销售副总 WXT 全面接管国内销售业务之后,原来厂内负责销售的副总 SLF 就给调往党务了,他原来从事销售的时候虽然也蛮认真的,但始终打不开局面,这应该有着个人能力及外部资源的局限。据现任办公室主任介绍,"他对负责党务当然是有意见的,但是基本收入待遇还是副厂级,另外他老婆也在厂里面财务科,家里经济状况不错,就是女儿工作一直不好解决。他想让女儿进厂工作,M 一般不会开这个口子,M 总这种纯人情的照顾是很少的,改制以后工会主席老 Y、组织科长老 L,还有办公室主任老 Z 都想让子女进厂,M 一个人都没让进,否则也怕摆不平吧。就是车间主任 RY 的闺女进来,她还是上了技校的,别的多数专业不对口,要不就是下岗了没技术想直接照顾安排进来,M 也的确不好处理,只好一概回绝吧。但是(20)08 年下半年,S 副厂长得了肺癌了,M 总就不仅仅是口头上安慰照顾或是给点慰问金了,他索性同意让他女儿进厂到科室工作,这样也就解决了 S 的后顾之忧了,另外又把他老婆调到企管办当副主任,也就是形式上把她安置好了,这样好照顾 S 吧,这样待人,全厂都很服,没有人有二话的"。这种对副总 SLF 家属的"人情化"安顿,再次体现出了 M 对弱者的体恤之心,这样的"开口子"也的确让众人心服口服。

另外,据众人的口述,1990 年代伊始与 M 之间矛盾较大的副厂长 CZA,即使在"二次改制"以后仍然担任常务副总的职务,CZA 的收入待遇也是相当高的,跟随其他副总的收入调整而调整,2004 年的时候即已达到 20 万元以上了。M 并没有对 CZA 进行刻意打压,但 CZA 本身也做不了什么事情,大致也是做一些外部事务的协调工作,且 CZA 有文凭有高级职称,可以留用到 65 岁,所以他本来可以至少工作到 2008 年。但 C 并不满足于此,正好 2004 年 ED 公司在 Z 市开了一家分公司,开始着手在 ZY 公司全面挖掘人才。C 在 2005 年年初去了 ED 公司的分公司,厂内多数老职工对他是有看法的,认为 M 这个人是比较宽容大度的,并没有将 C 赶走,可以说是把 C 好好地养起来了,C 投奔 ED 公司,就是对 ZY 厂的背叛:"自己又没有多少本事,跑到 ED 那边只有一年就被人请回来了,外资公司可不养吃闲饭的,管你有文凭还是有职称。所以他自己跑到那边也很亏,他要在我们厂待着的话,这几年至少可以再多拿大几十万块钱,M 对人总体是宽厚的,这些我们都是看得在眼里的,C 自己急吼吼地跑过去了,他也是想证明自己吧,事实证明他就是不行哎。"CZA 的最终结局,并没有引起多数人的同情,反而被认为是自食其果,但其背景也说明了市场竞争的流动性加强了 M 与各类下属的双向选择,其"关系"进退的动态性特征日益突出。

值得关注的是,ED 公司 Z 市分公司的成立,是对 ZY 公司人才资源最大的冲击,因为原来像 WXT、XTS 这一级的副总人才流动的跨地域性相对较强,而一般中层骨干,特别是技术工人由于家庭等原因并不一定能跨地域流动，ED 公司 Z 市分公司则正好成为普通技术工人的重要流向。事实上，也正是由于 ED 公司的直接压力，M 决定从 2004 年年底起大幅度调整工资水平，其技术工人工资水平 2006 年即已经超过年收入 3 万元，一般中层骨干工资收入达到 6 万元以上，副厂级待遇普遍在 10 万元以上，重要的副厂级领导收入则要在 20 万元以上。有技术的重要车间主任的实际收入则要远高于一般中层干部，各个车间负责人之间的收入还是相当悬殊的。当然，2003 年以后企业市场规模的迅速发展，也为提高工资水平提供了可能性。所以，虽然 2004 年至 2005 年，共有近 20 名一线技术工人流向 ED 公司，但企业在整体上始终保持了人才队伍的稳定。在基本收入之外，"人情"策略始终是 M 凝聚人才的重要策略，工会主席 HLP 同样是 M 凝聚人才的重要推手。她向笔者详细介绍了 M 间接通过她做中间人与 ED 分公司竞争成功挽留一个技术人才的重要案例：

> NZL 是东北哈尔滨人，老婆就（是）我们 Z 市人，也在我们厂财务科。两个人谈对象，我是中间介绍人，所以"关系"也比较近，能够说得上话。大概（20）05 年左右，金三车间引进了一条热处理生产线，从安装到生产全部都由 NZL 负责。恰巧这个时候，ED 公司和厂里面谈合资的事情没有谈成，就在我们市也开了家独资分公司，同时也装配了和我们同样的一条热处理生产线。他们打听到我们厂有这么个人，对这条生产线从安装到生产全部都熟悉，就准备高薪聘请他，不仅他本人的工资待遇，包括他夫人的工资还有工作岗位都一起解决。N 一天早上给 M 总递交了辞职书，M 总就问他准备去哪边，他感觉 Z 市就这么大，也没有必要隐瞒，就和 M 总说是去 ED，M 总问他那边开了什么条件，厂里面也可以考虑。他没有回答，好像去意已决，M 就打电话给我，让我一定想办法留住他。我晚上就一个人到他们家谈，他们夫妻两个还有丈人丈母一共四个人，丈人丈母退休前也是机械局的，我和他们一直都比较熟悉，我有一段时间借调到机械局，和他丈人丈母共事过，小夫妻俩嘛，我是介绍人，当然谈话没多少顾忌。后来就一直谈到 11 点钟，我看实在不早了，让他们再好好考虑考虑。第二天早上，N 丈人就给我打电话，问挽留究竟是我的意思还是 M 总的意思，我说当然是 M 总的意思了。他丈人表示他们其实

也有很多顾虑,要走要留也都是小夫妻两个一道的,成本比较大,问我以后如果留在厂里是否会穿小鞋被整等等,我说这些都是不可能的,M的为人大家都清楚,并且透露其实N早已是厂里的后备干部人选,厂里早就安排他的车间主任中层职位了,只是还没有正式公布。第二天他们还在考虑这个事情,ED的老总正好到Z市,也听说了情况,当天晚上就请NZL他们全家吃饭,表示还可以再提高工资。最后呢,N他们可能还是感觉M平时待他们不错吧,似乎没有必要说走就走,只是为了收入高一点。N就回绝了ED老总,ED老总还想见面谈,N表示不需要了,ED老总非常失望。当然,N他们留下来的时候还是有点担心,事实证明这些担心都是多余的,N早已经是热处理车间主任,M对他们都很好,夫妻两个在Z市收入都不错,现在工作也很愉快。M总还常常以此为例说明我们与外企争夺人才是很有成效的。(在任工会主席HLP,2009年4月访谈)

NZL本人也表示,当时自己感觉去ED公司的机遇很好,看上去似乎比在ZY公司更有前途一些。之所以最后定下来不走了,固然有着介绍人HLP的面子因素,但更重要的还是出于对M个人的信任,怕去了外资公司以后吃亏了再想回来就难了。事实上,ZY公司后来的发展远远超过了ED公司的Z市分公司,这是N事先所不曾料想的。但同样从另一个侧面来看,外部的市场竞争才是M真正重视人才、较大幅度提高收入水平的客观压力,2010年在任的组织科长GXP对此总结得比较到位:"对人才重视在ED公司到我们这来建厂之后就更明显了,ED分公司提出来,只要是ZY厂的工人,我们统统都要,当时我们这边不少工人工资还都每个月一千多块钱,他们那边月收入都三四千了,根本不好比,所以人心也就浮动起来了。正好我们厂效益也好了,很快收入就调上来了,而且M也很爽快,对有技术要离开的员工都尽量挽留,凡是有要走的,他或者亲自出面,或者让工会主席HLP或监事会主席LJM出面找他们谈话,是薪水不满意,还是干得不愉快,尽管提出来,凡是可以满足的都可以谈。当然,说到底,还是只有效益搞好了,才有条件谈留得住人吧。"

事实上,随着企业规模的扩大与整体质量的提升,ZY公司的吸引力也在不断上升。1990年代中期开始,随着外企与民企的日渐增多,ZY厂一些有学历、有能力的技术人员外流现象一度也比较突出。应该说，M 是有心人，M 与这些能人直接与间接地保持着联系，在他们离开之际就表示了欢迎他们回来的态度。2000 年"二次改制"之后，M 也的确没有拘泥于"面子"上的障碍，对外流人才的回流非常大度。自 2003 年以后，收入水平的逐年提高为人才的回流也提供了必要条件，1990 年代比较年轻的技术科长 LJL、质检科长 GLH、金一车间主任 LW 都是 90 年代后期流动出去，2000 年之后又再度流动回厂的重要技术骨干，一度被誉为 ZY 公司支撑技术工作的"三大金刚"。按照 M 本人的说法："这些回流人才的技术条件好，也熟悉厂里面的管理模式，与一般刚来的大学生相比有很多优势，很多大学生要三四年才能上手熟悉工作，只有有经验的人才才是我最需要的技术骨干。"这批中层骨干的回流，无疑也对 ZY 公司内部的中层干部形成一定的冲击，金一车间主任 LW 谈了他对 M 用人的基本感受与一些相关人物的更替状况：

> 我是 1997 年从厂里出去的，那个时候呢还没有二次改制，我其实已经是车间副主任了，可感觉呐还是在这边厂里面太闭塞了，学的东西太少了，当时有个机会去新加坡的一家华人企业，我想出去学两年再回来。我当时就跟 M 厂长提出来了，并且说明两三年以后要回来的。M 厂长对我当然是极力挽留，不过我还是决定先出去了，之后我在新加坡干得也不错，在厂里的时候（指 ZY 厂）我的机电专业用得也比较少，到外面锻炼可以多学些东西。2000 年我一回到 Z 市，M 就主动找我了，我也很高兴就回来了，M 厂长对人很重"感情"，气度很大，他做老板了，我也愿意回来。虽然还是车间副主任，但是金一车间的重要性不一样啊，和我的专业也对口。现在我们金一车间占到厂里设备资本的一半，当然很重要了。TYG 原来是车间主任，他走了以后就由我来接任了，M 把这个位置交给我，我当然也知道这是 M 对我的器重，肯定更要好好干了。其实，TYG 是个老高中，技术也不错，但是他和哪个领导都处不来，这事情不能怪 M，他开始紧跟 K 厂长去了 MD 分厂，后来和 K 闹得不愉快就回总厂了，M 开始对他也不错，把他作为生产上的能人，让他做金一车间的主任。TYG 技术能力是可以，也有政治活动能力，第一次改制还入选了董事会成员。之

后,他就一直想要成为副厂级吧,M 当时决定不了,2000 年二次改制以后,M 感觉他各方面还有不足吧,也没有同意,T 就一直想要离厂了,最后 2002 年就出去了,我就接任这个车间的车间主任了。T 后来就去了 ED 在我们 Z 市的分公司,ED 那边也只是让他做车间负责人吧,应该说明他的水平离做副总确实还有差距。(在任金一车间主任 LW,2009 年 5 月访谈)

按照 M 本人的说法,TYG 的工作能力还是足以承担金一车间主任,但毕竟是老高中文凭,在一些视野上仍然比较局限。1996 年"一次改制"后,TYG 由工人推举进入了董事会,就一直想竞争副总,但 2000 年也差不多 55 周岁了,厂里也不需要这样年纪和水平的副总高管了。更重要的是,M 认为 TYG 的德行是相当堪忧的:"如果说 2000 年之前我用人还有种种顾虑,特别是人事方面的顾虑,2000 年以后我用人主要就是以能力为主了。作为一把手,当然要和这些骨干交心,能力之外,人品也很重要。人品不好的,你虽然用他,但还是得要多防着点,TYG 可能就是这样的人。他只要有合适的机会,背后说不定就会捅你一刀,以前他对 K 就是这样。对这种人呢,我也不太想重用,你给他再多,他都认为这是自己应得的。所以他要走的时候,我也不怎么想挽留了。反正 LW 能力肯定在他之上,人又肯做事,金一车间交给他我更放心。像 LW、GLH 这样的能人,才是真正能够托事的人,你只要真对人家付出,他就会真正给你做事。现在的人才市场,都是双向选择,下属需要看老板,我们老板也要看下属,一方面要看能力如何,另一方面就是要看人品如何了。人品也不能太宽,人无完人嘛,最主要还是看这个人做事负不负责,对朋友讲不讲义气。大家出来做,当然要挣钱、要发展,但还是要讲信用吧,不能一有利益就背弃'朋友'。"因此,在 M 看来,工作能力始终是第一位的,但真正与下属深交则需要对其人品加以考察,长期的上下属关系有着向"朋友"关系发展的趋向。对此,后期的质检科长 GLH 是这样描述他自身在 ZY 厂的进出经历及其对 M 的感受的:

我 1993 年大学毕业,(学的是)机械设计专业,毕业来厂工作,(19)99 年因为当时这边工资还没提起来,当时出于要结婚的经济压力吧，我就离开这边到一家民企去了。在那边形式上是个副总，主要负责生产技术工作，收入当时要比国企高一截吧。但是企业规模太小，太闭塞了，没有什么对外交流，也就没啥发展前景了。后来我就又离开那边，（20）04年上半年就到江苏柳工去了。到了这样的大型国企呢，却又把我放在管理部门，和我专业不对口，我还是想到技术设计部门，原来是学机械设计的，一直感觉自己的专业还是不能放吧。（20）04年下半年在外面开会，是关于某个产品下线的会，M总碰到了我，就让我回来做技术，这边厂里面收入也都差不多开始提上来了，柳工那边还是不让我去技术设计部门，我就决定回来了。后来那边技术设计部门副总还打电话让我回去，说那边已经解决部门问题了，我说不行了，我已经答应ZY公司M总了，做人不能再朝三暮四吧，就回我们厂里安心待下来了。我之所以愿意回来，而且一待就是这么多年，主要还是和M处得很好，M能够把你的专业特长用出来，对我们下面骨干能够给一片天地让你施展。我们反正还是具体做事情的，主要是想要碰上个好老板吧，这几年干下来的感觉，真的觉得M是个做企业的人，不仅是一些决策，还有用人上，都感觉很成熟了。这个厂能有今天，M的功劳还是主要的。多数人愿意跟他干，一是他有这种领导能力，再一个就是这个人讲信用，够朋友，不和我们摆老板架子，真正把我们这些人用在了刀口上，所以即使别处给的收入多一点，我们也不会随便就走了。（在任质检科长GLH，2009年5月访谈）

与之相比较，技术科长LJL则有着更为丰富的进出经历，他的两出两进正说明了1990年代ZY厂竞争力的下降，而2000年以后ZY厂的发展使其具备了相当的吸引力。此外，M本人的请托还是起到了至关重要的作用，LJL描述了自己的基本经历："我呢，是出去过两次的，主要还是家里经济压力的问题。1993年出去先到江阴干了几个月也就回来了，当时档案什么都还没走。（19）98年家里父亲重病，我把他接到Z市来，也是比较困难了，我们当时技术人员的收入也不到三万块钱吧，我就想还是出去，就到新加坡一个机械制造厂，前后干了五年挣了些钱。我是（19）98年2月19号走的，2003年回Z市以后就到华诚华通干了十个月，那个时候M

厂长就让厂里人给我带话希望我回来,(20)04 年 2 月 19 号,也就是我离厂整整六年时,M 厂长带他儿子到我家来,我下班一回家就看到他们,M 厂长给我介绍他儿子小 m。当时我也被感动了,就跟 M 厂长说:'M 厂长你也不要说了,我过一周到厂里来报到,我们到时候再谈吧。'M 厂长也说:'好,那我就过一周在厂里等你吧。'后来我就回来干技术科科长了。我来的时候还从华诚华通挖了一共九个人过来,这批人对厂里这两年的发展还是很重要的。"LJL 在 2004 年回厂的时候的确带来了一批技术人才,成为目前主要的技术骨干,另外他所描述的 M 带儿子小 m 亲自登门请自己回厂的事情,也充分显示出了 M 对人才的重视,加上之前曾有的几次相请,颇有点"三顾茅庐"请"高人""出山"的礼遇了。

当然,这种上下"关系"的发展并不可能一帆风顺,不可能没有矛盾而达成所有"关系"的和谐。根据 M 的描述,LJL 是上海交大的本科生,2000 年以后技术发展力量相对滞后,他这样熟悉业务的人才的确不可多得,M 亲自上门请他回厂也确有其事。但其他一些人同时也表示,LJL 在德行与能力方面同样有其不足,他有点太过傲气,产品开发成果方面却又相当欠缺,即为人与工作方面与 LW、GLH 比较有相当差距。GLH 是在LJL 之后回厂的,回来后开始担任技术科副科长,LJL 就经常有意对 GLH打压,结果 M 为了缓和矛盾只好将 GLH 调任质检科长,在名义上也是升职使用了。此外,LJL 作为技术科长,与技术副总 DY 的关系一度相当紧张,LJL 即认为 DY 只是江苏大学毕业,而自己是上海交大的高才生,自认为能力在 DY 之上,但实际水平上 DY 明显要高出 LJL 一截,两人之间关于一些研发项目的矛盾不断。技术副总 DY 于 2007 年底离厂单干之后,LJL也想提升为技术副总,但 M 一直拖着想引进更高层次的技术副总,所以与LJL 之间也逐渐出现了潜在的矛盾。M 认为这种与下属的矛盾有时也是不可避免的,彼此"关系"始终不可能一直保持在紧密合作的阶段,即如同1990 年代与自己还"关系"密切的金一车间主任 TYG,一直也想做生产副总,后来不能如愿就离开了 ZY 企业一样。技术副总 DY 原本更是自己1990 年代的"亲密战友","二次改制"之初也的确合作相当不错,但后来还是走上了出厂"单干"的道路。笔者在访谈之初,还不明就里地问 DY 是否还会回来,M 也不置可否而未回应,并没有再就自己与 DY 的"关系"深谈。根据对工会主席 HLP 的访谈得知,M 对 DY 的投入也是相当之多的,彼此之间曾经一度相当默契，DY 最终离厂有着自己发展事业的考虑，这或许也说明了非常密切的"关系"始终有着衰退淡化的可能性：

　　M 总对外流人才，始终抱着"给人家留一条路，给自己留一条路"的态度。M 对原来技术副厂长 DY 应该是很好了，（19）96 年两个人一起跑新疆联合收割机厂，春节也没能回家就在那边过年了，M 那个时候知道了大年初三是 D 的 40 岁的生日，就说一定要给他办 50 岁的生日。大概（20）04 年底的时候，DY 的一个徒弟因为能力的原因从技术科副科长的位置退下来到车间做调度了，他就自己不太想干就出去做了，其实是给 D 出去打前站开了另外一家小厂，外面架子都搭得差不多了，D 才出去的。之前就不少人跟 M 说，D 在外面干了，M 都表示不相信，可能 M 就是嘴上这么说，他应该清楚这个情况，但还是希望睁只眼闭只眼留住这个人才吧。2006 年吧，M 真的在外面给 D 办了 50 岁生日，把 D 家里的小姨子都请出来了，M 对 D 的确是用心了。其实，D 他们在外面忙的小厂生产别的东西，也不构成对我们厂的威胁，毕竟他们没有资金实力购买我们厂的设备。但是毕竟人的精力会受到影响，所以一般公司也不会允许这样兼职开厂的。后来毕竟还是纸包不住火，大家都知道了，D 这样的人脸皮还是薄，就主动要求走了，M 其实是希望 D 继续留在厂里，但 D 去意已决，两个人也是好合好散吧（笔者注：M 本人也说 D 走的时候，请 D 吃了顿饭算给他送行）。D 与 M 的关系怎么说呢，大家原来处得都不错，包括改制以后也还可以吧，M 对 D 算得上重用了，收入待遇也很高，这两年的年薪（笔者注：指 2006～2007 年）也都达到 30 万了，如果 D 想好好享受生活的话，在 ZY 公司跟着 M 清闲些不要太舒服哦。但是毕竟 M 做了老板，以前国企的话按 D 的能力、年龄各方面都是有可能作为 M 的接班人的，D 应该也是那种想干事业的人吧，不希望自己过得那么安逸。D 和我们也聊过，他对 M 个人也没啥意见，还是很敬重的。M 呢到现在也经常在聚餐等各种场合表示 D 走了对厂里是个损失，暂时还找不着这么合适的技术副总。所以两个人嘛，还是有点惺惺相惜吧，都是能人，能人都想自己做老板吧，都想有自己的一片天下吧，时代不一样了，关系再好也挡不住的，倒不是说他们之间有什么事情

不和。(在任工会主席 HLP，2009 年 4 月访谈)

正是由于 DY 与 M 之间彼此还是相当尊重的，一些人对 DY 拼命自己创业的做法并不理解："D 那阵子两边都要忙，可能是太累了，得了糖尿病，身体垮了其实不合算，不如跟着 M 安心做。当然，人各有志，而且他们收入高也有资本做些小投资。"总体来看，对 M 与 DY 之间的"关系"发展与退化，众人的描述大致是差不多的，M 与 DY 之间都没有发生直接的矛盾冲突，但是 D 的事业心是 M 不能够给予实现的。但有一种说法则认为，D 的最终离开，也与 M 的儿子小 m 有一定的关系。"D 是一个想做事的人，在二次改制之前还有希望接替 M 做 ZY 厂的厂长。但是 M 二次改制后估计是交给自己儿子小 m 接班了，小 m 到厂好几年了，这种趋势很明显。小 m 平时待人比较随和客气，但能力平平吧，对 D 这样的能人可能也没有那么大度吧，甚至放出话来，他要上台的话，第一个要请走的就是 D。这不能不让 D 感到心寒，D 的最终离开不能说没有这个因素。"笔者以为，这样的说法在细节上可能并不属实，但应该有一定的依据，D 这样的能人原先应该是 ZY 厂后任厂长"接班人"的合适人选，但在产前民营化的"二次改制"以后，某种作为"职业经理人"接手经营权的可能性大为降低，并且很可能与"太子"小 m 产生比较直接的"接班"方面的系列矛盾，从而最终下定决心离厂"单干"。① 无论如何，尽管有着内部的个别矛盾所导致的部分"关系"衰退乃至终结，但是 M 以诚待人的做法总体上取得了相当大的成功，原财务科科长将他待人的策略归结为"一人一策"，他对待不同的个体都有着不同的方法，但总体上都是本着"需求满足"的原则，逐步形成了一个以自身为中心由多种"差序"关系构成的"关系共同体"，当然这种在市场条件下才真正得以形成的"关系共同体"是具有相当开放性的。原财务科长的这番话归纳得是相当到位的，也可以说是对

---

① 据后来了解，大约是在 2010 年 5 月份，M 从同济大学请来一位 Y 专业博士毕业生担任 ZY 公司技术副总，M 亲自去上海参加了他的博士答辩，同时也在公司内部安置了其妻子，但其技术水平可能还是不及 DY。因此，从深层意义而言，DY 的离去也说明以 M 为核心的这个"关系共同体"正面临着接班持续发展的难题，由于某种接班继承方面血缘关系的优先性，民营企业往往还是很难形成最优人才的职业经理人聘任，这点我们在下一节中将继续展开分析。

M 近年来人才队伍"关系"发展策略的一个总结:

> M 的个人记忆力惊人,条理清晰,人际关系会处理,真的是上下逢源,才能走到今天这一步吧。总体上,改制前干部任用一直是求稳、求和谐的,常常也需要同一些副厂长搞平衡,比如某个副厂长提起自己的某个人,你表示同意才能把自己的人也提到一个位置上来。等到改制以后,大气候变了,民营企业根本上也就是"私有制"了,M 厂长的做法力度就有很大的变化,他一个人讲话说话都算数了,从外面引进人才、从下面提拔干部的力度也就大多了,一批老干部跟不上形势了,就把他们养起来了,既把位置让出来了,也不影响他们的个人利益。在引进人才上,首先是在销售环节上,LF、WXT 分别是外销、内销的副厂长,来的时候给的待遇都很不错。像 RZ 区外经局的 LF 来的时候,给了 8 万多块的房子装修费用,帮他老婆在厂里安排工作,他收入比机关那边要高多了,当然也没必要再做公务员了。还有WXT 厂长也是,老婆安排在质检科,既享受技术人员每月 300 元奖金的待遇,也享受中层年底奖金的待遇,对这个有人在开会的时候还提出过意见,技术人员和中层干部待遇两者都是不重复的,M 就是要把两个叠加在一起搞双重待遇,安顿好 W 老婆,也就稳定住了 W 嘛。还有对质检科科长 GLH 也是这样的,他技术特别好,是个不可多得的人才,所以收入上 M 也就对他特别照顾,还有金一车间主任 LW、技术科长 LJL 他们的平时奖金都比别的中层收入要高。尤其是年底除了奖金以外,红包都是 M 本人来给的,多多少少也就是他个人来定吧,每个级别内的差距还比较大,有的中层拿到接近副厂级的收入也是可能的。副厂级之间的待遇也是明显有区别的,党政工会等部门的副厂级一年也就十万多些收入吧,技术销售等部门的副厂级一般都要达到二十多万甚至三十万以上。可以说,他对不同的人的确是有不同的对待,"一人一策",让你真正的人才没有意见……当然,矛盾总归是有的,像 WXT 要过来做销售副总的时候,SLF 就要把位置腾出来,老 M 就亲自和 S 谈心,保证他的副厂级的待遇不变,S 当然有意见,可是他做销售能力是不足,WXT 来了以后有半年他和 W 一起跑了跑,后来就转到党政工作上了。S 心里有看法,可他(20)08 年下半年得了

肺癌之后,厂里对他真不错,去上海治疗来回全部接送,每次治疗都给了不少补贴费用,又是解决他老婆职务薪酬,又是解决女儿工作,他肯定也要念老M的好,以前有的意见、心里的不舒服肯定也就过去了。厂里的人也没啥说的了,人家病成这样,又在厂里当了这么多年副厂长,解决他家里人的工作大家不仅没意见,别人看得心里还很服的,"人心"就是这么聚起来的。所以说,M是真正的以德服人,一人一策,当然人家肯给他干事,创造的财富也远不止他所付出的,这才形成了双赢的良性循环。(已退休,原财务科长LP,2010年2月访谈)

我们必须要认识到的是,这种针对下属的紧密"关系"互动随着市场竞争的引入而具有崭新的结构性意义,并且更多是由市场竞争的形势来决定"关系"互动的"差序"态势,这种市场条件下的"关系共同体"具有相当的开放性,本身即显现了"关系"的亲疏远近及其可进可退乃至"关系"破裂的可能性。在这种市场竞争的背景下,我们隐约可以感觉到的是某种"江湖"上的朋友之"义":"你要让我谈人际关系的话,我认为人际关系的实质也就是人与人之间的心理关系,要把人与人之间的距离拉得越近越好,南京电视台不是有节目叫'零距离'嘛,上下级之间也是这样,心理距离拉得越近越好。M为什么这两年企业越来越好,会和人交朋友很重要,上下级之间完全'零距离'当然不可能,M对生产部门车间主任还是经常发火的,不然不少任务执行不下去,但对技术、销售其他部门都主要靠处朋友,M就是靠'信义'来赢得人心的。"由此来看,"朋友"是长期性的,但同时又具备双向的可选择性,朋友之"义"正体现出了"长期性"与"可选择性"的综合,总体上呈现去权威化的"朋友关系"动力学。"市场"的契约性特征决定了这种"关系"深浅可进可退的交往特征,也可以说促成了某种以"义"为要旨的"朋友关系"动力学。M在市场竞争中取胜的重要法宝还是在于一个"义"字,M的"讲义气"不仅体现在对组织内部下属之中,也体现在对企业外部的客户层面。时任销售科长大致谈了下ZY公司目前对外销售的基本策略:

对客户,其实也一样,M总一直是以诚信待人,和客户也是重感情、处朋友,所以我们的客户多数也是长期的。你要跟人家处朋友,就要不分大小，一视同仁。他一直教导我们不能说这是个小客户，你就不重视，等人家长大了也就不会睬你了。所以越是小客户的时候发展关系可能反而越重要，对大客户真正还是要拼产品了。对待不同类型客户，当然方法上有差异，一些外资公司也比较讲信用，款项很快就寄过来了，一般不用太烦的。国营企业一般和我们也都有20年左右的交往了，不是说一朝一夕的事了，从上面经理到中间中层再到下面销售员一级的都各自有联系，应该处得都不错。就是一些台资企业比较麻烦些，老板比较抠门，就希望把资金拖着，反正就一直要盯着，但也不能弄僵了，毕竟大家还要做生意。不管怎么说，企业产品质量和技术改进是第一位的了，在同等质量、价格的情况下，还是要比售后服务，我们要发展长期性的关系，就必须要做好售服。在这些硬件都做好以后，发展些软件的私人性关系也是需要的，这样大家才都觉得你们是真朋友，光靠吃吃喝喝这些，人家拿了你的产品回头还要有责任，那肯定不行，下次也不敢和你再有交易了。M总对一些有感情的老客户，每年都要带东西上门拜访，另外还请重要客户经理到我们这边来玩，这些接待都很正常，就像一种朋友往来吧。现在的市场就是这样，其实还是要交朋友，朋友是长期性的朋友，大家都不是一锤子买卖。（在任转向器销售科长 XXB，2009 年 6 月访谈）

ZY 公司一直以来的销售策略也是与 M 个人长期的待客之道密切相关的，诚如有销售员所谈："M 总言而有信，诚信待人，不仅对内部干部员工，对供应商、对客户，在力所能及范围内也是有求必应，能通融尽量通融吧。去年年底下大雪，一个供应商的原料不能及时送过来了，还有有时候客户经费紧张要迟一点，M 总都能谅解通融，这样的老板才能交朋友，企业才能做大嘛。"同样，这样的"关系"并不能形成对产品质量与价格水平的实质性替代，而主要是以产品质量与价格水平为基础的一种长期合作性"关系"，正如管理副总 XTS 所言："现在企业发展和客户之间当然要处朋友，销售员的个人作用也不能忽视，但是个人'关系'更多还是润滑剂，尤其是和柳工这些大厂之间质量和价格才是基础，质量不行了，价格高多了，人家会毫不犹豫地把你换掉，市场就是这样，大体差得不多的情况下，人家才愿意和你长期合作下去。"就未来的企业外部市场发展而言，

M 本人也谈道:"以前呢,我个人亲自在外面跑得比较多,也交了不少朋友,但现在规模不断扩大,我也不可能再冲在一线了。为什么现在我们有这么多销售员,也是要强调服务,及时把握市场动态。除了销售,他们还要负责市场策划,寻找市场机会。总体上,我们的目标是要和客户建立长期的伙伴关系,对待不同客户来说,必须要做到'一厂一策,一事一策',要灵活处理各种情况。一些大的客户我还是要亲自介入的,有的都是相处十几年的'朋友',彼此之间都非常信任了。企业能发展到今天这一步,内功靠人才,外功靠市场,都要多交朋友。"企业外部的"关系"状况固然不是本研究讨论的重点,然则 M 本人内外的待人之道本质上是一以贯之的,对外的"关系"发展是 M 对内"关系"发展的延伸,两者在某种"朋友"之"义"的运作逻辑上显然是相通的。即如 M 的儿子小 m 所言:

> 我父亲待人的基本原则就是平等、宽容、双赢互利,当然也讲究原则,不对的事情不能做。他一直强调和人相处要做加法,不能做减法,不能急功近利。我记得(19)90 年代刚开始的时候,企业发展一度是比较困难的,每年年底他都亲自要出去跑市场。(19)96、(19)97、(19)98 年三年和新疆联合收割机厂的生意非常重要,每年年底他都要亲自过去,那个时候新疆每年的业务要达到 600 万,当时这个规模就是厂里的主要客户了,基本就可以解决厂里面每年的工资奖金了。我父亲后来就非常感激他们,后来他们厂也不行了,2001 年的时候欠了我们厂有 200 多万款项吧,有销售人员说要通过法律手段来解决。我父亲就表示人家以前帮过我们,我们困难的时候受过人家恩惠,现在人家困难了我们要钱也不能采取极端措施,就还是跑跑问问吧,后来这笔钱其实也就不了了之了,等于就算我们也支持回报他们了吧。他对企业员工也是这样,他一直跟我讲,除了要对人才物质到位外,还要有精神支持,只有物质精神两方面到位才能留住人才。企业本身就是靠大家发展起来的,需要大家同舟共济,大家一起获得不断提高的机会。人家肯到你企业来,一是看企业本身,二就是看领导者,你的信用好非常重要,领导者的诚信常常是第一位的。当然,企业的发展平台也很重要,我父亲就提出来要把我们企业建成事业的载体,工作的平台,生活的靠山。(在任总经理助理小 m,2009 年 4 月

访谈）

由此，M 的"恩义"面相在企业内外整体上是一致的，这是 M 能够在激烈的市场竞争中积聚人才，逐步形成以 M 本人为中心之"关系共同体"的重要依据。正如组织科长 GXP 所说的："厂长的人格魅力不用说了，Z 市一个国有集团公司的老总过来了，合资企业的一个副总肯过来，RZ 区机关一个副局长肯过来，也就说明了他个人的凝聚力。当然，现在用人都很自由，进得来、出得去，按照 M 总自己的话来说，'人才只能希望尽量多留住，也不可能全部留住'。另外呢，虽然高层基本都是从外引进了，中层还是土生土长的多，特别是车间主任水平比较欠缺。等 M 总再过两年 70 岁，论资排辈基本也没有了，老资格的干部尤其是生产系统车间主任里的老人都退休了，一些高水平的技术人才进入生产系统担任车间主任肯定越来越多，M 还将以后清一色的高水平管理人才比喻为'纯净水'，应该是比较形象的。再有更关键的还要有协调各方利益的管理能力，要把方方面面的矛盾都照顾好。普通工人有特殊困难的合理安排工作岗位，一些人被安排到后勤三产方面去了，稳定还是发展的前提吧。"可以说，M 始终还是从企业整体的角度来考虑企业发展的，在政府合约与社区规范的压力下，其"关系共同体"并没有仅仅局限于少数几个骨干内部，对多数普通职工与困难弱者也能采取"人情化"的举措，这是其在该改制企业中减少阻力的明智之举。此外，在人才市场逐步趋于成熟的背景下，以 M 本人为中心的"关系共同体"决然不是一个封闭的共同体，而是面向外部市场的开放共同体，M 与其中核心骨干的"关系"互动也必然呈现可进可退的"朋友关系"动力学特征，"关系"的紧密与疏远是彼此交往预期与实践的后果。从根本来看，下属的能力是 M 展开"关系"互动的首要依据，而其德行则是影响 M 再一步决定跟进"关系"发展的重要依据。反过来看，有才能的下属除了考虑基本收入生活状况与发展平台的前景之外，最主要的是要先考察老板 M 的人品信用，然后才是对其能力面相的判断，主要是就老板 M 的人品信用加以评估再决定彼此"关系"跟进的程度。此种"朋友关系"动力学的运作带有明显的双向可选择性，也是市场条件下契约关系在企业组织内部向深度合作关系转换的发展，因此也就带有非常明显的个人交往属性。

第三节 成果的分享与潜在的危机：个人领导及
个人"关系"的难以替代性

在 M 的成功领导与全公司员工的努力之下，ZY 公司 2000 年以后的发展是有目共睹的，不仅成为 Z 市改制企业中的翘楚，在全国同行业中奠定了"龙头老大"的地位，在国际竞争中其销量方面也具备了相当的竞争力。2000 年的产值仅为 4200 万元，2003 年达到了 1.58 亿元。2004 年以后产品的国际市场不断发展，2007 年的总产值历史性地达到 3.06 亿元。受金融危机影响，2008 年、2009 年两年基本与 2007 年持平，分别为 3.07 亿元、3.08 亿元。在纳税总额方面，2000 年的纳税总额为 558 万元，2003 年达到 1062 万元，2007 年历史性地达到 4348 万元。由于高新技术企业减税政策，2008 年、2009 年的缴税总额下降，但仍分别达到 2235 万元、2590 万元。在税后利润方面，2000 年的税后利润仅为 5 万元，2001 年、2002 年分别为 212 万元、215 万元，2003 年即迅速突破至 2118 万元，2007 年更是历史性地达到 8340 万元。2008 年起，相当部分资金被直接用作投资建设 ZY 工业园区，但 2008 年、2009 年两年利润总额仍保持在 5138 万元、5436 万元。从职工平均收入来看，2000 年的平均收入为 1.42 万元，2005 年达到 2.63 万元，2009 年上升至 3.15 万元（含临时工在内），领导层、中层与工人收入在 Z 市均处于中上水平。总体来看，2000 年以后的发展是相当迅速的，但企业规模仍旧属于中小企业规模，但在 Z 市特别是所在的 RZ 区，其发展地位已经相当突出，缴税总额连续多年在 Z 市地级市范围内排到前 30 位，在 RZ 区行政区范围内则名列第二。

ZY 公司的迅速发展显然和体制转型密切相关，正是由于体制转型与产权变革，使得 M 这样的能人能够充分地发挥个人能力，并以他为中心形成了一个骨干团体的"关系共同体"。当然，这种"关系共同体"的建构似乎也不是该企业得以成功的全部原因，而只能是作为组织管理成功的核心因素，管理副总 XTS 这样总结道："我们这个厂的成功呢，一方面是老 M 有责任心，另外一方面是产品有竞争力。企业要发展，一是要有一个好班子，二是要有一系列好产品，三是要有一个好的市场环境。你从我们国家宏观形势来看吧，（19）93 年到 2000 年是比较重要的一段时期，这段时间市场真正发育起来了，2000 年以后市场才真正成熟了。我们企业这两年的发展跟国家宏观环境比起来，只能说是正常快速发展，和某些重工集团的超常规发展比起来速度还不能算快，像三菱重工都是靠资本发展起来的，那个速度当然不能比。不过从规模上看，我们企业这几年也是翻了几倍了，M 的个人作用肯定不可否认。"无论如何，我们也可以看出，他所列出的企业发展的动因中，"一个好班子"仍然被列到了首位，M 的个人作用仍然是最为突出的，被留用的重要技术人才 YXJ 对改制前后的体制转型有着深入的体会，在他来看，"二次改制"的这种所有制产权变革是相当必要的：

> 实际上，资本"原始积累"很重要，原来的国有企业权力太少，决策权都在上面，利润用于积累的就太少，现在民营企业资本积累是一个长期的过程了。改制以后，企业自主权真正出来了，经营者就把企业变成自己的"家"了，没有谁不想把自家弄好的。国有企业首先是要应付上面，国企的厂长也好，书记也好，对企业本身都不可能太关心。当然，M 的个人品质比以前的厂长、书记要上一个台阶，甚至可以说要上了两个台阶。就（19）90 年代还没有改制的时候，M 个人也蛮敬业的，但毕竟不可能像现在这么投入，M 自己做了老板之后，的确可以说对厂里每一级设备，每一件事情都有数，甚至说对每个水龙头都有数，毕竟是自己的企业嘛。另一方面呢，M 的为人还是让大家佩服，厂里到现在还是没有什么他的亲戚，并不像一些家族企业，用人也不像 80 年代的"关系"条子第一，M 真正把各种人才用起来了。应该说，M 的个人品质和领导能力是不错，这在 90 年代前几年也能看出来，但如果没改制，那也没用，当时条件的各种掣肘，M 不可能那么尽心地重用人才，这是肯定的。当然，M 现在也和我们企业骨干发展私人关系，但这样的人情关系和国企的人情关系不一样了，根本上还是你要能给 M 做事情吧，不像原来那种拉帮结派搞"关系"了。（返聘技术骨干 YXJ，2009 年 5 月访谈）

需要突出的是，M 并不仅仅是对当下有用之人施以恩惠，他对曾于自己有恩之人同样是大力回报，其知恩必报的个性让他有口皆碑，成为拓展其个人声名、进一步赢得"人心"的重要动因。如上节所述,M 对于 ZY 公司有恩的新疆联合收割机厂,后来一笔 200 多万元的订单由于对方困难并没有再强行讨回款项。M 对于当年全力支持他二次改制的一批老干部是有特别回报的,现已退休的 8 名中层干部与 2 名副厂级干部自 2005 年起每个月均聚餐一次,地点即在某退休中层干部经营的小茶舍,每月费用几百元均由 M 来承担,M 本人有时还会亲自赶来参加。除此之外,每年年底 M 还会请这十位"功臣"吃饭并给每人 2000 元的红包,对其中四个更为核心的成员则要再请一顿饭并且再多给 2000 元的红包。这四位核心成员及其家属还参加了 2006 年厂内核心骨干的"香港游"。在一些退休的老干部看来,M 的这种恩惠其实也是对他们的一种回报,他们现在对 M 来说并没有实际价值了,可见 M "是有良心的人":"虽然这些钱现在也不很多了,但说明 M 是记得我们的,而且工厂的退休金很低,这样的年底红包对改善我们生活也很不错了。"也正因如此,M 在 Z 市的口碑很好,不仅被官方评为全国"五一"劳动模范,在民间也声名甚好。已退休的劳资科科长与质检科科长谈起 M 的时候都相当感动,M 对他们退休后的家庭困难都格外照顾,他们对 M 也就更加推崇:

> 每年过春节 M 都要请我们吃两次饭。去年过春节吧,M 带我们到厂里看,谈以后的规划,要建设新厂址就是现在的 ZY 工业园,要力争向世界第三挺进。我就跟他讲,是不是这样发展的话,有长远收益但是风险比较大。他跟我们讲,他个人虽然不缺钱了,但是再苦再累还是要拼搏,我们厂还要继续发展。现在机械局没了,很多原来的退休老同志也没地方一起聚聚看看了,ZY 厂就是我们老职工的娘家,这就是个家,说得我们真的很感动。他对退休老职工的确很不错,逢年过节都有点慰问,发过羊毛被给大家,年底给退休老职工 300 元的补贴,平时每个月还有 48 元的补贴,虽然都不是太多,但的确代表了"心意",跟其他工厂退休工人相比真要好得多,人家都很羡慕我们厂退休工人。另外,他对我们这些"有功之臣"就特别关照了,当然,对厂不卖力、后来"做叛徒的"跑到竞争对手那边的肯定要区别对待。他经常对我们说:"没有你们过去的帮助,就没有我的今天。"这样的老板现在不多了,别人上了台过河拆桥的多得是,所以大伙从心

里面都感激 M 吧。其他人我不好说，从我自己来讲，家里拆迁了准备回迁，要先租房住，钱不够用还和厂里借了 1 万块钱，我真欠 M 不少，都退休了，不仅年底给补贴，有困难了还借钱帮忙，纯粹都是看在过去情分上的，我还有什么好说的呢。（已退休，原劳资科长 TQ，2009 年 6 月访谈）

M 说话做事一直都能兑现，很讲信誉，从"不亏欠"别人。大事、小事都非常清楚，特别是对中层干部家里的情况挺清楚，中层干部本人生病、家属生病，他都会到场看望，他能照顾到大家，大家自然要跟他干事情。M 对人点点滴滴的恩惠，就连我这样退休的受照顾的也不少，我（20）04 年退休，（20）05 年他知道我儿子买房子了，我儿子还在厂里干吗，让工会 H 主席给了我 8000 块钱，她打电话让我去厂里，还没说什么事情，我过去就拿到了钱。我对厂里一直都有感情，刚退休的时候产品质量问题还喊我过去问问，我看了以后原因是找到了，但有的问题能解决，有的问题不容易解决，是机器老化的原因了，后来 M 把机器多数都换了，我后来对这些新机器也不大懂了。这样去看了有几次吧，M 后来又让办公室主任打电话让我去厂里面，给了我 2000 块钱，加之前 8000 块等于补助一共 1 万块钱吧，也就是补贴我儿子买房子的，也不能说有多少，但对退休工资来说也不少了。反正 M 这个人吧，够讲义气的，他的运气当然是一个方面，关键还是有能力，也会做人啊。（已退休，原质检科长 SSX，2009 年 6 月访谈）

种种人情化的作为固然有着 M 鲜明的个性特征，但我们似乎还是不能忽略宏观结构的背景。M 之所以会如此仁义，显然有着外部市场竞争的客观压力，而对于组织外部"老客户"与组织内部"老干部"的"回报"很大程度上也有助于形成良好的"口碑"，良好的"口碑"在市场客户"圈子"与人才市场"圈子"中都很重要，尤其是对企业在职骨干有着良好的示范效应。除了对这些退休干部的恩惠之外，对于普通职工这样的"差序"外围人群，M 也非常善于通过各种企业文化活动加以团结，尤其是通过组织全厂旅游活动来凝聚"人心"。ZY 厂的旅游文化在 Z 市是很有名的，在"一次改制"之后股份合作制期间 1997 年即组织了全厂外出旅游，"二次改制"以后自 2000 年起，每隔三年组织全厂职工旅游，三次专列、一次专船。三次专列分别到福建武夷山、广西桂林、山东青岛,一次专船到江西庐山,并通过电视宣传,在 Z 市形成了较大的影响。最早去广西桂林的一次带上了全部退休的老职工,按照 M 本人的说法:"直接发钱给老职工,他们还是舍不得出去玩,我直接带他们出去玩,帮他们花,还是不一样的。"这样的宣传在 Z 市生产型企业中还是造成了相当的轰动,M 通过这些活动在组织内部凝聚"人心",在组织外部则可以形成某种"软广告"的功效,对其声名"口碑"有着积极作用:

> 我们企业文化是好的,大家相处比较融洽。工会定期组织活动,文体比赛都比较多,党支部活动相对于民营企业都算比较好的,像培养年轻人入党,还有组织党员到外地接受革命教育。另外,全厂的凝聚力也通过一些旅游活动加强了,像我们今年(指 2009 年上半年)这种经济形势下面,还是坚持要全厂去青岛旅游一周,正好经济危机开工不足嘛,除了加强培训外,出去玩也有时间吧。当然,这是三年一次的惯例,全厂 1000 多人总共需要 150 万吧,对我们厂现在(经济危机状况下)也不算是小负担了,这些做法使得大家对工厂还是有认同感的。除了全厂旅游活动以外,(针对)销售人员还有家属,还组织了新马泰旅游。激励制度不仅是针对技术人员、销售人员的,之前评选的"六佳标兵",包括生产、销售、管理、技术等几个方面吧,两到三年都选举一次各个方面的标兵,基本是安排出去香港游吧。另外,对于苦、脏、累的技术工种,我们也有西欧、日本十国游的奖励,每年一到两个人吧。这种旅游的意义在于除了一般共同的经济激励之外,还成为一种荣誉激励。在这样的企业文化下面,大家才会积极做好自己的工作,当然经济激励还是要作为主要手段的,M 个人在把握经济激励方面是更为灵活多样的……(在任工会主席 HLP,2009 年 4 月访谈)

M 在工具性的经济激励方面,"一人一策"的方法策略在上节中已有交代。无论如何,我们可以确定的是,在市场条件之下,"能人"才是 M 发展"关系"的重点,所以 M 在改制以后的经济激励与其他福利方面,都有着明显的差序区别,而不同于 1990 年代中后期的"平均主义""大锅饭"。因此，M 在一些分配方面同样也存在被质疑的地方，尽管与 Z 市其他生产型企业相比较，M 在工人工资奖金方面并不苛刻，但客观的市场环境还是造成了普通工人乃至技术工人的待遇并不高，一位技术工人表示："M 舍得技改投入，这两年的投入都在 1 亿元以上吧，小处讲是他自己的资产，往大了说还是为了工厂的发展，我们这些老职工也都有股份的。我们厂工人收入的话，当然不能跟机关公务员、事业单位的比，但是和 Z 市其他厂工人比的话肯定要属中上水平了。但是普通工人工资偏低，固定工资太低，档案工资大概只有五六百块钱吧，弹性工资和奖金比例过大，这个还是要国家出台宏观政策调控才行。技术工人的技术津贴、奖金在 Z 市工厂里也不算低了，像我们机修车间工人每个月都有 500 块津贴，他们技术都非常好的，可以说每天干的活都不一样，需要大量的经验积累。但是比较起来，干的活还是很辛苦，一年几千块的津贴相对于现在像买房这样的大额消费又不够了。对一些技师尤其是高级技师呢，正式的岗位补贴肯定是不足的（注：至 2009 年技师每月仅 40 元补贴，高级技师每月仅 70 元补贴）。对于特殊人才，像 YXJ 师傅、RY 师傅，都做了中层干部或者车间主任，基本都享受中层甚至更高的待遇了，但是一般技师的技术岗位补贴终归太低了，现在厂里面主要机器设施都更换了，接下来两年大家还是希望分配能再多一些。"

由此可见，M 的"关系"策略在工人群体中始终还是有限的，根本上仍是以人才市场的可替代性作为基本依据的，而普通工人普遍趋于弱势地位。当然，M 对普通职工履行了改制中的合同承诺，同时对困难人员给予补助来稳定"人心"，并且整体上对既有中层以上领导触动较少。1990 年代中后期的"风云人物"生产副厂长 BZ 其后仍然至少形式上担任生产副总一职（热处理车间、阀类车间等技术水平较高的车间生产实际是由销售副总 WXT 负责管理，WXT 事实上兼管了产品国内市场销售及技术含量较高的产品生产），M 对 BZ 的副总级别及几位学历较低的生产车间主任并没有触动，其到龄退休的自然法则到 2010 年也已然接近，技术科众多技术型人才齐备，已经为车间主任提供了后备人选。BZ 对于这种改制前后的体制转型至少在表面上还是认同的，他有一点自己的看法："以前国企就是按部就班，上面又有婆婆管，厂里没有权，现在市场意识比较强了，但是老国企的观念也不是一天两天就能改变的了。二次改制以后，车间应该说也就政令畅通了,以前工人偷懒你也拿他没有办法,现在呢如果不好好干虽然不会被开除,(但)请他厂内停岗,只有工资没有奖金他日子也就不好过了,大家工作积极性也就不一样了。以前的国企领导根本上还是做官,他们也不需要有多少责任,只要不贪不拿,把企业搞垮了回头还是到别的地方做厂长,他们也不用担心什么。领导与下属的关系要不就是抱成几团大家斗,要不就是温温火火一团和气,能上不能下的情况比较突出,现在主要还是一种经济利益关系了,大家还是要关注自己的生存和发展,领导和骨干下属之间也像处朋友,不合适大家就算了。"BZ 在这里模糊认识到了权力形态与关系形态转变的悖论:1980 年代计划经济封闭单位中权力分散,反而导致了自下而上的"主从关系"依附学及其斗争为主的"派系结构",在 90 年代后期转型过程的股份合作制单位中,则形成了自上而下的"人缘关系"笼络学及其表面和谐的"派系"暗流,2000 年以后市场经济中企业尽管内部权力集中,但外部的市场流动反而形成了双向选择相对平等的"朋友关系"动力学,从而最终形成了以 M 个人为中心、兼具开放性的"关系共同体"。为了进一步理解市场环境下组织领导上下属"关系"的组织结构背景,我们还是把 ZY 公司当前的组织结构图(见图 5 - 1,由 ZY 公司企质办提供)列出来以便于理解。

从图 5 - 1 来看,"二次改制"之后,M 在 ZY 公司兼任了董事长、总经理与党委书记,其绝对权威已然树立起来。当然,"二次改制"后的党委组织已经退出了生产经营的舞台,尽管 2000 年起 ZY 厂的党员人数才超过 100 人,党总支委员会升级为基层党委会,但该党委会在各方面均已趋于边缘化。此后,M 的个人领导显然发挥了核心性的作用,这种趋于民营企业"个人领导"的权力架构也就与 1980 年代党政二元的组织结构形成了鲜明的对照。吊诡的是,在计划经济体制下权力分散制衡的"单位"组织中,反而出现的是趋于集权化的"主从关系"式的上下骨干"关系"形态,而在市场经济体制下权力一元集中的"企业"组织中,反而显现出趋于人情化的"朋友关系"式的上下骨干"关系"形态,其结果是形成了"派系结构"与"关系共同体"的鲜明对照,不同的组织绩效后果也就显而易见了。根据 2010 年在任劳资科长 YZ 的总结,改制后企业与原来国企的体制结构氛围和上下"关系"形态应为 YZ 的区别在于:"要谈原来国有企业管理体制吧,主要问题在两个方面:一是资本所有性质,二是机制放

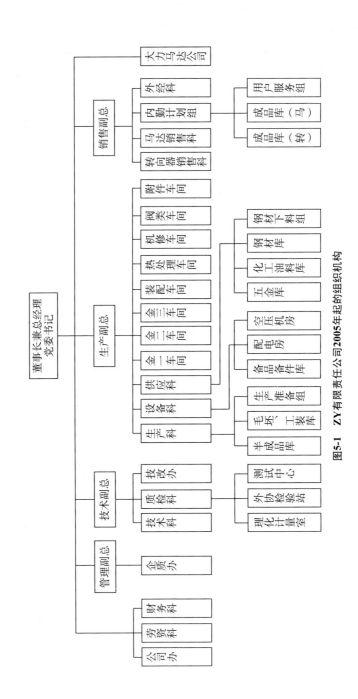

图5-1 ZY有限责任公司2005年起的组织机构

权程度。所有者和经营者分离,相互责任就没法到位,原来的经营风险都是国家的,你要发展要跑上级,贷的款反正都是国家的钱,还不上也不要紧。原来的国有企业就是'一个萝卜一个坑',管理的层次也比较多,部门齐全,也不是很讲效益,上面领导打招呼,各种社会关系打招呼,都是很普遍的事,经营者也不想得罪人,他没必要为了国家的东西影响自己的前途。和国企比起来的话,现在民企基本上可以说做到了'业绩决定一切',现在不少技术人员都是华诚华通还有其他公司过来的,老板和你的'关系'取决于能否用得上你,绩效压力下民企员工的责任感比较强,不像国企工作人员位置感比较强。"因此,我们也可以说,在不同的体制结构背景下,"关系"的内容与重点也正在发生重要变化,官僚"关系"与市场"关系"根本上是有所区别的。当然,需要强调的是,M 仍要受到外部官僚"关系"的支配,但由于公司规模相对偏小与持续经营的潜在风险,至少"托关系"找工作、换工作的现象目前在 ZY 公司已经并不多见,如一位老技术工人谈道:

> 应该说,改制以后我们虽然变成民营企业了,但肯定不是家族企业,M 总没有让自己家里亲啊眷啊(亲属)的过来,他自己春节和我们吃饭的时候也说,他姐姐家的外甥想到厂里来,他坚决不同意。他跟外甥讲,你过来也做不了什么,情愿直接给你点钱,不要到厂里面来。当然了,他也不可能生活在真空里面,有时候各级"衙门"还是会塞人进来的,你要不同意就给你找茬吧。比如现在环保局有权了,随便个什么处长都能要求你停产。有个处长的亲戚在厂里做工人,他就提出把他那个亲戚调到个车间做统计员,看没有说法,他就跑来弄了罚款,甚至要求我们一个污染较大的车间停产。碰到这样的你有什么办法,这个事情闹得 M 也很无奈,后来还是给他那个亲戚做了统计员吧。不管怎么说,现在是比以前好了,像以前电力紧张的时候,供电部门说今天把你闸一拉,你一天损失几十万很正常。所以说,现在呢,原来局里的婆婆是没了,但毕竟不是生活在真空里面的,哪个"衙门"大爷还是会制得住你。M 也就在我们厂里说啥就是啥了,出去呢,你还是在这个大社会里面,又能怎么样呢。跟以前比的话,至少厂里面主要岗位都是看能力了吧,不像以前位置都是上面定的,

（19）80年代厂长书记都是要把自己人安上去，最重要的是要听话，能力还其次，只要凑合就行了。……不管怎么说，现在的决策权、分配权都很大了，这也是一把双刃剑。M总干了近20年了，大家都服他了，可是他儿子是不是能撑起来就要等着看了啊，所以以后的危机主要还是在他儿子继承上面了吧。（在任技术工人WXP，2009年6月访谈）

根据大家的看法，他们普遍都认为ZY厂的产品竞争力是过硬的，对M的领导能力与待人方式相当认同，认为他是ZY公司走到今天这步的灵魂人物。"应该说，这个厂的产品现在还是'朝阳产业'，农用机械、工用机械还有以后的民用机械都有很大的发展空间。M本人的事业心和凝聚力是没的说，可以讲是'既有和气，又有虎气'，他很会'暖人的心'，大家对他肯定是没话说了。"现任的生产科长则表示："M的个人能力的确不一样，个人信心非常足，就像现在这种金融危机，他还是很有信心的，用他自己的话讲，就是'风险与成功并存'，'办法总比困难多'。现在的领导就是以他为中心，大家也都服他，愿意跟他干，他只要撑得住就没问题，就怕他身体有问题或者岁数太大了决策失误吧。"绝大多数被访谈者都认为企业目前的成功发展，首功无疑是M的个人领导及包括以其个人为中心形成的领导团队，但这样的个人领导及其个人"关系"团队也为企业的未来发展埋下了潜在的危机。这主要是由于M的儿子小m似乎越来越明确地成为企业接班，而众人都对小m的工作能力及领导能力表示怀疑。

M原先有两个儿子，后来二儿子在1990年代中期由于工伤而去世，因此小m就成为事实上的独子（M没有女儿）。小m中专学历，原来在其他工厂从事一般行政工作，后其所在工厂倒闭后2003年即来到ZY厂，先后在MD分厂、企管办、技术科等多个部门锻炼，自2009年1月1日起，小m就任总经理助理，也就开始全面介入管理事务，厂里的企业协调会、生产发展会都参加，对厂里的方方面面也都相当熟悉了。因此，不少人都断定小m将是企业未来的接班人。尽管在对M本人的访谈中，M也表示自己以后退下来，经营权并不一定交给小m，但也有可能交给小m。综合各方面的情况来看，多数人都认为，小m接班的趋势几乎越来越明显，但小m从来就没有独当一面地负责过一个部门工作，因此众人对他的能力也深表怀疑。一种说法认为:"他原来是学机械制造的,人很随和,心眼也好,做事情蛮细致。他也跑了不少部门了,在 MD 分厂技术部门待着的时候,和年轻人都处得很不错,到了总部这边,因为有老子的原因,别人自然也就比较疏远他了,他要和别人有很多交往也就难了。应该说,还需要给他全面压担子,但现在厂里的领导团队智囊团已经形成了,尤其几位副总不仅能力强,而且都是在他们有困难的时候 M 总请他们过来的,所以他们都对 M 总应该说是感恩戴德吧,应该以后都能支持小 m。"这种说法其实是认为小 m 虽然能力不足,但是 M 已经为他选好了辅弼贤人,然而多数人均认为 M 积累的重要"关系"不会自然地由小 m 来继承,一些副总与中层骨干也都表现出这种态度,一位技术骨干指出:"从小 m 来看的话,他各方面的能力可能还是有欠缺吧,他做事虽然特别认真,和年轻技术人员亲和方面也还可以,但是一直没有具体负责哪方面工作。他在技术部门这边待了大概有两年多吧,我感觉一方面他学历上还是不行,另外可能呢会钻牛角尖,视野上还是有差距,和 M 总比起来就不是差一点两点了。我个人认为,职业经理人可能对企业未来发展要好一些,当然了,职业经理人一般任期 3 年到 5 年,他也存在只管这一任期不顾长远发展的问题,所以要是家里有继承人,学历视野各方面都跟得上接班也很好的,可我们看小 m 恐怕不行。"这样的说法可以说代表了多数骨干的基本想法,而一些副总则对 M 的个人领导也表现出了相当的担忧,负责管理的副总 XTS、外销副总 LF 及 MD 分厂负责人副总 ZZM 在访谈中对此均有所表露:

　　　　企业的干部任免、主要决策都是由 M 一个人负责,M 的个人权威是无须质疑了。他的领导作风常常是已经就某件事情有了自己的决策想法,开会的时候主要是他进行总结,提出问题给出解决办法,包括其他副总谈话的机会也不是很多。我后来就和 M 总建议了,说是不是以后厂级领导开会可以这样,让副总都来发言吧,提出自己的想法大家一起讨论,然后最后再由 M 总你来定。后来,我们也试着这样开了几次会,但是 M 总还是不适应,他最后还是想让自己来主持,大家当听众他更能适应,这可能和他一贯的领导风格相一致。他私下跟我打招呼,我说你是老总,这个事情谁也不能强迫你,你还是按照你自己能适应的风格来。总的来讲,企业现在的发展都是维系在他一个人身上，个人的决策往往是很重要的，尤其是在一些关键时候的战略决策，像长征里面毛泽东的作用就非常重要，遵义会议以后他是四渡赤水，把个中央军、滇军、黔军弄得团团转，某种意义上他个人的作用拯救了红军，这才有了后来的革命胜利成果。但是，后来建国后也出现了一定的失误。所以我们企业现在的问题可能也就在这里了，M 有个人能力与很好的判断力，对员工也都不错。但是他一直没放权让自己儿子到第一线来负责管理，所以大家并不清楚他儿子个人能否胜任，所以如果 M 总身体有问题了，企业未来发展还是有问题的。（在任管理副总 XTS，2009 年 5 月访谈）

企业最终的发展吧，还是要制度化管理，不能什么事情都靠一个人吧。一旦忙起来，M 可以跳过分管副总直接和车间主任开会，这就像林彪打仗吧，真打起来中间层次很多就不管了，也有战时的需要，但从长远来说，企业发展还是要靠制度，不能靠个人吧。M 有时候指挥起来，就直接冲到一线了，就像打仗吧，有时候下面人都不行了甚至部队打得都差不多了，他就冲到第一线了，这样前线才能再组织起来，他这样指挥有时也很必要，很多问题立马就解决了，包括绕过生产副总直接把车间主任招过来一起开会，但是老这样下去可能也不行。整个企业发展离开了 M 怎么运作就成大问题了。还有一个呢，以后是不是小 m 接班，我们也不好说，但是如果由小 m 接班怕还是不行，他做老总能力不行，这点恐怕不是我一个人的想法。（在任外销副总 LF，2009 年 5 月访谈）

第二次改制以后，决策做到快速果断了，管理力度加大了，无形障碍消除了。现在来看，决策基本都是正确的，在领导讨论会议上，大家都提出建议对策，包括有几套方案，但最后还是要由 M 总来决定的，现在我们这一级主要还是做到思想统一了，谁的责任就由谁来签字。在干部任用上，以前都是需要上级批准的，需要组织考核的，现在任用程序简单化了，而且现在的干部慢慢也是能上能下了，不再是终身制了，像有的车间主任换了几个地方始终完成不了任务，他自己也不好意思了，自己辞职下来了。对人才，我们主要是力争引得进、留得住、用得好，未来的具体发展主要问题一是人才，二是产品开发。但是，接班才是最主要的问题，企业发展还是要从靠个人领导到靠制度规章,管理都要形成报表式的管理,这样才能避免接班过程里面的风险。(在任 MD 分厂负责人 ZZM,副总级别,2009 年 5 月访谈)

副总 XTS 与副总 ZZM 对一些重要决策过程的谈法有着一定的差别,但对于权力集中的事实判断是基本一致的,亦即 M 在决策权力方面相当集中。技术科长 LJL 或许较为客观地分析了现有的权力格局:"和原来比起来呢,现在的领导权威比原来国企领导要大许多了,下面人原来对领导还敢直接叫板,现在是没有了。从 M 个人来说,他在决策方面很多事情还是比较接受下面人的提议,当然现在基本都是他一个人说了算,这样就对他个人判断力提出了高要求,现在看还没什么失误吧。"个人领导权力过度集中的问题,也必然造成管理事务过细的弊端,副总 WXT 对此认为:"M 最大的优点是事无巨细,最大的弱点也是事无巨细。按我们在外面看到的,做到 M 总这个层次的大都潇洒得很了,很多事情都要放了,可是他每天是来得最早,走得最迟,多少年都这样了,这些做法在现在的企业规模下面还都是可以做的,但是要接着往上发展规模再大的话恐怕就不行了。"权力集中与"一人一策"的人情动员本质上是一致的,个人领导无疑潜藏着权力集中的组织危机:"我们 M 总人情味很浓,但是现有模式下头权力也很集中,中层人员的积极性没能完全调动起来,虽然他强调中层干部都是房子框架,一般员工只是砖瓦,这样的比喻相当合理,但实际上中层干部还是缺乏责、权、利的明确关系。应该说,在用人方面,M 总是关注到第一线的,这个当然也是有利有弊,也就是所有的人其实还是对他一个人负责,其他副总只是做一些事务性的事情,可以提一些建议,但真正的权力都在他一个人手上,他倒下来,整个厂的运转都比较成问题,下面人也都服他,一些副总对下面恐怕也不是都调得动。"换言之,M 对于人事权更是紧紧地掌握在手中,他在实施"人情化"策略的同时,其实带来了个人权力的高度集中问题,特别是决策权、人事权与财务权三个方面,当然"人事"与"财务"本身即是 M 展开"人情化"策略的重要工具,而一些副总从自身工作与长远发展的角度来看,则开始积极关注决策权的分享。

当然,中层干部之中还没有更多地考虑到分享决策权的问题,而且由于市场机制的作用,内部权力的集中并不导致 M 领导权威的无限膨胀,在 M 与骨干下属的基本关系形态方面,却又是相对平等甚至比较"平易近人"的:"老实说呢,我们和老板之间还比较平等,感觉还比较亲近,偶尔出去旅游什么的可以讲些心里话。以前的厂长可以说都是任命的,当厂长和当官差不多嘛,对上就巴结奉承,对下还蛮有官架子。现在这种市场竞争,老板有忧患意识啊,对各类人才的态度自然也不一样,对一些重要人才他能礼贤下士,对我们一般技术人才也很客气的。未来的话,要想使我们这些中层骨干保证忠诚,肯定要考虑一些措施,要尽量做到股权多元化,应该有分配股权的设想。"据了解,后来再引进的中层并没有再享受股权(副总级别人才的引进均享有一定的股权分配,分别在 7 股至 10 股之间),加大分配股权应该成为未来 M 积极展开人才引进与维系长期关系的重要策略之一。无论如何,权力的集中并没有导致上下关系的疏离感,关键在于市场条件下下属可选择性的突生,使得组织内部权力的集中并不会导致领导权威的泛化。恰恰相反,由于人才市场的逐步成熟,在权力集中的同时"人情"策略反而也更加盛行。对此,已退休的 K 厂长的一段话有着比较深刻的理解:

> 1985 年之前我们厂里头的话,生产、销售完全都由上面定,我们产品转向器的数量和价格甚至是机械工业部来定。(19)96 年之前应该是典型的国营企业,(19)96 到 2000 年是一次改制,这段时间的决策反而是受束缚了。2000 年以后股份集中了,决策才顺畅了,但是成败更多也就取决于个人了。M 现在其实是大权在握了,根本上什么啊,是经济大权。他说给你 30 万,20 万,10 万都是由他说了算,他说给你 1000 块就是 1000 块(元)了。权都在他手上不一样了。说来说去,企业当家人无非要借两样东西,借权、借力。以前就是要借权,手上没权当然要靠上面来借权,现在大权在握了,就是要借力了,他要借 XTS、WXT 这些人的力来给他服务。比起来的话,M 现在做事情跟以前的厂长他们不一样啊,他做事情都是双赢的,给你好处其实他也是要得利。对下面这些人就更不用说,他待你好,你肯定能给他带(来)更多的东西。以前的厂长不一样啊,上面说是什么就是什么,才管不了那么许多,有好处给上面其实也是单方面给掉了,对厂里面不会有什么好处。(已退休,K 厂长,2009 年 7 月访谈)

然而,"决策权集中 + 恩情化广施"的领导方式是与领导人的个人能力特征密切相连的,像销售副总 WXT 则表示,将来小 m 不足以担任企业老总的职务,如果由管理副总 XTS 来担任老总的话还是可以接受的,M 虽然对自己有恩,但是像这样的企业发展大事,还是不能简单地感情用事。MD 分厂的某位副厂长也认为:"谈到接班的话,就很难说了,现在 M 让儿子做厂长助理,应该说儿子接班的倾向很明显了,但是老的是不是都服他,还是要看他能力了,现在(小 m)还没有重要决策,大家还都看不出来。"也就是说,关键还是在于"老的服不服他",在现有的组织领导关系中,社会关系中的"恩情"或者"人情"可能并不会简单地实现代际的传承,一批紧跟 M 的副总及各类骨干并不能轻易接受小 m 的领导。工会主席 HLP 一直对 M 的评价很高,但同时也指出了其潜在的危机:"在干部提拔上面,M 还是注重才德兼备的,实行中层干部考核,强调各种人才都要适应自身岗位,并且很注意培养青年干部,鼓励大学生参加管理工作,管理部门用技术人才来充实,形成了比较合理的梯队,为厂级领导做了后备工作。但是企业未来的发展,企业经营权的移交和接班才是最棘手的问题。小 m 的锻炼太少了,他一直缺乏主持工作的锻炼,其他副总还有下面人其实都很担心的。国家现在提 30 年改革开放,我们厂发展也 30 年了,未来再有 30 年的话,最重要的就是接班与发展,具体如何也很难说清了。"因此,个人领导及其个人"关系"的难以替代性潜藏着极大的风险,决策权集中及其潜在的"接班"问题已经成为该企业未来发展的潜在的危机。事实上,类似的问题在华人不少中小民营企业乃至家族企业中可能是相当常见的,一些华人企业家能够尽量防止任人唯亲,通过唯才是举、任用能人形成有效团队凝聚的"关系共同体",但在最终的企业决策权分享乃至根本的经营权继承方面往往难以突出根本的直系血缘关系限制,血缘关系在经营权继承方面的内在封闭性或许是相当部分中小民企长远发展的根本性危机之所在。

第六章　体制转型背景下本土"关系"理论与组织领导模式的拓展

相当多学者认识到改革转型为中国社会科学的发展提供了大量经验源泉与理论创新的可能，甚至在中国 30 余年发展中取得相当成功之际，一些西方学者也提出了"中国模式"问题。当然，所谓"中国模式"是否本身存在仍是一个可质疑的问题，在政治改革、经济增长、社会转型、文化发展的诸多领域，中国经验的特殊性无疑始终是存在的，但是特殊性的存在本身并不是唯一性，将其总体性地称为"中国模式"似乎的确有所不妥。不过，分别从各个领域来探讨中国经验的特殊性，进而有可能在若干中层理论层面提出中国发展的经验特色应该是有可能的，从而为中国诸多领域的进一步发展与问题解决提供理论阐释与决策依据，同时也能够为其他国家所借鉴。应该说，有效成功的组织领导至少在某个阶段是中国经济增长的微观基础之所在，其背后则是宏观体制变迁的结构性动因，不同体制背景下的组织内部"关系"运行机制与组织领导模式显然是一个值得深度挖掘的问题，这可能对理解中国社会文化与体制结构的关联也大有裨益。在某种意义上，本书的拓展个案研究为分析改革开放以来国有中小企业的发展历程及产权变革的现实问题，提供了一种较为有力的组织领导"关系"变迁的分析路径；而产权变革所反映的不同体制背景也为本土"关系"理论及组织领导模式的深化拓展，提供了一种更具本土意涵的组织"场域"的研究视角。

第一节　从"派系结构"到"关系共同体"：
"关系"与"差序格局"的再探讨

无论如何，从本个案的组织领导模式的变迁来看，组织内部的"关系"形态变化或许是其中最为重要的特征，这种变化暗含了从计划经济体

制向市场经济体制过渡的结构性背景。笔者从既有的访谈资料出发，认为
ZY 工厂的"关系"形态基本经历了从 1980 年代的"主从关系"依附学到
90 年代的"人缘关系"笼络学再发展到 2000 年以后的"朋友关系"动力
学。最为重要的变化在于，1980 年代单位内部以不同领导为中心的"关
系"联结常常形成的是内耗性的"派系结构"，而 2000 年改制后以企业家
为中心的"关系"联结所形成的是内聚性的"关系共同体"。可以说，从
"派系结构"到"关系共同体"的结构转型正可以被视作宏观体制变迁过
程中成功改制企业组织转型的最主要特征。当然，该个案本身的局限性不
可避免，然则其具有的典型性意义是非常重要的。通过个案呈现所得到的
启示，可能并不能简单地将其直接地结论化来推断中国社会 30 余年的发展
转型。然而，笔者以为这种结构形态的变化其实有着深层的理论内涵，不
同"关系"形态中的实质内涵与场域背景其实有着重要差别，1980 年代的
"主从关系"依附学可能正说明了官僚体系中"忠"字打头之"主从关
系"的基本特征，90 年代的"人缘关系"笼络学某种意义上暗含着选举
体制下以"和"为贵之"人缘关系"的基本特征，而 2000 年以后的"朋
友关系"动力学则显现出市场经济中以"义"为先之"朋友关系"的基
本特征，其蕴含的文化传统与"关系"实践的要旨需要从理论层面进一步
加以拓展。对此，原办公室主任较好地说明了不同阶段的 ZY 企业的体制
转型与内部"关系"实践状况：

> 我们企业在改制之前实际上还是党委负责制，我们一直都是说
> "党指挥枪"嘛，所以到了（19）80 年代开始要搞厂长负责制的时
> 候，书记不可能真正放手。厂长、书记的"派系"斗争，再发展下去
> 厂肯定要垮掉了。（19）90 年以后厂长、书记"一肩挑"了，工作障
> 碍少多了，但是国有企业的影子还在，比如经营上，企业加工资的权
> 限和比例还都是上面来定，各种各样的束缚始终存在。在分配方面，
> 技术人员和普通工人收入还是差不多。M 这样的领导虽然实干，但还
> 是要顾忌各方面，特别是要处理好与厂里一些实力派人物的"关系"。
> 1996 年实施股份合作制，当时民主投票原有领导班子有好几个票数没
> 过半数，也就没能进入董事会，说明职工群众对他们并不认同（笔者
> 注：指副书记 JRA、副厂长 BZ、副厂长 SLF、工会主席 YB）。但人人

持股以后，人人都说了算，人人说了同样也不算，这样上对下的"人情"就更有价值了。到（19）90年代那阵，普通工人就更实际了，不是随便宣传两下就能蒙过去的了，主要就看你领导能给下面什么好处了。我认为这是个倒退，企业经营过分民主就是倒退，人人都有权说话投票，大的决策要股东大会通过，效果怎么样就很难说了。尤其领导任免都要群众投票了，管理能不能到位就很麻烦，变得领导要讨好下面人了。就像台湾民主，陈水扁讨好民众那样。那样下去，企业管理就成问题了，你管他他就不服，下次就不投你票了，这个（投票）里面就看你的"人缘"关系如何了。这种情况下面，也还有"派系"，不太明显，更多都是副厂长来拉下面中层还有骨干，还是想争做以后的正职厂长吧。所以2000年改制以后，一人一票改成一股一票了，这样M个人就已经是大股控股了，企业决策其实都是由他个人说了算了，也就不存在讨好下属的问题了。当然，各种做法都有利有弊，二次改制以后实际上对企业领导也就没法监督了，监督权等于是放掉了，我们厂领导、产品都不错，发展起来了，但也有不少改制工厂就垮掉了，里面责任也搞不清，所以我们媒体啊群众啊都在谈这个问题，国有资产流失谈得最多了。不管怎么说，我们企业还好，M做老板了，还是讲仁义的，对一般工人都按照改制合同协议上（规定的）办，没有一个下岗的。最主要还是一些引进的人才，M和多数骨干的"关系"慢慢也就往市场关系走了，二次改制以后的"人情"和之前又有很大不同，能干实事才是老板要用你、和你亲近的主要原因了。（已退休，原办公室主任CYZ，2009年9月访谈）

事实上，国有企业的改革似乎较少受到社会学界的关注，而在经济学界长期以来则无疑是与政策实践密切相关的焦点问题。[①] 在1990年代后期关于国有企业改革思路的争论中，以张维迎（1995）为代表的主流观点倾向强调国有企业产权变革理论，林毅夫、蔡昉、李周等人（1997a）则特

---

① 当然也有社会学研究从国有企业的社会成本负担出发提出了社会保障建设的重要性（李培林、张翼，2000），其更多关注的是外部体制转型与配套制度建设的必要性，所关注的是打破传统"单位制"而逐步完成对国有企业社会成本的剥离。

别突出了国有企业改革的外部公平市场环境问题。在他们看来，外部市场
条件是比内部产权改革更为重要的问题，国有企业改革的核心并不是简单
化的扩大企业经营自主权乃至实行国有产权的私有化，而应当是通过创造
出公平竞争的市场环境来创造充分信息，在具体对策上要形成正确的价格
信号，解除企业不对等竞争的负担，从而变计划经济条件下国有企业的
"软"预算约束为市场机制条件下"硬"的预算约束。其后，张曙光
（1997）在对林毅夫等人的评论中则认为，在国有企业改革的路径选择中，
企业内部的产权转换与企业外部的市场环境是相辅相成的必要条件，两者
需要同时推进，缺一不可。张曙光认为，委托－代理关系中的问题，与其
说是代理人的问题，不如说重点还是委托人的问题，政府官员作为委托人
其实质上仍旧是代理人，在激励与惩罚力度均不足的情况下出现"搭便
车"的现象应该是不可避免的。林毅夫等人（1997b）在对该评论的回应
中则认为，委托－代理的监督成本问题不仅存在于一般的国有企业，对于
两权分离、股权分散的股份制企业而言也同样存在，因此关键仍然在于如
何加大对政府官员的监督问题，这实质上又回到了行政监管的思路上来
了。由此，这就成为国有企业改革的两种基本思路问题：是产权多元化还
是改善经营管理更有绩效作用，在实践中应当说是兼而有之的。①

　　当然，本书在这里并没有准备讨论是选择产权变革还是改善管理的重
大决策问题，只是想通过个案呈现一个中小企业在产权变革过程中组织领
导模式的脉络演变。尤其在时隔十多年之后，国有企业的改革针对大型国
企与中小型国企的发展路径已然明朗，更深入的实践回顾与理论阐释可能
也比政策争论更为重要了。由此，该个案在某种意义上正说明从更大限度
地发挥中小企业领导团队的积极性来看，产权有效变革与外部市场机制都
是必不可少的，但此种产权变革内在的问题在于所选择的改制经营者是否
能带动企业有效发展，并且其产权继承与控制权交替中的危机始终存在。

----

①　由此而引申的另一种观点是，国有企业的绩效问题并不是产权改革或私有化能轻易解决
　　的，而更多依赖于"企业领导人的企业家能力及其发挥"，尤其是在大中型国企的重组过
　　程中企业家机制的作用是明显的（李新春，2001）。事实上，从实践需求来看，企业家能
　　力及其发挥的前提是必须建设成熟的职业经理人市场，未来无论是继续存在的国有大中
　　型企业，还是最终要继续发展走向现代治理模式的民营企业，职业经理人的成功选择都
　　有赖于外部职业经理人市场的成熟。

无论如何，笔者在这里并不是要从宏观层面上探讨国有企业改革的问题，但从微观与宏观的衔接中既可以看到宏观体制变迁的微观动因，同样也能发现宏观体制变迁所引发的组织内部"关系"形态与组织领导模式的变迁。毋庸置疑的是，在市场条件下产权与控制权合一的民营企业中，企业领导人对急需的骨干下属最为器重，其针对下属"人情"式的策略是最为积极的。基本可以认为，原先的计划经济国有企业领导模式与现有的市场经济改制企业领导模式（本质上已经成为一种民营企业）形成了鲜明的对比，其间第一次改制以后产权共享的股份合作制企业领导模式（其授权结构接近于某种社会化乃至群众化的组织形态）则构成了另一种权力模式。

具体而言，该个案企业自1980年代初开始的经营管理体制变迁，主要经历了80年代（书记负责制→党委领导下的厂长负责制）→90年代（兼任书记的厂长负责制→一次改制后的股份合作制）→2000年之后（二次改制后民营企业的经理负责制），组织领导层的核心上下关系恰恰反映了某种接近于"主从关系"→"人缘关系"→"朋友关系"的渐次转型。尽管人物个性及具体机遇有较大的差别，但其行为实践始终带有明显时代背景的结构性要旨，基本可以就这三个阶段做出组织领导"关系"形态的基本判断：（1）在改革之初至1980年代末，尽管企业经营权不断下放，但单位制主要的行政职能没有发生根本变化，尤其是党委领导下的厂长负责制造成了党政二元的行政结构，以"主从关系"为主要关系形态，进而在Z厂长与Q书记之间形成的对立性"派系结构"成为组织内部权力斗争的常态，其基本的内耗式组织结构是企业成本过高而不得不进行改革的重要动因之一。在以"主从关系"为主要关系形态的"派系结构"中，以某领导为中心的自己人/外人（"自己人"常常也不同于差序层次的"自己人"，而更多是主从层次的"自己人"）之间的界限常常是相当明确的，下对上的"主从关系"依附始终是占据主导地位的；（2）1990年代初，面临企业经营困局，新上升的M厂长在兼任书记的厂长负责制背景下，表面上拥有了优先的权力地位，但其他副厂长可能仍然拥有一定的派系力量。在资源分配、人事任免等权力还相当有限的情况下，M厂长采取的是稳定干部队伍、以身作则、尽心工作的"德行领导"策略，但在"德行领导"的背后则与一些实权人物积极发展私人"关系"，从而显现出上对下的"关系"笼络策略。特别是在"一次改制"以后，企业组织事实上转为所有职工相对平均持股的股份合作制,其"一人一票"的选举体制比较接近于某种"民主"选举的社会组织,上对下讨好的"人缘关系"策略更为突出,收入分配方面也趋于更加平均主义的方法,"德行领导"更加趋于平衡、中庸的不得罪人的"人缘取向",这基本保证了改制过程的顺利进行与多数职工对 M 厂长二次改制持多数股份的支持;① (3) 2000 年二次改制后随着企业产权的转变,M 基本达成了对企业内部的有效控制,在外部市场竞争的作用下,他对其所依赖的各类中高层人才反而更为倚重,其"人情""面子"的策略选择充分显现出组织领导对急需下属的"朋友关系"动力机制,其差序层次的"自己人/外人"之间的界限也是相对模糊而不断外推的,总体显现出按照贡献而确定职位并待遇不断递减的"关系"绩效主义,同时对各层员工及普通工人都加以保障的人情化策略。其"德行领导"的内涵也不再局限于以身作则的奉献行为,而体现出以能力与绩效为中心、任人唯贤的领导特征,这种由于企业家个人领导成功的内聚式组织领导实践应当是部分改制企业得以成功的重要原因。

由此,笔者以为该个案分析有助于在以下三个方面深化认识:一是从其原有计划经济背景下的组织领导实践来解释原有国企发展困顿的部分组织结构原因;二是从当前市场经济背景下的组织领导实践来解释某些国企改制成民企以后得以成功的组织结构动因;三是考察这种社会结构转型过程中组织权力实践的基本形态转变所反映的不同文化传统的选择适应性,这种连续性的问题指向即是要在体制变革创新与文化传统承继两者之间打通桥梁。对此,笔者以为对"差序格局"与"关系"的本土概念与理论建构需要做不同体制背景的结构性考察,即分析不同体制背景下"关系"意涵的"差序"特征及其结构后果。在已有的理论建构中,郑伯壎(1995a)

① 需要注意的是,"德行领导"在不同的体制结构背景下也有着不同的表现,同样也显现了某种文化传统的选择性作用。比如在计划经济的国营企业中,"德行领导"实质上较多地显现为在不同派性力量之间的中庸"平衡术",这种保持平衡以求得稳定的做法显然有着道家思维的隐忍策略。进而言之,"德行领导"的实质是某种少得罪人,尤其是少得罪其他实力派人物的"人缘式领导",这样的领导方式可以掩盖一些原有的矛盾,但难以真正凝聚人心形成组织内聚的动力。而在市场竞争的民营企业中,"德行领导"常常显现为真正的公平与领导者个人的敬业与事业心,企业家也才能真正为企业发展考虑决策,从而趋向于以儒家理念为主导的"人心式领导"的"仁义"作为,"人心式领导"的"仁义"行为并不排除适当时候对影响企业发展事件及个人的处罚,但始终是以情理作为依据的。

较早将"差序格局"系统地引入组织行为研究中来,但其基本的组织心理学学科立场侧重于考察企业家对以自身为核心的"差序"下属的人际认知分类,而相对忽略了认知分类的结构背景与体制条件。我们必须注意到,郑伯壎在"差序格局"概念基础上提出的"差序式领导"具有相当明显的水平关系式领导的意涵,但他又强调这种领导与西方契约式领导相比仍具有较大的权威差距。在他看来,所谓的华人组织领导的权威差距主要还是体现在"家长式领导"之中,进而将"家长式领导"解析为"威权领导"、"仁慈领导"与"德行领导",这种架构可能正忽略了之前所提出的"差序式领导"的分析,而重新又使得"差序式领导"为"家长式领导"所涵盖,其实质是将"人情"与"权力"两者糅合起来而对其中的矛盾张力予以忽略。事实上,郑伯壎的理论框架着重于微观性地全面系统梳理,但并没有进一步挖掘华人本土组织领导行为模式选择中的宏观背景与体制作用。[①] 笔者则以为,在不同体制背景下,"关系"意涵与基本特征有着相当的差别,"差序式领导"的面相是重在考察"关系"在本质上偏向于"特殊主义"抑或"事本主义",亦即是任人唯亲的纯关系取向还是以能力为基础而发展私人关系。[②] 在此之外,"差序式领导"与"家长式领导"

---

① 郑伯壎(2004)从文化差别的立场出发,认为西方 LMX 交换理论乃立基于西方之领导者与部属平等的假设上,而"差序式领导"则镶嵌于华人上尊下卑的文化背景中。但在以"家长式领导"为主的研究框架下,"差序式领导"还是被逐步忽略了。凌文辁(2000)在对郑伯壎"家长式领导"的评论中,触及了威权领导、仁慈领导与德行领导是三种领导元素还是三种不同类型的问题。对这一问题,张志学(2000)在评论中也明确提出:"德行领导究竟是家长式领导中单一而独立的构面,或是可以包含到威权与仁慈中去?"他们均意识到了微观组织领导研究中可能存在的问题,但没有进一步提出解决问题的思路与办法。笔者则希望从外部宏观体制背景出发,来探讨"威权"抑或"人情"作用的结构情境,进而可以分析不同组织领导模式中"关系"形态的基本特征,在此基础上对本土组织领导的不同模式有新的理解与认识。

② 所谓"事本主义"式的"关系"即组织内部的这种上下属关系发展是以下属能力作为基础而发展的,而不是纯粹亲缘、效忠等特殊主义的纯粹关系导向。采用"事本主义"而非"普遍主义"的提法是由于"普遍主义"概念的一般意涵可能忽略了私人"关系"发展的面相,而仅仅停留于工作层面的角色关系或科层关系之上。"事本主义—特殊主义"的组织领导维度也可视作是对"自己人/外人"社会关系维度的重要修正,即绩效压力下的组织领导关系显然与纯粹的社会关系有所不同。如前文所述,郑伯壎(1995a)在"差序式领导"的领导对下属的"差序"认知分类中,以"亲"(关系亲疏)、"忠"(忠诚高低)、"才"(才能大小)三个维度出发区分了八种原型。笔者则以为,"亲"、"忠"、"才"的认知定位在不同组织"场域"的组织领导关系中会呈现不同的侧重点:"人缘关系"往往看重下属之"亲","主从关系"非常强调下属之"忠",而"朋友关系"则更凸显下属之"才"。

两者间的矛盾张力亦不可忽略，其本质也就构成了"人情－威权"这一重要维度，这应该也是中国本土组织领导与权威建构的中心性问题之一，两者之间可能并不是简单的协作与配合问题，在不同的结构背景下依然存在相互替代的张力关系。

事实上，这样的问题聚焦可能就会涉及对"差序格局"本土概念的深入探讨，"差序格局"所指称的社会关系尽管并不能包容中国社会中所有的关系形态，但这样的私人"关系"在政治、社会、经济等不同场域均有所渗透，特别是在不同性质的组织运行中可能均有所体现，进而可能表现出不同的个人"关系"形态。换言之，所谓"差序格局"中的"伦常关系"源于血缘或姻缘等亲缘关系（郭于华，1994），在亲缘之外更多是一种较为紧密的私人"关系"，但这样的私人"关系"在不同的组织场域背景下会有不同的表现形态，并对组织或网络运行乃至核心性的组织领导造成不同的后果。如前文所述，在明确中国社会"差序格局"式"关系"提法偏向于"个人关系"或"私人关系"的基础上，笔者力图运用布鲁默所谓"触发式概念"来对不同组织场域中不同的私人"关系"内涵加以诠释，从而提炼出不同的"关系"形态概念及其组织领导模式并进行比较分析。进而言之，"差序格局"式的个人"关系"形态概念始终比较适合展开某种诠释性的"触发式概念"界定，这样的概念分析应该与日常世界有着相当的亲和性，进而能比较深入地反映本土社会及组织运行的内在机理。

具体而言，这种拟亲缘"差序"关系在以"国"为中心的官僚场域，特别容易形成以"忠"为要旨的"主从关系"，只要出现不同的权力中心，就极易构成中国传统政治"官场"中比较常见的自上而下的"派系结构"。可以认为，华尔德所关注的"主从关系"并非仅仅是一种"新传统主义"，而可以视作中国"官场"中关系模式的基本常态，"主从关系"中核心性的伦理价值是政治场域中的"忠"，并且常常不是指向于共同体整体的"公忠"，而是上下级官僚之间的"私忠"。刘纪曜（1982：199）曾经区分的"公忠"与"私忠"具有重要意义，在他看来，"关于'忠'的伦理内涵之演变，春秋时代有其特殊性与重要性。其特殊性有二：一是当时'忠'的伦理判准是一种超越君臣关系的社稷意识；因此，春秋时代'忠'的伦理是对君臣双方的共同要求。这与秦汉之后强调个人性的臣忠于君的'忠君意识'有很大的不同。这种从公到私的转变，主要来自封建体制崩溃过程中的私臣传统。然而，重要的是，春秋时代'公忠'的伦理精神与社稷意识并未因此消失，而是在观念上、思想上形成一种'公忠'传统，此传统主要即由儒家所继承"。但在真实的历史实践中，传统官僚政治中下级对上级的"私忠"传统始终占据了主导性的地位。① 可以说，这种以"主从关系"为基本特征的"差序"关系不可避免地带有比较明显的权威差距特征，私"忠"的价值理念本身也常常暗含着下对上的"主从关系"依附学特征，这种主要以下对上效忠依附性"主从关系"为基础、权力本位的组织领导模式，可以将其归为某种法家"权谋"传统的"集权式领导"模式。进而言之，此种"集权式领导"模式之中，上下属之间以"私忠"为核心价值的"主从关系"构成的是特殊主义性质、上下权威差距相当明显的"关系"形态，只有在权力集中一元化的典型"君臣关系"之下，才能形成比较稳固的行政组织体系，一旦出现组织内部的权力分散制衡，极易形成公开激烈斗争的"派系结构"。

与这种上层官僚场域"忠"字打头的"主从关系"不同，在民间基层的社会场域比较盛行的应当是以"和"为要旨的"人缘关系"，这种"人缘关系"在乡土社会可能会更直接地表现为"差序"式的血缘与地缘关系。尤其是在乡村之中以血缘为基础纽带的宗族关系的边界常常是不断拓展的，宗族内外也可能由于诸多利益问题而形成有着潜在矛盾的"派系结构"，但这样的"派系结构"常常是趋于弱化且临时动员的，往往在表面上还需要维持住集体"和谐"的局面。当然，传统村落或宗族之间也可能由于诸多利益问题而形成公开的大规模的械斗，但解决社区争端的主要路径应该还是通过和

① 王子今（1999）在萧兵等人的研究基础上指出，"忠"与"中"在古汉字里是相通的，早期"忠"的观念与"中"的权威密切相关，"忠"在文字构造上即显现了仅有一个"中心"的"大一统"意涵。事实上，在《春秋繁露·天道无二》中董仲舒即明确指出："心止于一中者，谓之忠；持二中者，谓之患。"刘纪曜（1982：193～194）指出："董仲舒完全将'忠'的伦理局限于君臣之间的个人关系，君主个人是'忠'的伦理之唯一判准。君臣之间的媒介是两者直接的个人关系，而非以超越两者之上的社稷为媒介。因为在皇帝体制下，所谓社稷往往被视为皇帝私产。因此，此种完全基于君臣个人关系的'忠'的伦理，我们可称之为'私忠'。""忠"在狭义意义上是仅限于君臣关系的，但就宽泛意义而言，"忠"应该能够运用于更为一般的上下官僚关系之中，这种狭义与宽义的区别也构成了另外一种意义"私忠"内部的紧张性，即忠于最高领导的"私忠"与忠于顶头上司的"私忠"，这种面对不同层级领导的权力矛盾可能也是中国行政化组织中科层制难以良性运行的重要诱因。

解的方式以达成(萧公权,1999/1979),"和"的价值与实践在传统乡土社会中应该占据着主导性的地位。拓展至本书个案的"股份合作制"这种实行小范围的直选组织机制条件下,乡土性的"人缘政治"的重要性就可能显现出来,此种体制中上对下的"人缘关系"笼络学特征就非常突出,少得罪人、中庸平衡等"以和为贵"的人际交往方式就会凸显出来。尤其作为组织领导,更需要积极笼络在群众中"人缘"好、能影响他人选票的骨干,同时在不同"派系"之中采取基本平衡的策略,才有可能得到最大程度的支持,这种主要以上对下讨好笼络性"人缘关系"为基础、和谐主义的组织领导模式,可以基本归之为某种道家"隐忍"传统的"人缘式领导"模式。进而言之,在此种"人缘式领导"模式之中,上下属之间以"和谐"为核心价值的"人缘关系"构成的是特殊主义性质、上下权威差距明显弱化的"关系"形态,在组织领导中上对下的讨好笼络构成其基本常态,其对人不对事的人情本位主义则暗含着某种道家"隐忍"传统。① 但在以为和谐而和谐的"人缘关系"为主要"关系"形态的一些民间群众化组织群体中,不同权力中心的潜在矛盾也常常衍生出表面和谐、矛盾潜藏的"派系结构"。

在"家"与"国"之外的中国传统社会常常又被称作"江湖",真正突破乡土社会与官场场域而在中国社会中起联结作用的正是紧密性的"朋友关系",其核心性的伦理价值亦即日常生活中的"义",儒家传统所肯定颂扬之"义"与民间日常生活中的"义气"有着一定的相通性。在其积极意义上,这种"江湖"之"义"的价值实践主要作用于市场场域之中,亦即"朋友"之"义"在中国传统"商场"中发挥了至关重要的作用,在其商业组织建构中也是非常核心性的规范要素(当然,"江湖"之"义"

---

① 在传统中国的政治社会中,如果说"主从关系"依附学的实践逻辑主要作用于"国"之官僚政治之中,那么"人缘关系"笼络学的实践逻辑则更多作用于"家"之乡土社会之中,当然下对上的"主从关系"依附与上对下的"人缘关系"笼络常常是共同存在的,但在不同"场域"条件下常常凸显出其中的某个面相。两者的共性在于其特殊主义性质的"差序"关系都有着因"人"废"事"的倾向,且均具有相当封闭的无选择性交往特征,常常由于公开的内耗斗争或者维系表面的和谐而偏离组织发展的正式目标。值得注意的是,即使"主从关系"主要突出的是下对上的关系依附,上对下的恩惠施予仍然相当常见,但这种上下交换并不能掩盖彼此较大的权威差距,与"人缘关系"形态中上对下一味讨好的"关系"笼络更是不可同日而语。就组织或网络中的个人意义而言,"主从关系"体现了某种上层路线取向的领导关系状态,"人缘关系"体现了基层路线取向的群众关系状态,两者的"关系"形态区分应该是非常必要的。

在消极意义上也容易形成诸如"水泊梁山"之类的帮派组织)。在市场环境下，中国式以"义"为先的商业关系或雇佣关系虽然有着其市场契约基础，但彼此的交往深度又显然超越了契约性关系，形成"你中有我，我中有你"，彼此利益逐步融合的"朋友关系"。在组织内外，则极易形成以某个领导或影响力为中心的某种内聚性的共同体，我们可以借用胡必亮（2005）所提的"关系共同体"来形容这种组织或网络结构的特征。① 就其基本意涵而言，"关系共同体"中"朋友关系"具有相当的对等性，并且具有相当开放的双向可选择的交往性特征，这种主要以双向交往可进可退"朋友关系"为基础，"义""利"混合的组织领导模式，可以基本归之为某种儒家"仁义"传统的"人心式领导"模式。进而言之，这种"人心式领导"模式之中，上下属之间"人心"换"人心"的"朋友关系"构成的是事本主义性质、上下权威差距相当弱化的"关系"形态，亦即此种组织领导模式趋于按照事本主义的原则来确立"差序"关系的亲疏层次，同时兼顾对弱者的人情化处理，采取传统儒家兼顾情、理、法的"仁义"传统，进而形成以某个乃至某些领导为中心、有效应对外部市场压力作用的"关系共同体"。

---

① 胡必亮（2005：11～32）在人口流动、乡镇企业等经验研究的基础上提出了"关系共同体"的概念，用以"概括关系网络或关系群体所要表示的内容与含义"。"关系共同体"这一概念将"关系"概念与"共同体"概念连接起来，从而将分析重点放在了社会结构与组织分析的中观层面之上，且这种"共同体"不是封闭性的而是开放性的社会网络，其内涵意义则指向于民间所广泛使用的"自家人群体"，但其边界的确定常常是相对模糊的。如从费孝通所提"差序格局"的"人伦"内涵出发，中国人对"自家人群体"的界定的确是比较模糊而具有相当大的弹性，以突破先天性血缘与地缘关系的"关系运作"则可以形成个体所需要的新的"关系共同体"。由此，"关系共同体"在外延形式上包括了血缘关系圈、地缘关系圈、业缘关系圈以至于海外移民的"华人网络社会"，在性质上则具有开放性特征、虚拟性特征，并力图在封闭"共同体"与开放"社会"之间架起一座桥梁。此外，胡必亮（2005：141～159）清晰地认识到"关系共同体"作为一种非正式制度对现代化建设的重要作用，当然他也意识到"如果关系共同体是建立在不健康的关系基础上时，它也会给发展与现代化带来消极影响"。笔者以为，"关系共同体"可以视作是对"差序格局"概念与理论的重要拓展，如果将"关系共同体"这样的本土概念也引入组织研究中来，其与"差序格局"概念一样并不很适合于对每个个体行动者的分析，而是需要集中关注于以组织领导为中心的结构层面，以企业家或组织领导为中心的"关系共同体"在市场条件下常常是趋于开放性与弹性化。当然，组织内部"差序格局"的消极面相是形成不同权力中心的"差序"网络相互对抗的"派系结构"，"关系共同体"的提法显然更适合于形容某种积极面相之"差序"关联的组织结构。此外，必须指出的是，以组织领导为中心的"关系共同体"依然是人治式的，组织绩效与领导团队的有效运作常常取决于组织领导人的决策与去留。

由此，本书力图要挑战霍夫斯塔德、郑伯壎等心理学者在组织领导研究中的文化主义立场，强调不同文化传统的"关系"实践有着不同组织"场域"的体制结构背景，同时本土"关系"文化传统的丰富性显然也不能简单地局限于社会学与政治学较多关注的"主从关系"，而需要动态地考察不同体制背景与不同"关系"形态之间的选择亲和性。阎云翔（2006）曾将"差序格局"的概念进一步放大，其实质是将中国社会中的"关系"置于官僚政治"主从关系"的意义之中，从而得出了"差序格局"具有浓厚文化等级观的结论。① 笔者则以为，有必要对"差序格局"与"关系"在不同场域的作用方位加以探查，而不能简单地套用"主从关系"来统括不同"关系"形态的全部面相。② 以"主从关系"为主要关系

① 与之相反，翟学伟（2009b）则认为"差序格局"更多地还是反映了某种水平式的人际纽带，如果将其等级性地加以政治结构化并不适宜。事实上，"差序格局"对水平式横向社会关系的聚焦，应该是与费孝通先生水面同心圆波纹的比喻密切相关的。值得关注的是，尽管费孝通对"差序格局"没有做出精确的概念界定，但在对"差序格局"的解读中引用了潘光旦先生的论述进而将"差序"的核心归结为"人伦"，并关注到了"人伦"在亲疏、远近之外的贵贱、上下之别，"其实在我们传统的社会结构里最基本的概念，这个人和人往来所构成的网络中的纲纪，就是一个差序，也就是伦。《礼记·大传》里说：'亲亲也、尊尊也、长长也、男女有别，此其不可得与民变革者也。'意思是这个社会结构的架格是不能变的，变的只是利用这架格所做的事"（费孝通，1985/1947：25）。可见，"亲亲"与"尊尊"是"差序"人伦的核心意涵，应该也就构成了"差序格局"内在的一对核心性矛盾张力，其人伦式"关系"的伦理意涵也使得"差序格局"的概念与分析能够构成本土社会理论拓展的实质性基础。因此，对"差序格局"的深化分析有必要从血缘、姻缘等乡土亲缘关系及地缘关系进一步加以拓展，"人伦"特别是"五伦"中的等级角色意涵是内含于其中的，亲疏远近分别之外的权位辈分等差显然是不可避免的，这在传统的政治、经济组织及社会网络的领导上下属私人关系之中则得到了更为充分的显现。要言之，"差序格局"所指称的核心在于某种以行动者为中心之私人性的社会关系网络，其私人关系网络常常既包含了较为平等的横向关系，同时应当也包含了带有等级差距的纵向关系。

② 翟学伟（2006）曾经指出这种"主从关系"考察中国社会结构的不足，但他着重从官场中的脸面运作提出了"偏正格局"的理论框架。"偏正格局"重在突出官僚政治中维护"权威"的始终正确性，也就是不论其对错与否都需要保证领导或权威的正确性。在他看来，"偏正结构不仅保留了父子结构和主从结构中的服从、遵从、归顺、依附、忠心且服务于正位之意，而且还表达了抬举、美化、吹捧、颂扬、维护、朝贡中心的含义。但这里需要进一步注意的问题是，后者的作用，不是简单地对前者作用的添加，其运作很可能造成前者的刚性反而因后者的作用而部分抵消，即将原先的唯命是从的结构转化成面子上的光环作用"。笔者则以为，"偏正结构"的理论建构尽管在于挑战"主从关系"单向依附的局限性，但恰恰说明在没有权力制衡条件下的行政体系中"脸面"对"是非"的替代，从总体上揭示出在集权一元化行政框架下维护"权威"形象的"脸面"运作逻辑，因此其主要的作用范畴常常集中于"官场"之政治场域。也正是在这个意义上，"商场"条件下所促成的"朋友关系"相对于"官场"条件下的"主从关系"的积极作用才能显现出来。

形态之"庙堂"可能正构成了以"朋友关系"为主要关系形态之"江湖"的对立面,"忠"与"义"两者之间常常并不一致而且存在相当程度的矛盾冲突,两者在意识形态上的法儒对立应当构成了中华文化组织领导中的主要张力。此外,"人缘关系"则可能主要作用于传统的乡土"宗族"场域之中,以"和"为贵的价值形态与行为实践以某种"外儒内道"的方式作用其间。由此,我们大致可以从传统社会的不同的场域结构中,发现本书对组织内部上下关系考察所得出的不同"关系"形态,这样的"关系"形态并非简单意义上的层次分类,其中最为重要的是其根本意涵的性质差别。"主从关系"之"忠"一般突出的是政治场域中下对上的依附"效忠","人缘关系"之"和"常常呈现于宗族场域中上对下的"笼络"平衡,"朋友关系"之"义"才更多指向于江湖场域中彼此较为对等而有选择性的利益交换与"关系"进退。[①]

就其内在线索而言,本书通过该拓展个案所提出的三种不同个人"关系"形态的分析性概念,有助于分析国有中小企业改革及产权改制的内在逻辑。亦即1980年代国有企业中所盛行的下对上权力依附为主的"主从关系"及其造成的经营困难,是国有中小企业不断改革并最终达成产权平均化的"一次改制"的基本动因;而由此所强化形成的以上对下讨好笼络

---

① 有关华人社会的关系研究中,一些国外学者比较倾向于将"关系"与"主从关系"区别开来。如白鲁恂曾经明确指出,"我们不可以把关系及主从(patron-client)政治两种概念搞混……就许多方面而言,令人惊讶的是虽然中国人如此重视阶级地位,但他们的'关系'并不具有很深的主从意味。关系的实质基础在于彼此之间一些共同具有的特点,如同乡或师兄弟等等。所以他们彼此之间都知道有上下之分,但表面上总要装成平等的样子"(裴鲁恂,1988:185~186)。此外,雅各布斯(Jacobs,1979)在对台湾乡村地方政治的研究中,认为中国社会中的"关系"不同于"庇护—被庇护模式"的主要区别在于,庇护关系常常是一对一的两者关系,而中国社会以政治为基础的政治联盟常常形成的是某种集体形式。在他所调查的妈祖乡,南北两派均有5~6人所组成的领导集体,而没有人成为绝对的主要领导。笔者则以为,关键问题是要认识到不同组织"场域"中的"朋友关系"、"人缘关系"与"主从关系"有显著的区别,白鲁恂在对中国政治的分析中,关注到了拟亲缘"关系"在"主从关系"中的渗透作用,但其表面的平等并不能掩饰实质性的上下之分,而雅各布斯所描述的情形恰恰反映了自发意义上民间基层政治运作过程中"人缘关系"的重要性。进而言之,在行政官僚组织或基层群众组织之中,"主从关系"与"人缘关系"始终分别是上下关系的主流,同学、同乡、战友等各种类型的"朋友关系"同样也渗透其中,但其中各自主导的"主从关系"或"人缘关系"之意涵显然不能等同于"朋友关系",不同的"关系"形态在不同的组织场域背景中发挥主导作用。

为主的"人缘关系"及其企业内部选票"民主"化的恶果，则是国有企业最终走向产权集中性"民营化"的"二次改制"的根本动因；"二次改制"后市场化的民营企业中由企业家与骨干下属之间紧密相交的"朋友关系"，是企业得以不断发展壮大的组织领导基础。由此，本书在拓展个案研究的基础之上就不同组织"场域"的"关系"形态分类进行了深度分析，从微观与宏观的内在衔接中既考察了宏观体制变革所引发的微观组织结构转型及其组织领导"关系"形态变迁，又可以从这种组织领导"关系"变迁之中理解宏观体制变革特别是中小国有企业产权改制及最终"民营化"的微观动因，从而对解释改革开放以来国有中小企业发展历程及产权变革的现实问题，也提供了一种较为有力的组织领导"关系"变迁分析路径。

总之，从本个案所展现的宏观体制结构来看，以企业家为核心的"关系共同体"得以在组织内部成立的条件应当是市场经济与私有产权两者共同作用的体制背景，而传统计划经济的组织领导模式在经营决策方式、资源分配方式及上下沟通方式上均与之有所不同，根本上则表现为人事任命与组织联结形态上的差异。本个案恰恰显示了30年的企业发展经历了组织领导"关系"形态的重大变化，组织结构从1980年代公开激烈的"派系结构"到1990年代潜藏弱化的"派系结构"再到2000年以后开放性的"关系共同体"。从"派系结构"到"关系共同体"，或许是该个案拓展在当下社会转型中对我们最大的启示，其中尽管有着领导者个人因素的作用，但从总体上仍然可以看出宏观体制转型的结构动因。① 由此，不同场域的"关系"形态的差别也说明中国文化之"关系取向"并不是纯粹的单一性"关系"，"关系"现象中多重文化传统的丰富性长期以来并没有得到

---

① 汪和建（2012：71）曾明确指出了李猛等人关于单位内部派系结构研究的不足，即对派系结构的形成原因及其内在逻辑尚缺乏深入探讨。其著作在综合费孝通、林南与华尔德研究的基础上提出了自我行动→关系行动→派系行动的演进逻辑，由此他认为在中国人市场实践中也相应存在"自主经营"、"网络生产"和"派系竞争"三大特性。其综合式的理论糅合可能会忽略了费孝通"自我主义"与林南"关系理性"之间的内在矛盾，且中国人市场行动基础可能也不适合运用"私我"的"自我主义"论断而称之为"自我行动"，但我们必须承认，他在这里进一步挖掘了"派系结构"生成问题的重要性，只是倾向于就"差序格局"一般理解的特殊主义出发来解释"派系结构"的文化成因。笔者通过本个案研究则力图说明，至少"单位"内部"派系结构"的形成更多不是自发生成的，而是有着更深层的体制结构性动因，尤其在组织内部也只有存在相对势均力敌的对抗性权力中心才能真正形成激烈斗争的"派系结构"。

足够的重视。值得关注的是，近年来西方学界社会网络与社会资本的理论日益兴盛，并在国内产生了相当的影响。本书通过揭示出本土组织"关系"现象的丰富性，也就可以说明为何中国本土的"关系"现象并不适宜运用西方"社会资本"理论加以解释。特别需要突出的是，"关系共同体"的理论探讨同样不能简单地归于"社会资本"理论，本土"关系"理论的拓展除了文化动因以外更多地需要考虑制度层面的缘由。

第二节　本土"关系"理论拓展而非"社会资本"理论移植：文化与制度的双重动因

本书坚持本土性的"关系"视角，并力图就"关系"理论在组织层面做出一定的拓展。之所以避免使用当前学界盛行的"社会资本"的理论框架，主要是感觉到"关系"的文化意涵与制度条件均不能用"社会资本"理论来加以涵盖。事实上，关于"社会资本"理论框架的反思也日益增多，社会网络与社会资本研究的泛滥使得其无论从概念、理论及其实践后果上都存在相当的模糊。正如波茨（Portes，1998）指出：较早提出"社会资本"概念的科尔曼未能有效区分"社会资本的拥有者"、"社会资本的来源"与"社会资本本身"，这可能对后来的"社会资本"经验研究产生了不良影响。亦即关于"社会资本"的研究需要避免同义反复，需要从理论与经验上对"社会资本"的来源与结果做出区分。与此同时，波茨指出关于"社会资本"的研究过于突出了其积极面相，而对其可能对群体内部的自由及群体外部的利益侵害等消极影响重视不够。在此基础之上，晋军（2001）特别发展了消极的社会资本理论，他从改革前中国社会计划经济供给的票证制度分析出发，突出强调了"资源的高度稀缺"与"结构的相对封闭"这样两个条件，这样的条件也比较适合于分析计划经济背景下的权力垄断及其"关系"运作，所关注的现象与杨美惠（1994）所集中探讨的 1980 年代的"关系学"是基本一致的。按照这样的观点，似乎也可以将官僚体系下的"主从关系"（亦即"庇护关系"）纳入消极的社会资本理论中来。

此外，按照一般的看法，社会关系意义上的"社会资本"理论体系基本分为微观层次的个体性社会资本研究与宏观层次的群体性社会资本研究两大流派，群体性社会资本突出了社会关系的公益性，而个体性社会资本则突出了社会关系的自利性，由此中国社会的"关系"研究似乎可被纳入个体性社会资本的研究范畴。冯仕政（2007）在对环境抗争问题的研究中也采用了"差序格局"的理论框架，在他看来，社会资本理论在处理共同体与行动者（即公与私）的关联方面存在逻辑上的尴尬，同时如果考虑到积极与消极的双重可能性，就可以形成共同体本位的社会资本、行动者本位的社会资本、共同体本位的非社会资本、行动者本位的消极社会资本这四种类型，从而造成了概念与逻辑上的混乱。"差序格局"的概念则在逻辑上清晰地把握了行动者中"私"的特征，避免了社会资本理论解释上的根本障碍。笔者则以为，以上的论述认识到了"社会资本"理论的局限性与"差序格局"式"关系"理论的指向性，但还需要深入理解两种不同理论所孕育的文化与结构背景，并从经验层面区分本土"关系"现象内部的矛盾性与丰富性。事实上，群体性社会资本与个体性社会资本研究路径的差别本质上体现了西方社群主义实践与个人主义实践之间的张力，两种研究视角虽然彼此缺乏沟通，但恰恰可以代表西方社会文化之社群主义与个人主义相辅相成的两个侧面。进而言之，西方文化背景下的个体性社会资本在突出自利性的同时通常仍然在个人主义的权利义务原则下并不侵犯他人和群体利益，并达成了"公"与"私"之间的明确界限，作为社会关系的社会资本尽管也在政治、经济领域发挥重要作用，但相对于制度系统来说总体上仍处于次要地位。与之相比，中国文化背景下社会关系意义上的个人"关系"则有着突破彼此权利义务边界进而模糊"公""私"界限的趋势，特别是在整体社会结构处于不断变动尚未系统制度化的背景下，个人"关系"的作用广泛渗透于政治、经济等诸多领域，甚至往往占据了主导性地位，不同的个人"关系"形态在中观组织层面乃至宏观结构层面均可能产生积极性或消极性的后果。

从中西比较的视角出发，翟学伟（2009a）明确认为中国社会中的"关系"不能等同于"社会资本"，西方背景下的"社会资本"概念的提法带有"市民社会"的公益性特征，而中国社会中的"关系"则蕴藏着"家庭本位"的自利性特征。这样的观点其实是对费孝通（1985/1947）"差序格局"、梁漱溟（1987/1949）"伦理本位"观点的进一步阐发，亦即突出中国社会文化中特殊主义式"家庭本位"及至"关系本位"的基本特征，进而与西方社会文化"个人本位"与"团体本位"相衔接的结构特征形成鲜明的对比。这种结构性的差别比较始终是建立在自发性的社会文化基础之上的，很大程度上也有着将社会资本作积极意义考虑以及将"关系"作消极意义理解的倾向。如果仅从文化比较层面而言，社会资本理论应该体现了西方社会普遍主义的文化特征，而"关系"理论似乎凸显的是中国社会特殊主义的文化特征。但从更深层次来看，梁漱溟的"伦理本位"与"无我论"即具有明显的文化本质主义特征，而费孝通"差序格局"的理论建构显然并没有停留于文化层面而是具有相当明显的结构意涵，从微观到宏观都极具理论的拓展力。进而言之，中国社会不同场域所催生的不同个人"关系"形态可能蕴含着不同的结构要素内容与文化传统选择，这些外部结构要素及其文化传统意涵显然不能通过形式化的"社会资本"理论加以解释。事实上，梁漱溟所提出的"伦理本位"的儒家立场，恰恰反映的是"差序格局"向外积极拓展的儒家文化预设，而费孝通就"差序格局"所提出的"自我主义"，恰恰可能潜藏着消极收缩的法家立场。笔者以为，"差序格局"在以"义"为重的"伦理本位"与以"利"为重的"自我主义"之外，常常暗含着某种和合性"人缘取向"的可能，其根本上是立足于"情境中心"的道家立场亦即常常是根据不同情境展开先"义"后"利"、由"义"及"利"的"关系"技艺（沈毅，2005，2007），"伦理本位"、"自我主义"及"人缘取向"反映到组织场域特别是组织领导实践中恰恰催化形成了"朋友关系"、"主从关系"及"人缘关系"三种不同的个人"关系"形态。究其根源，不同"关系"形态的成因除了不同个体的人格特征差别外，更为重要的可能还是由于外部场域结构的选择性作用。

由此，从中观组织层面来考虑中国社会"关系"与"差序格局"的独特性，正可以看出在不同宏观结构背景下，"关系"与"差序格局"所可能呈现的不同特征及其结构性后果。事实上，"关系"在中国社会的重要性绝不仅仅在于其作为一种社会关系的意义上的存在，而是广泛渗透于政治、经济以及某些社会组织之中，"关系"在不同组织"场域"中呈现"主从关系"、"朋友关系"及"人缘关系"的不同形态，不同"场域"的不同"关系"形态差别具有实质性的"关系"内容差别，这样的"关系"内容差别是以纯粹形式主义社会关系为基本预设的"社会资本"理论难以把握的。当然，将"关系"范畴突破纯粹社会关系而引入政治、经济领域中来，可以发现其长期性交往之个人关系的基本运作逻辑可能在西方社会中也同样存在，但"主从关系"之"忠"、"人缘关系"之"和"及"朋友关系"之"义"，始终带有更为明显的中国传统文化特色。"朋友关系"之"义"本质上体现出了儒家"伦理本位"的特征，"人缘关系"之"和"根本上体现出某种道家"人缘取向"的可能性，"主从关系"之"忠"某种意义上恰恰反衬出法家"自我主义"随时背叛的可能性。比较来看，在三种不同"关系"形态的价值导向与行为实践中，官僚场域之"主从关系"所突出的"忠"之价值导向始终是最为脆弱的，此中的上下"关系"尽管也是长期性紧密互动私人关系的，但其暗含的纯粹功利性特征往往是"人一走，茶就凉""反水""改投门庭"等现象在传统中国的政治场域中屡见不鲜，这种"主从关系"的广度与深度可能也是其他社会文化中少有的。当然，"朋友关系"之"义"也存在低于预期乃至出现背叛的可能性，特别是市场条件下朋友之间由于利益矛盾同样会反目成仇，但真正够铁的"朋友关系"则可能是长期稳定的，中国社会中"过命"相交的"朋友关系"更是西方社会中奉行个人主义的个体所难以理解的。在此之外，某些社会群体或民间组织中的"人缘关系"所突出的"和"之特征，其所隐藏真实情感的中庸、平衡的种种"关系"技艺甚至有着某种去差序化而在表面上"一视同仁"的特征，此中潜藏的道家"隐忍"的文化传统则更加具有相当明显的中国社会特色。

可见，对不同"关系"形态所可能承载之结构要素与文化传统的"关系"内容的忽略，是"社会资本"理论在解释多重"关系"现象的"瓶颈"之所在。如果从更深层次来看，"主从关系"、"人缘关系"及"朋友关系"在组织层面的共性在于，均可归之为对组织科层制形成实质性替代的个人"关系"，亦即中国文化传统下多重"关系"的最主要共性是构成了对实质性"制度"的替代。进而言之，在各项制度建设相对完善的西方发达国家中，"社会资本"在社会宏观层面可以视作是对"法治"制度（中观组织内部则是规范化的"科层制"）的某种补充。而在中国社会，宏观层面的"法治"制度（组织内部则应是规范化的"科层制"）始终未能完全建立或是有效运作起来，其宏观社会及中观组织"人治"式的总体特征是各种"关系"形态不能简单运用"社会资本"理论涵盖的根本缘由。

即使是与社会交换论与社会资本理论最为贴切的"朋友关系",其在组织领导中所可能促成的"关系共同体"同样带有非常明显的"人治"特色,组织或网络的兴衰常常取决于领导者或中心人物的个人影响力,"人治"的基本背景应当是本土"关系"理论得以在宏观体制层面与中观组织层面均可以拓展的重要依据。当然,本书这里集中关注于中观组织层面的"关系"理论拓展,本土"关系"理论从社会关系向组织关系的拓展也就必然需要关注社会文化与宏观结构的相互关联。由本拓展个案来看,笔者以为,尽管宏观体制的转型使得中小改制企业的组织领导模式发生了很大变化,但多数中小企业组织内部科层制式的现代企业制度并未有效建立起来,企业家与下属的个人关系在中小企业发展中发挥着至关重要的作用。因此,用"社会资本"理论之所以难以解释中国社会与组织实践中的"关系"现象,除了不同文化传统的"关系"内涵差别以外,更为重要的是个人"关系"构成了对系统"科层制"的实质性替代。

进而言之,就本个案所反映的组织转型实践而言,国有企业在由工厂制向公司制的过渡中,其基本的治理结构也相应地发生了根本变化。从理论设计上看,ZY 厂的"一次改制"在形式上是由过去工厂制单位的党总支、厂长(经理)、职代会三位一体的横向分权模式,转变为公司制企业的股东大会(决策机构)、董事会(辅助决策机构)、监事会(监督机构)、经理层(执行机构)四个层级的纵向授权模式,但两种理论模式在 ZY 厂的组织"关系"实践中都是流于形式的。即使"二次改制"后,企业外部产权制度与市场体系的建设,也没有促成组织内部的个人领导向规范科层制(即"现代企业制度")有效转型。必须看到的是,在本个案中,这种制度性的组织要素作用始终没有得到有效发挥,无论是 1980 年代公开激烈的"派系结构"、1990 年代一次改制前后潜藏弱化的"派系结构",还是 2000 年二次改制之后以企业家为中心的"关系共同体"格局,都显现出个人"关系"在组织领导实践中的支配性地位。个人"关系"始终不同于对组织内部科层制起补充性作用的"社会资本",而是构成了对科层制根本替代的私人化"关系"。当然,不尽相同的"关系"形态在不同的组织外部宏观体制背景下也有着不同的价值导向、运作方位与结构后果,但其共同点是均达成了对组织内部科层制的实质性替代。① 比较而言，科层制组织中的"社会资本"用以指对组织正式制度起辅助作用的人际信任、非正式组织等面相，即组织社会资本所起到的积极作用只是对科层制及科层关系的辅助性补充而非替代。由此，在"人治"型的社会结构中，组织领导的成败常常是"成也'关系'，败也'关系'"，不同的"关系"形态已然成为组织能否良性运行的关键，"关系"并非是对组织科层制的补充，而是构成了实质性的替代。"关系"对科层制的替代很有可能造成组织领导失范，亦即造成一系列徇私舞弊、公开斗争的"集权式领导"，抑或表面中庸和谐、内里矛盾潜藏的"人缘式领导"，但同时也可能形成精诚合作、凝聚力极强的"人心式领导"。要言之，不同组织场域中催生的不同个人"关系"形态尽管有着不尽相同的宏观体制背景与文化传统作用，进而在不同性质组织中趋于形成不同的组织领导模式及其组织结构特征，但均难以形成组织内部严格按规章行事的科层制组织形态，亦即各种"关系"形态的共性均偏向于个人"关系"的作用而难于达成科层式制度的规范化运行。

由此需要进一步解决的是，"关系"缘起之中文化传统与体制结构两者孰轻孰重的问题。按照以心理学为主导的本土化"关系"研究的总体模态，文化解释尤其是立足于儒家思想的"关系"研究无疑是首要性的，而以社会学为主导的西方学界开始兴盛的"关系"研究中，制度主义解释无疑是占据主导地位的。事实上，黄光国（1988）在建构"人情与面子"理论模型的过程中已经认识到在对"关系"现象的解释中，文化解释与结构解释两者均有一定程度的合理性："这些差异的来源是什么？它们为什么

---

① 张静（2001：199）在对"单位"职代会的个案研究中，既反对西方阶级或阶层式的研究范式，也反对庇护主义关系的研究范式，她认为单位职代会的运作显示了中国城市社会利益组织化结构的独特性。"这种利益组织化不是采用自发的多元自组织形式，不是以收入或财产差别状态的阶级身份形式，也不是通过个体庇护关系形式建立起来的——虽然后一种关系普遍地存在，但是它主要的作用，是处理个别利益的诉求与供给。"换言之，她通过该个案研究认为，利益组织化单位具有达成单位内部利益诉求的可能，职代会等组织内部制度在国有大中型企业中是有相当功效的，而非正式的庇护关系则是相对个别存在的。本书的基本观点与之相比有较大的差别，不同"关系"形态的重要性在笔者的个案中还是得到了充分的重视，且不同的组织外部宏观体制背景可能导致了以不同"关系"形态组织联结的不同结构性后果。当然，一种解释是笔者所选择的中小企业个案本身即缺乏较为严格的组织内部制度，而张静所选择的国有大中型企业可能有着相对完善的职代会及其利益表达机制。无论如何，笔者个案中所重点突出的不同形态的私人"关系"，显然并不是对职代会等利益表达机制的简单补充，而是根本构成了对组织内部科层制的有效替代。

会长久地存在于变化如此广大的中国社会之中？'文化'使然应该是答案的一部分。……答案的另一部分应该是'结构'使然。从历史的角度来看，即使是在现代，仍然有少数中国人生活在差序结构严谨的封闭社会里，其主要的经济及社会资源是由少数人控制并任意分配。在这些情境下，无可避免地，个人会对自己的社会地位以及因长期交往造成的义务关系而能获得或失去的资源，感到特别敏感。"在这样的区隔之下，文化的解释与结构的解释似乎是完全不同的研究路径，彼此之间的平行关系似乎较难去考察两者之间的关联。黄光国（1995）在其后的进一步理论建构中，力图从社会心理学视角考察中华文化传统，他统摄了"道、儒、法、兵"等各家思想，其最终目标是运用西方社会科学的多元范式来阐释一般华人日常社会行动的"小传统"。但在具体论述中，他仍主要沿着文化阐释的路径，更多的是从"大传统"的经典文献中挖掘不同文化传统的思想结构，似乎并没有落实到经验层面上就行动者"关系"实践的"小传统"及其社会结构动因展开深入分析。

事实上，在由港台地区心理学主导的集中于阐释"关系"与"差序格局"的本土化研究路径中，文化本质主义的研究立场之上的"关系本位"取向研究（何友晖等，1991），常常聚焦于对"关系"概念本身的理解及定位，但在理论创新与对话方面则似乎也陷入了某种"瓶颈"状态。与之相对照，华尔德、戴慕珍等人集中于"单位制"体系的"主从关系"研究凸显了社会学的制度主义立场，虽然基本舍弃了文化传统的分析视角，但也认识到"单位制"所塑造的"新传统主义"并不能完全割断与传统文化的关联（华尔德，1996：11、31）。可见，文化主义立场与制度主义立场的、不同学科的学者都关注到了彼此对话的必要性，文化传统与体制结构的关联可能正是未来"关系"研究的主要着力点。笔者以为，对文化传统与体制结构可以采取关联式的考察方法，"儒、法、道"三者始终构成了中国本土文化传统的三大分支，并在不同的组织场域中呈现不尽相同的日常"关系"行动特征。进而言之，中国文化传统的内部分化是相当明显的，不同的组织场域中常常孕育出以不同文化传统为指向的"关系"形态，不同"关系"形态的行动路径反过来又进一步强化了不同组织场域的体制结构特征，亦即不同的组织场域与不同文化传统指引下的个人"关系"实践及其组织结构后果往往是相互强化而不断再生产的，这应该正是本土"关系"理论深化拓展的必要性之所在。[①]

　　总体来看，在对华人组织的本土"关系"理论拓展中，本土文化主义的立场相当突出，而不同文化传统的宏观体制背景并没有得到充分关注。郑伯壎在对"家长式领导"与"差序式领导"的分析中明确指出，"什么是华人社会的特定文化价值呢？虽然各家也许有不同的看法，但大多数研究者都同意：华人文化乃立基于儒家思想中的人伦概念，强调当个人与他人往来时，必须遵循彼此间的'尊卑'与'亲疏'分际，尊其所当尊，且亲其所当亲，以符合儒家'仁'、'义'与二者相合之'礼'的精神。尊尊法则代表的是权威取向，而亲亲法则则代表了关系取向（杨国枢，1993；黄光国，1995）。透过这两种社会文化价值的型塑，华人的日常生活、思想方式、行为规范，以及生活准则都将有别于西方，并对华人企业的组织管理与组织行为产生极为关键的影响"（郑伯壎，2004：197～198）。以这样的论述来看，其所突出的"威权"与"人情"之取向均立基于儒家思想的文化立场之上，而对外部宏观体制背景则基本忽略了。张志学（2000）在对郑伯壎"家长式领导"的评论中特别指出，"家长式领导方式的产生，除了有其文化根源外，社会环境也起很大作用"。他特别提出了外部结构因素对于领导行为的影响，由此拓展指出华尔德（Walder）所说的制度性依附是组织中家长式领导产生的"温床"。由于劳动力市场化的

[①]　中国式个人"关系"在文化与制度两个层面的重要意涵始终是"关系"研究乃至理论拓展的必要性之所在（Gold et al.，2002）。有学者在对中国社会关系研究的梳理中，进一步细化分析了文化视角、结构视角以及制度视角的区别，并提出要将以上三种视角相结合的研究策略，其研究落脚点是要通过社会关系的结构与文化分析，考察当下转型社会的科层制建设以及制度变迁（纪莺莺，2012）。事实上，结构视角本质上是社会网络所暗含的某种中观层面的网络结构观（张文宏，2003），以上三种研究视角的糅合其实忽略了"关系"研究与社会网络分析之间的差别。进而言之，宏观层面的社会结构即制度背景分析才是"关系"研究的重要突破点，由此所连带的文化传统分析恰恰与社会网络分析之间有着根本性的深层矛盾，目前的研究重点应是要从传统社会中厘清本土"关系"形态的基本类型及其实质内涵，通过制度背景与文化传统两个层面的分析把握本土"关系"形态乃至中国整体社会结构未来可能的走向。由此，一种以个人关系为基本连带的社会结构与以科层制作为实质基础的社会结构之间存在质的差别，本土"关系"理论的拓展与分析在学术研究之外也就有着非常明显的实践意义。"场域"脉络的分析视角将真正有助于把握"关系"实践背后的制度背景、文化传统以及在组织或网络层面所显现的基本结构形态，这既有助于深入分析不同"场域"中个体"关系"联结的行为取向及态度倾向，从而深入理解不同"场域"中微观个体"人格"形成的整体模态，同时也更有助于在社会学的立场上理解宏观制度背景的基本作用倾向。

出现，一些有专长的员工较过去有了更大的自主性，这不仅将影响到员工对家长式领导的接受态度，也必然使得领导者调整自身的领导行为。要言之，张志学已经明确指出了外部市场力量对家长式权威模式的削弱作用。但在笔者看来，更为关键的可能还是要集中关注于"关系"与"差序格局"在经济体制转型中的不同后果：在一种缺乏流动无选择性的"单位"行政结构中，以不同单位领导为中心的"主从关系"（或是由群众性"人缘关系"自发形成的若干"圈子"）联结常常形成的是内耗性的"派系结构"，而在选择性流动的市场组织环境中，以企业家为中心的长期性"朋友关系"联结往往能形成内聚性的"关系共同体"。

在中国改革开放以后的体制转型过程中，我们恰恰可以发现上述多重"关系"现象的丰富性，针对"关系"实践的深入探讨变得更为迫切，同时也为本土"关系"理论与实证研究的拓展提供了广阔的空间。关于转型社会中的"关系"研究在海外社会学界也开始有所关注，但研究的侧重点仍然集中于对"主从关系"（即"庇护关系"）的考察之上。其问题的焦点在于："主从关系"即"庇护关系"究竟是衰退了还是仍然在起作用？就市场转型对"关系"产生的影响而言，顾道格（Guthrie，1998）提出了"关系学"正在弱化的重要观点，他通过对上海官员及企业经理相关访谈，进而认为随着正式法律与制度的不断完善，"关系学"或"关系实践"在中国社会的重要性正在下降。但顾道格其实并没有完全否认"关系"的重要性，尤其是在中国商业往来中"关系"的重要性，而是对狭义意义上的"关系学"与宽泛意义上的"关系"做出了重要区分，他明确提出了要对"搞好商业关系"与"靠关系学办手续"加以区分，亦即市场转型中的"关系"虽然很重要，但产品的价格与质量始终是第一位的，这样的"关系"也不是中国社会所独有的，在世界各地的商业关系中都可以看到。与之相反，一些研究则认为"主从关系"或"庇护关系"的作用并没有弱化，如王大伟（Wank，1996）以厦门为个案的研究认为，私营经济的兴起恰恰得益于地方政府的庇护关系，相反催生了某种市场性的庇护主义（Market Clientelism），进而提出了市场条件下"关系资本"（*Guanxi* Capital）的重要性。在他看来，这种"庇护关系"形式的"关系资本"绝不仅仅简单渗透于市场经济之中，而是在转型过程中构成了市场化的制度性要素，即政企关联中的"主从关系"可能在市场转型过程中同样发挥着至关重要的作用。

笔者则以为，对"主从关系"是否削弱的争论，在本质上也就是对中国"市场经济"发展成熟程度的争论，鉴于中国政府特别是地方政府在经济运行中非常突出的直接作用或间接影响，显然不能简单地认为"主从关系"已然消亡或衰弱。然则，重要的问题在于"主从关系"显然已不适合作为解释中国社会政经发展的唯一"关系"形态，顾道格实质上已经开始区分"积极关系"与"消极关系"，但他没有认识到就不同场域而做出不同"关系"形态区分的必要性。在与行政审批相关的官僚场域，狭义意义上的"关系学"其实正指向于某种依附性的"主从关系"，而在自由交易的市场场域，宽泛意义上的"关系"其实是指向于相对可选择的"朋友关系"。即如杨美惠（2002）也认识到了其早期"关系学"研究的历史局限性，开始反对本质主义的文化决定论，提出要从历史结构背景下来理解"关系"运作的转变。由此，杨美惠在借鉴雷丁（Redding）、韩格理（Hamilton）等人研究的基础上指出，在从再分配经济形态向市场经济过渡的过程中，"关系"的作用场域可能也在发生变化，逐步从对抗国家权力的"关系学"[①] 转向于市场背景下的"关系资本主义"。但"关系资本主义"可能还是更关注于商业往来或政经交换"关系"，而相对忽略了对组织内部关系形态的深入探讨，此中的组织领导上下属的"关系"转型可能更能说明这种体制转型的结构后果。当然，组织内部的上下属关系与组织外部"关系"应当有所区别，但其根本的内在属性是相通的，且不同组织场域中衍生出的"主从关系"、"朋友关系"乃至"人缘关系"，虽然不能说是为中国社会所独有，但其各自的核心价值及表现形式可能更为突出，其分别指向的不同文化传统构成的张力关联更加显现出中国社会中文化与结构

---

① 在杨美惠看来，在国家再分配经济为主导的计划体制之下，"礼物经济"中的"关系"技艺成为对抗再分配经济的行为策略。她在借用福柯权力观的基础上，认为总体性的权力始终是难于达成的，"关系"也就成为弱者消解总体性权力的重要策略（Yang, 1989）。然则，笔者以为，至少就中国社会政治而言，常态性的"庇护关系"并非构成对权力的消解，而是强化了"权力运作"的基本逻辑，只不过这种"权力运作"可能并不能视作是国家总体性权力的贯彻，而更多是占据行政位置的领导个人的权力拓展，由不同庇护关系所构成的派系结构根本上还是领导者个人的权力争夺，此种权力争夺对于领导者而言更多可能是权力本身及其象征性意义，但对派系成员而言则除了位置安排之外还有着实质性的利益分配问题。尽管就短期运作而言，"关系"有可能成为对抗正式制度与国家政策的计策性手段，但从长期过程来看，"庇护关系"实质上正强化了权力本位的组织结构，权力中心及其势力范围正是通过"庇护关系"的实践而不断再生产出来。

的交错作用。①

需要强调的是，要对中国社会转型的宏观整体层面做出把握，是一项相当艰巨而细致的工作，况且这种转型当下仍在进行之中。本书的拓展个案研究的重要意义亦并非是对中国社会转型乃至组织领导模式变迁做出某种推断，而仅仅是从类型学的意义上提出本土组织领导与"关系"形态的三种基本形态，亦即能从体制转型过程中发现相对稳定的组织领导模式与"关系"形态选择。无论如何，"关系"现象的丰富性使得"关系"研究的重要性日益凸显，边燕杰（2010）在国内率先倡导建设"关系社会学"的学科方向，希望以此作为推动"中国社会学理念、中国社会学学科方向、社会学的中国学术流派的一个可能的突破口"，并明确指出，"不但是传统中国社会，而且是我们生活其间的再分配经济到市场经济的转型社会，人际关系的非正式规范都是调节中国人社会行为的关键机制。为此，关系社会学的概念、理论、方法，对于研究中国社会、社会变迁，是处于中心学术地位的"。然则，边燕杰虽集中突出了关系社会学在中国社会学发展中的地位及其国际化的问题与重要性，但就具体的研究路径似乎并未能明确澄清，其实质性的两难可能在于：一旦"关系"研究趋于国际化的研究立场特别是为社会网络与社会资本理论所涵盖，其文化内涵与内容特性即会被搁置起来；而一旦"关系"研究走向本土化而趋于文化本质主义的研究立场，又很有可能成为区域研究的另类范畴而被国外学界主流所忽略。笔者以为，"关系社会学"的发展既不能离开对本土文化传统的解析，也不能离开对组织场域特征的关注，脱离了文化传统考察的"关系"研究无疑会忽略中国社会中"关系"技艺的文化特色，脱离了组织场域分析的"关系"研究则非常容易忽略个人"关系"在政治、经济、社会等不同场域中的重要作

---

① Fiske（1991）曾将人类关系区分为共同分享（Communal Sharing）、权威排序（Authority Ranking）、平等匹配（Equality Matching）、市场定价（Market Pricing）。人类社会的所有关系似乎都可以归入这几种模式及其混合类型。但如果仔细考量，这几种关系模式背后仍然明显带有当代西方家庭、政治、社会和市场的基本运行逻辑，体现出了西方社会不同场域中"公""私"分明之社会关系及组织关系的分化乃至简化。而本书从中国社会"差序格局"式的私人关系出发所要阐释的"主从关系""人缘关系""朋友关系"恰恰可能体现了家族亲缘式的私人关系在政治、社会及市场等组织场域中的渗透，体现出了某种"公""私"不分之社会关系与组织关系的混合性特征。简而言之，个人"关系"与制度间的"公""私"关联是深化本土"关系"理论的重要缘由及拓展面相。

用，从而易于忽略不同场域可能会催生的不同"关系"形态。由此，本书试图从组织场域与文化传统的双重动因出发来考察不同的个人"关系"形态，这就需要进一步从学理上选择较为契合的研究维度对其加以分析。①

如前所述，在既有的"差序格局"与"关系"的研究之中，除了"自己人–外人"的横向维度之外，"权力–人情"的纵向维度往往被忽略了，而这恰恰构成了郑伯壎系列研究"家长式领导"及"差序式领导"的内在张力。在中国的社会与组织"关系"实践中，善于"用权"与体现更多的"人情味"构成了一对基本矛盾，特别是作为领导者或资源掌控者，对待下属或资源请托者的"用权""抓权""弄权"构成了重要的硬性"权力"面相，与之相对的则是"讲人情""谈感情""用恩情"的软性"人情"面相。同一个人在不同的场域脉络及情境条件下，有可能会展现出不尽相同的"权力"面相或"人情"面相，但就某一对特定"关系"在某一段时期内而言，"权力"面相与"人情"面相往往是此消彼长的，从而在"关系"实践中可视其分布状态而构成"权力优先–人情取向"的一个核心维度。② 同样，在

---

① 事实上，"关系社会学"的学科理念是西方学者在社会网络研究领域中率先提出的，这种提法其实带有社会网络研究的某种去实体化的形式化趋向（Emirbayer, 1997）。传统中国哲学及东方哲学中去实体化的"关系"思维似乎可以成为此种形式化主导之"关系社会学"发展的哲学基础，而对中国式"关系"的研究似乎也就能够纳入社会网络与社会资本的研究范畴之中。但在笔者看来，中国式的"关系社会学"首先需要坚持的恰恰是对内容实质论立场的"关系"研究，一方面是要进一步揭示中国式的"社会关系"与西方式的"社会关系"的文化差别，特别是私人性的"朋友关系"在不同社会文化中究竟存在何种差别，但更重要的则是要分析私人"关系"在政治、经济、社会等不同场域中的重要作用及其表现形态，特别是由此而形成的"关系"与"制度"之间的关联定位。要言之，本土"关系社会学"的尝试与努力无疑具有重要意义，或许是中国社会学形成自身本土理论的重要切入点，但本土"关系社会学"的未来拓展，始终是建基于社会科学的基本立场之上，而不能走向纯粹东方主义的"关系"哲学。即本土"关系社会学"需要关注不同组织场域中的"关系"实践，并从实质论立场出发考察不同"关系"实践的微观文化意涵、宏观体制背景与中观结构后果。

② 值得注意的是，如果从西方语境出发，与"权力"（抑或"等级"）相对应的概念应当为"平等"，但"平等"的话语暗含着西方个人主义的去关系化意涵。在中国社会或组织运行中，"人情取向"除了去权力化的相对平等的意涵之外，其所指涉的"人情""感情"甚至于"恩情"的投入则凸显"关系"横向联结的倾向。进而言之，在西方"个人主义"的文化背景下，"权力（等级）–平等"（Equality-Hierarchy）应该构成此消彼长的一个基本维度，而在中国"关系取向"的文化背景下，"权力–人情"则构成此消彼长的一个基本维度。就此而言，"权力–人情"的维度亦可视为在中国本土语境下对"权力–平等"之维度所做出的重要修正。

政治、经济等组织场域中考虑到组织绩效的基本原则,"自己人-外人"的社会关系维度则可以被修正为"特殊主义-事本主义"的组织关系维度。所谓"特殊主义"无疑是一种"对人不对事"的纯粹亲缘、效忠为基础的纯关系导向,在组织场域中常常会表现出比较明显的看重血缘、地缘、姻缘、门户等任人唯亲的先赋性倾向;所谓"事本主义"本质上是某种以能力及绩效为基础而发展进退的关系取向,即在组织内部的上下属关系中是以下属能力作为基础而发展的,在组织外部也是以合作伙伴所可能带来的绩效或收益为基础而发展的,从而在组织场域中往往会表现出比较明显的看重能力、绩效及收益的获致性倾向。由此,"特殊主义-事本主义"作为一对此消彼长的矛盾,也就构成了"关系"实践中另一个核心维度。"特殊主义-事本主义""权力优先-人情取向"作为理解"差序格局"之个人"关系"的两个相互独立的重要维度,其两两交叉共构成了四种"关系"形态(见表6-1):

表6-1 组织场域与"关系"形态的双维度特征分析

	权力优先	人情取向
特殊主义	主从关系("官场"场域)	人缘关系("乡土"场域)
事本主义	科层关系(西方科层组织)	朋友关系("商场"场域)

由表6-1可见,"官场"场域中的"主从关系"形态体现的是某种权力优先的特殊主义关系,"乡土"场域中的"人缘关系"形态体现的是某种人情取向的特殊主义关系,而带有"江湖"色彩的"商场"场域中的"朋友关系"则显现出某种人情取向的事本主义关系。如前所述,"官场"场域中的"主从关系"所指涉的以权力依附为主要特征的特殊主义比较容易理解,特别反映在组织场域中以领导者或资源掌控者为中心的依附性"自己人"的"差序"联结脉络之中,并以此构成了其"官场"场域中资源分配的基本逻辑。与这种由权力衍生的依附性联结不同,所谓的"人缘关系"常常带有更为明显的"人情取向",但其暗含的仍然是"乡土"场域之血缘、地缘、姻缘等先赋性的"差序"特征,在组织场域中这种与领导者或资源掌控者先赋性关系的亲疏远近常常也构成了资源分配的基本逻辑,在此意义上可称之为某种"人情取向的特殊主义关系"。与之相对照,

"商场"场域中的"朋友关系"带有更明显的人情选择性交往特征,无论是对组织内部的重要骨干下属还是对组织外部的重要商业伙伴,正是在能力绩效或利益诉求的前提下通过系列的"关系"技艺进行"感情"投入乃至培植"恩情",进而可能形成某种深入交往乃至不分彼此的"朋友关系",这样的"朋友关系"的发展进退本身即体现了能力、绩效及所可能带来收益基础上的"差序"特征,在组织场域中这种与领导者或资源掌控者选择性交往的关系远近常常构成了资源分配的基本逻辑,在此意义上则可称之为"人情取向的事本主义关系"。① 就此而言,"人缘关系"与"朋友关系"表面上虽然都体现了"人情取向",但前者更多由先赋性身份联结形成的"差序"人情与后者由选择性交往需求形成的"差序"人情显然不可同日而语,这种质的差别往往也就倾向于形成不同的组织结构后果。

如回到传统"五伦"的"关系"原型,"人缘关系"可以被视为是血缘、姻缘等传统亲缘关系以及地缘关系的拓展,在某种意义上其原型可以归为"五伦"之中的"父子""兄弟""夫妇"三伦,虽然其伦理层面都具有比较明显的等差意涵,但其内在的亲缘属性使其在实践中还是更多地以"人情"而非"权力"的面相出现。当然,"人缘关系"并不局限于"家"内的三伦关联,在某种意义上其囊括了乡土宗族内外的总体关系形态,"和"无疑构成了这种长期性、无选择性交往关系相处的要旨。"朋友关系"可以视作是这种乡土亲缘关系的直接延伸,其原型则可归之为"五伦"之中的"朋友"一伦,所谓"在家靠父母,出门靠朋友"一语,基本点出了"朋友关系"的重要意涵。儒家的"朋友"伦理强调"忠""信""义",其"忠"更多地亦即诚信,日常话语中的"忠信""信义""忠义"都可以用来形容"朋友关系"的价值取向,在实践中"朋友"之间则更为凸显忠信基础之上的"义气",朋友之"义"带有某种长期性、

---

① 如前所述,采用"事本主义"而非"普遍主义"的提法正是由于,"普遍主义"所指的"对事不对人"的意涵可能忽略了私人"关系"发展的面相,而仅仅停留于工作层面的角色关系或科层关系之上。如在中国社会文化的"商场"场域中,"事本主义"与"人情取向"之间并不构成实质性的矛盾,绩效导向的"事本主义"往往成为人情选择性交往之"朋友关系"发展的起点。即使对于下文所述的科层制系统下的"科层关系"而言,"事本主义"也同样意味着工作角色关系中仍然可以有人际信任及私人合作的成分存在,进而构成对科层制有积极补充作用的"社会资本"。

可选择性交往的特征。一般意义上的朋友关系具有比较平等的意涵,即如水泊梁山的宋江必须"义"字当先,这是其获得拥戴的基本依据。"主从关系"在绝对意义上指向于中国传统的"君臣"一伦,但"君臣关系"的范畴显然更为狭窄,因此官僚体系中上下属之间的"主从关系"更多体现了"君臣关系"的拓展。就传统的"君臣"伦理而言,儒、法两家学说思想也有着截然不同的观点,法家强调了君对臣毋庸置疑的绝对权威,即着重灌输臣对于君单向性"忠"的绝对义务,早期儒家则对"君臣关系"作对等式的阐述,亦即臣对君之"忠"亦是以君对臣之"义"为前提的。但就现实而言,"忠"的价值与实践在"主从关系"之中始终占据了主导性的地位,虽然"主从关系"之中上级对下属也有着各种资源的给予与庇护,但彼此的权威距离常常是非常明显的,"主从关系"之中下属对上级之"忠"始终是第一位的。①

就"五伦"的演化历史而言,一方面,先秦时期最早使用的还是"父子"及"兄弟"两伦,"五伦"的提法在宋明以后逐步完善直至清代才完全定型而为社会广泛接受;另一方面,各种人伦关系的提法曾经达到数十种之多,其逐步归纳为"五伦"的范畴可能也体现了"五伦"在实践中所形成的宽泛解释力(潘光旦,1999/1948)。在传统"家国同构"的连续统一的观念思维中,"移孝作忠"的价值观其实暗含着"父子"与"君臣"两伦的相通性,而"朋友"一伦也常常可以与"兄弟"一伦并称,"朋

---

① 笔者力图借鉴布迪厄(Pierre Bourdieu)的"场域"分析视角,打破"关系"研究中文化主义与制度主义分析的隔阂。"主从关系""人缘关系""朋友关系"三种"关系"形态的分析,无疑是从"传统"中发掘当代中国社会关系及政治、经济关系中的"个人关系"意涵,其"场域"脉络的实质论立场也正是为了突出中国文化传统内部的多样性与丰富性,从而揭示出不同传统"场域"内部行动者"实践"的不同身心状态(布迪厄、华康德,1998/1992;叶启政,2006)。这些不同的"关系"形态在当下的官场、乡土、商场等不同场域中仍分别起着主导性的作用,当下的社会转型也为考察这些不同的"关系"形态及其"场域"特征提供了重要的契机。进而言之,本书力图突破文化本质主义的范畴,但仍然保留了费孝通、梁漱溟等学者文化阐释的研究取向,如何在实证研究中进一步加以验证与阐释可能是更为关键的,即需要在经验研究中将不同的"关系"形态所承载的"场域"背景及文化传统得到充分的展示,从而更好地将阐释性的研究路径(hermeneutic approaches)与实证性的研究路径(positivist approaches)结合起来(Nathan,1993)。这当然也涉及研究方法的选择乃至研究方法论层面的思考,实质论立场下的"场域"脉络应当能较好地结合阐释与实证这两种研究路径,同时也能更好地糅合文化主义与制度主义的分析视角。

友"似乎也可以被视为是"兄弟"关系的拓展进而纳入亲缘关系的范畴，这样由"父子"与"兄弟"两伦似乎可以推及"君臣"及"朋友"两伦，"五伦"于是乎就都可以纳入"家"的范畴之中。然则，我们一般可以认识到的是，"父子"之"亲"与"君臣"之"忠"两者的重要差别始终不能被加以忽略，"家"内乡土性的"人缘关系"与"国"中官僚化的"主从关系"之间无疑有着质的区别。更为重要的是，乡土性的"人缘关系"与超出乡土之外江湖化的"朋友关系"之间的差别同样不能忽视，"家"与"国"之外的社会空间及社会关系形态始终不能被加以忽略。在专门就"朋友"一伦的分析中，钱穆（2004/1987：225）明确指出："夫妇父子兄弟三伦限于家，君臣一伦限于国，唯朋友一伦，在全社会中仅有选择自由，亦仅有亲疏远近之斟酌余地，而其影响亦至大，有非前四伦之可相拟者。"可见，"朋友关系"的重要性恰恰在于突破了"家"与"国"的政治社会秩序，其展现的某种"江湖"空间乃至"江湖"精神不仅对传统中国社会，而且对当下中国社会可能仍有着非常重要的影响。

　　集中就传统中国社会的构成而言，钱穆（2001/1984：227~230）曾认为，中国社会可以分为四个部分：城市、乡镇、山林和江湖。城市是传统政治与商业中心，乡镇应当是宗族聚居的宗法社会，山林主要有佛道及儒林隐士，江湖则从古代游侠到现代帮会构成了"研究中国社会一主要项目"。王学泰（1999）在对中国传统游民文化的研究中进一步拓展了"江湖"的意涵，他将"江湖"理解为与宗法主流社会相区别的底层隐性社会，并认为在两宋之后的城市四民社会之外已然形成了底层游民的隐性社会。在这种对游民文化的分析中，"乡土"宗法社会之外的"江湖"隐性社会对皇权官僚政治的消极作用是比较明显的，甚至可能构成了中国历史一治一乱的重要谜底。笔者则以为，对"江湖"的理解似乎应该更为宽泛与全面，"家"与"国"之外的传统中国社会往往渗透着较为率性的江湖规则，其基本遵循的是"有恩报恩""有仇报仇"之"一报还一报"的快意恩仇准则，其"义""利"混合不断深化的趋势显示出"五伦"中"朋友"一伦的重要意义，这种以"朋友"之"义"为主导价值的"江湖"意涵可能构成了"家"与"国"之外社会联结的基本形态，特别是对民间商业组织及网络的运行有着相当明显的积极意义。当然，其朋友之"义"在某种意义上突破了儒家义务性的角色规范，特别是"江湖"之"侠义"

在某种程度上具有非角色化的超道德的意涵（冯友兰，1940：78）。进而言之，民间小传统的"义气"比儒家大传统所推崇的"仁义"更具有交往实践性的特征，但两者的相通性应该在于都是主张牺牲小我，趋于某种以他人为重的"伦理本位"（梁漱溟，1987/1949）。

事实上，已有历史学者认为"江湖"传统从表面上看似乎存在于底层群体之中，实则深嵌于常态文化体系之内，进而提出要以"江湖中国"的分析概念推进"差序格局"的社会结构研究（李恭忠，2011）。姑且不论"江湖中国"的提法是否恰当，但必须承认的是，"差序格局"的既有研究显然不能局限于传统以乡土亲缘关系为重点的社会关系分析，而必须兼顾乡土社区之外的"庙堂"及"江湖"范畴，特别是"江湖"的精神理念更多地可能体现在传统及当下的"商场"场域之中。就本书所要厘清的三种关系类型而言，我们可以认为"主从关系""人缘关系""朋友关系"本质上都具有相当的工具性"差序"特征。比较来看，"主从关系"的"自己人"形成过程往往带有比较明确的门户出身意涵，其公共行政资源分配的"差序"原则通常是非常明显的；"朋友关系"的"自己人"形成过程即带有能力绩效的前提基础，其市场条件下资源分配的"差序"原则往往也是相当明显的；"人缘关系"的"自己人"认定往往带有更多的血缘、姻缘、地缘等乡土既定身份的基础，领导者或资源掌控者在不同身份之间"差序"有别对待的同时还需要考虑同一身份内部至少表面一致对待的中庸、平衡技艺，亦即"人缘关系"所要突出之"和"的价值理念，常常体现出"乡土"场域中"你好我好大家好"之"和稀泥"的平均主义色彩，从而与"商场"场域中"义""利"鲜明的"朋友关系"有着质的差别。应该说，在充斥着"江湖"精神的"商场"场域中，以能力、绩效及暗含的利益为前提而逐步发展的"朋友关系"，对组织绩效往往有着相当积极的作用，特别是以某些核心领导为中心凝聚的一批骨干所形成的"关系共同体"往往是商业组织及网络发展的重要基础。当然，这种以"朋友关系"所构成的"关系共同体"，始终是人治式的私人性组织网络而难以实施制度化的规则体系，因此同样有可能突破公共规则而对社会整体造成一定的消极作用乃至相当的危害。

总之，"主从关系""人缘关系""朋友关系"分别成为"官场"场域、"乡土"场域及"商场"场域的三种私人"关系"原型，尽管可能由于诸如家国联结、政商不分、乡土经济之类的场域交错问题而形成不同"关系"类型的混合与交错，但总体上并不能影响以上三种个人"关系"形态分类的原型意义。① 与以上这三种个人"关系"形成鲜明对照的是，西方科层组织中的"科层关系"则主要是某种权力优先的事本主义关系，"科层关系"所构成的事本主义关系同样并不排除人际信任及私人合作的成分，但在本质上应该属于制度化特征比较明确的工作角色关系范畴。"主从关系"、"人缘关系"与"朋友关系"在西方社会文化及其组织实践中可能也常常出现，但其内含的中华文化传统则是独具本土意义的，"科层关系"在中国一些逐渐现代化的组织形态中也逐步建构起来，但似乎还不能迅速地成为主流。总之，以表6-1这样的"关系"分类框架来看，特殊主义-事本主义的维度区分恰好说明了三种本土"关系"形态的不同组织结构后果，"主从关系"与"人缘关系"都指向特殊主义取向的"派系结构"，而"朋友关系"则趋于事本主义取向的"关系共同体"。从权力优先-人情取向的另一个维度出发，依稀可见不同场域中的"关系"形态也伴随着硬性"权力"面相或软性"人情"面相的不同权力运作机制。事实上，"人缘关系"与"朋友关系"两者都倾向于某种去权力化的"人情"取向，这种以个人人情关系作为基础的权力运作机制长期以来并没有得到充分的关注，而以依附性权威关系作为基础的"主从关系"依附论及华人"权威性格"的理论范式则占据着主导性的地位。尽管一些学者对"权威性格"的理论范式展开了质疑，但仍着重从文化主义的研究立场出发，而体制转型背景下呈现的多重"关系"形态，则可以从文化传统与体制结构的双重视角出发为华人权威理论范式及本土组织领导分析的拓展提供可能。

---

① 当然，这里与不同"场域"相对应的不同"关系"形态只是指其相对占据了支配性的地位，并不能完全排除某一场域中出现其他类型的"关系"形态。如在"商场"场域中某些组织或网络的关系实践依然遵循了"乡土"场域中任人唯亲的"人缘关系"逻辑，但其结果往往是该组织或网络的最终衰败。由此，这里的所谓"商场"本质上应该是指以私有产权为基础的组织场域，其中"朋友关系"的充分发展恰恰是以对"人缘关系"的规避为显著特征的，这是相当多的民营商业组织及网络得以成功的重要基础。本书通过深度个案分析三种不同"关系"形态及"场域"背景的转换与比较，旨在厘清说明三种个人"关系"形态的原型意义及其各自发挥主导性作用的"场域"背景。

第三节　从"权威性格"到"个人权威"：
本土组织领导模式的再探讨

　　二战以后，以阿道诺（Theodor W. Adorno）等人为代表的一批学者用"权威性格"（Authoritarian Personality）的概念，来概括社会歧视与种族中心主义的性格特征（阿道诺等，2002/1950）。拓展而言，阿道诺认为"权威性格"是某些人格成分的核心，具有这种人格的个体更多地关注权力，包括本身行使的权力与服从上司的权力。自1960年代开始，"权威性格"一度成为华人国民性与社会心理研究的主流范式之一。文崇一（1988）认为，在中国历史上历时两千多年而不衰，基于儒家伦理所建立的权威性格的基本结构形态是政治的权威（表现为天子→官吏→平民）、社会的权威（表现为圣贤→士→平民）、家族的权威（表现为族长→家长→家庭成员）三位一体的结合。在他看来，"中国人的权威性格就是在这样的教养和学习环境中养成的。它的特征是：（1）服从天（也代表宇宙）、皇帝、长者和有政治、社会地位的人；（2）尊重过去的知识和经验；（3）顺从已有的社会规范；（4）看重集团的名誉和利益，忽视个人；个人的生活方式必须接受集团的安排，它的极端就是'君要臣死，臣不得不死；父要子亡，子不敢不亡'"。当然，文崇一在这里也指出了权威性格的社会结构根源，但他主要还是认为"这种性格多半由长期的传统和权威价值取向所造成"，并且将君君臣臣、父父子子的从属关系与等级制完全归之为儒家伦理的文化设定。

　　在此基础上，杨国枢（1993）在对华人心理与行为"社会取向"的理论建构中，将"社会取向"分解为了"家族取向""关系取向""权威取向""他人取向"四个次级取向，分别指涉的是个体如何与团体融合（家族取向），如何与个体融合（关系取向），如何与权威（与团体有关之重要个体）融合（权威取向），如何与非特定他人融合（他人取向）。具体而言，他又将"权威取向"细化为"权威敏感""权威崇拜""权威依赖"这三个面相，并在根源上将其归之于父权家长制的专制秩序。由此，杨国枢并不认为儒家思想是中国人权威取向的本质根源，而是认为其对权威取向的影响可能主要还是"助长性的、维持性的及巩固性的"。换言之，杨氏的观点还是强调儒家伦理对权威秩序的巩固作用，并认为"权威人格"的结构基础在于父权家长制。与之相似，曾文星（1988）在早期研究中也比较了东西方的子女教育与人格发展，其重点也突出了权威性格的形成与其青少年时期的严格管教密切相关。但由此引出的问题是，在现代父权家长制逐步瓦解的社会转型过程中，"权威人格"是否仍旧存在。更重要的是，这种"权威人格"可能并不能简单地从家庭内部外推至其他组织之中，此种外推是与传统价值中"家""国"同构的儒家伦理文化预设相通的。① 也正是在这个意义上，一些研究突出了用从儒家伦理出发的"角色理论"来解读中国社会权威秩序的取向，即通过某种儒家伦理文化预设的解读来理解中国社会的家长制权威。如从长时段历史比较分析的视角出发，韩格理在贾米森（George Jamieson）与贝拉（Robert Bella）等人研究的基础之上，对韦伯东西方通用的父权制支配概念做了批判，着重比较区分了西方传统"以'家长制'（Patria Potestas）为核心的父权制形式"与中国传统"以孝（Hsiao）为核心的父权制形式"。在他看来：

> 中国父权制与西方父权制有基本的不同。而这个不同的本质，扼要而言即是：西方父权制强调"个人"的最终优位；反之，中国的父权制则强调"角色"的最终优位。因此，我的看法是，这个不同不是程度上的差别，而是性质上的相异。对于任何一个社会而言，这个相异隐含着两套不同的意义以及构作社会秩序的方式。西方这一套是把人的意义以及人与人之间的关系系统化；中国这一套是把角色的意义以及角色之间的关系系统化……
> 西方父权制强调的是身份地位优越者（"家父"，the Pamilas）个人

---

① 可以明确的是，在儒家的文化理念中，"家""国"同构的政治与社会秩序似乎明确了"家""国"内部相通的权威秩序。然则，"家""国"内部的权威秩序显然都需要以资源控制为依据，而宋代之后进一步强化的家庭财产诸子均分制使得"家"族内部的家长权威有着明显弱化的倾向，这实质上暗含了皇权弱化族权的意向（秦晖，2003a；沈毅，2008）。无论如何，家庭财产的有效控制才是巩固家长权威的有效依据，仅仅依靠儒家伦理的意识形态支撑无疑只会走向形式化的道德权威（翟学伟，1995）。

的权力，并给予他命令权及一个他可以正当地行使其命令权的范畴（如大的家户）。这种个人化的，并且拥有审判权的身份，更因为家父长与宗教或是巫术的超验力量联结，而被视为正当。相对的，中国父权制强调下属顺从的责任，赋予他们象征着顺从的角色义务（如丧礼），并且依据一套角色关系（如父子、君臣、夫妇）限定其权力及服从的行为。此种非个人化的父权制形式，则是藉着一种以为个人责任，乃在于顺适个人角色，以维护整体和谐这样的信念，而被视为正当。（韩格理，1990a：81～83）

以上两段经典论述备受中西比较研究的关注，也是郑伯壎等人建构华人组织"家长式领导"的重要理论基础。在韩格理看来，儒家传统中的权威形态虽然没有消除等级秩序，但更多地可能还是趋于儒家人伦的角色规范，权威更多来自于自发性的角色式遵从而不是强制性的权力式支配。当然，"角色理论"本身对规范秩序的理解远远不止于儒家伦理的层面，其根本上体现的是结构功能主义的西方社会学理论脉络，但从其在中国社会中的应用来看，无疑集中于儒家伦理文化层面的解读，且这种将"角色理论"针对中国社会及儒家伦理的应用解释，正凸显了中国文化特别是儒家文化传统力图规避失范，追求和谐的某种秩序情结（张德胜，1989）。然则，儒家和谐伦理的文化预设在实践中在多大程度上得到了落实，这应当是"角色理论"在多大程度上适用于解释中国社会等级关系及组织领导实践的关键。韩格理（1990b：115）本人在另一篇论文中也认识到了这一点："最困扰（事实上也是值得争议）的面向，在于笔者采用了西方的角色理论的观点。笔者怀疑在此援引此概念时，是否已在某些地方误解了中国的情况；然而，正如同其他的理论术语一般，笔者注意到角色理论对中国的情况而言，具有可比较性及一般性。即令如此，此处提醒之词仍属必要。"要言之，韩格理在这里对角色理论的反思十分重要，仅就父权制而言，中西方家长制权威形态最主要的区别可能也不是由伦理形式决定的，而更多的是由家长实际控制的资源数量与继承制度决定的，单子继承制决定了西方父权制的家长绝对权威，而诸子均分制则消解了中国父权制的家长权威，实际上家长权威的不足可能才更加凸显出儒家等级伦理的重要性。因此，这种集中于儒家伦理规范层面的"角色理论"有着某种过度突出文化伦理的倾向，而相对忽略了文化伦理之外工具性资源的结构属性，如果将角色理论运用于解释传统中国的家族及其社会，即有着将儒家和谐伦理与日常人际实践加以等同的危险倾向。①

　　如果从社会结构的角度出发，对权威的依附可能更多的是某种政治结构及其文化脉络的结果，在这种结构形态下往往才会孕育出大量的"主从关系"及某种下对上"私忠"基础之上的"权威性格"。白鲁恂在对中国政治文化的研究中有着较为深刻的理解，"在中国文化当中，依附权威是获取安全感的最佳手段。他们以忠诚交换别人的保护。在他们的眼中这是理所当然的。这种归属感可以说是中国人加入派系的主要动机，当然，政治领袖总会寻求他们的支持者，但这并不永远是由上而下的一种过程。由下而上的动力往往更为强烈。联系着他们的是中国所谓的'关系'，也就是主客双方都觉得欠对方一份情"（裴鲁恂，1989/1981：24）。当然，这种主要是下对上依附的"主从关系"中仍然有着彼此的利益交换，"权力的分配往往透过私人之间的'关系'加以分配。虽然'关系'不比'欠份情'那么得严重，但它还是会有具体的表现。上级必须给予下级报酬，下级一定要以上级的利益为利益"（裴鲁恂，1989：174）。但与此同时，白鲁恂对权威依附在价值层面的负面评价有着相当清醒的认识，亦即权威依赖与权威反感的双重现象在中国社会往往同时并存，在就普通民众对高层政治权威的态度研究中，他从文化比较的视角明确指出：西方人常常用"家长式领导"来概括亚洲领导的特征，但亚洲多数文化中所期望的领导者往往又是有教养、仁慈的及和蔼的，其同情心、责任心乃至献身精神并不同于西方发号施令式的家长式领导（Pye，1985：27～

---

①　在某种意义上就认识论而言，"角色理论"的应用可以较好地作为西方个人主义文化的对立面而存在，因而也比较容易为西方学者所接受。应用"角色理论"的可取之处是关注到了家族组织中"整体和谐"的价值导向，某种为维系关系"和谐"而"和谐"的做法在家族内部乃至乡土社会中是屡见不鲜的。但其潜在的问题在于，"角色理论"忽略了这种"和谐"常常是一种表面维系的"和谐"，其实践中潜藏的矛盾冲突往往不能达成儒家伦理所倡导的理想化的"和谐"，从而成为某种道家思维指引下的隐忍式"和谐"。

28）。① 由此，白鲁恂对亚洲及中国权力领导的分析与韩格理的"角色理论"解释也有着相似之处，即中西方的家长式领导可能存在较明显的区别，中国的家长式领导者与下属之间并不一定意味着形成权威依附式的"主从关系"，而可能更多地趋于某种去权威化的更为人情化的个人关系形态，这可能也就构成了不同于权力主导"家长式领导"之人情取向"差序式领导"的实质基础。

事实上，中国传统民间社会中常常有着一种对"权威"加以否定的倾向，尽管在政治实践中存在大量争夺权力、使用权谋、耍弄权威的现象，但在民间主流价值中则对善于"用权""弄权""争权"的现象往往趋于否定，从而对依附于权力的"主从关系"及其"权威性格"也就趋于否定。与之相似，杨中芳（2001）早已提出了"中国人真是具有权威性格的吗"之质疑，即对华人"权威性格"的存在及其研究意义加以批判。她主要是对"权威性格"是否足以涵盖华人社会心理与文化性格进行了充分的检讨，指出了"用一个特性，来概括一个文化中所有人的性格，是相当不智的研究策略。除了带来'以偏概全'的批评之外，也带来无穷的争议"。此外，她在白鲁恂等人研究的基础之上，也指出了华人实质上抵制传统与反抗权威的特性，"其实，他（指白鲁恂，笔者注）的研究结果，对中国人而言，很容易就可以用'权力'与'威望'的分野来说明之。一个高层权位的'权力'是可以通过各种手段来夺得的。然而'权威'则是要靠在位者的'威望'，那就必须他自己去'为民服务'来赚取。中国人对权威

---

① 然而，必须明确的是，即使是白鲁恂本人研究中的主要观点也仍然倾向于突出中国人权威运作的绝对性，他同样认为，"中国人对权威所报持的态度是长久以来历史发展的结果。当然它也受到某些政府结构基本特质的影响。不过就个人而言，他们对权威的认知主要来自家庭的灌输，从和家庭权威相处的经验中，中国人了解到权威运作的方式；如何控制权威以及权威合法性所须的条件和受到的限制……如果我们略为夸张的话，可以说中国早期的社会化过程具有两大特征：第一、中国式的权威是一元化的；第二、中国角色的划分异常严谨"（裴鲁恂，1988：75；82~83）。因此，在华人对待权威的根源上，白鲁恂同样回到了传统的家庭结构："华人的父亲被看作是冷淡和疏远的，他们是不可侵犯的，即使是最微妙的批评性的暗示。向父亲的决定挑战不只是怀疑他的判断，甚至意味着怀疑他对家庭及祖先的忠诚。……幼辈很早就知道了怀疑父母的行为是不智的……"（Pye，1985：198~199）。就此而言，白鲁恂同样回到了心理学的基本立场，即从家庭社会化的方式来推断华人国民性的权威性格。笔者在此则是要突破这样的文化心理学立场，并且摆脱仅仅着重于政治文化的权威研究，而通过体制转型的进程来对不同组织场域中的上下"关系"形态及其所反映的权力运作方式加以考量。

的顺从，绝非是深入中国人骨子里的性格倾向，而是以个体对个别在位者是否值得他去顺从为归依的。这与西方人对权威的服从应该没有本质上的区别。不同在于，对不值得顺从的在位者，我们不会在外表采取积极的反抗，而以比较迂回的、不合作的方式来抵抗之。这种迂回的抵抗，常被称为是'被动的侵略'"（杨中芳，2001：422）。实质上，这样的分析已经触及华人领导权威的关键，中国人在民间主流价值上则对善于"用权"或"争权"的"集权式领导"及"主从关系"趋于否定，比较肯定的往往是能够"一碗水端平"笼络平衡好各方利益的"人缘式领导"及"人缘关系"，当然最为推崇的可能还是能够以情理为依据、以对骨干下属施以"恩义"为主要面向的"人心式领导"及"朋友关系"。本书所要突出的是，以上不同的价值取向与领导模式，实质上有着宏观体制背景的选择性作用，以所分析的改制国有企业的个案为例，"争权"、"笼络"与"恩义"的不同领导策略无疑在不同发展阶段会各有其侧重点。因此，所谓依附权力与抵制权威常常是不同结构背景下不同关系形态的结果，似乎并不能笼统地以文化立场统一论之。

如果从领导者的个人角度出发，不同的领导方式可能也蕴含着组织领导者的不同人格理想与实践形态。在价值取向方面，韦政通（1988）在对中国人理想性格的分析中，曾着重突出了内圣外王的儒家理想，同时明确提出："《大学》循着这一思路发展，遂导出三纲目、八条目的观念体系"，其实质正可视作为"差序格局"中的"差序人格"特征。这种价值层面"差序人格"的探讨在社会科学立场上无疑有着相当的局限性，差序人格的儒家理想与现实实践之间的张力在此被忽略了。如上所述，阎云翔（2006）从结构层面对"差序人格"的解读则认为需要区分纵向的刚性的等级化的"序"与横向的弹性的以自我为中心的"差"，其实质正是突出了"主从关系"依附之"权威性格"的面相。在他看来，中国长期历史积淀的以尊卑大小为特征的"差序人格"是与"差序格局"的结构特征相互强化进而不断再生产的，由此他最终认为"差序格局是为数极少的超越了政治经济体制而从本土社会文化角度解释中国社会结构的理论概念之一"。并且，"如果我们能够充分理解和发掘其丰富内涵的话，差序格局完全有可能成为一种具有普世意义的理论概念"。

笔者却以为，对"差序格局"以至于"差序人格"的分析恰恰不能超越政治经济体制，而是要从不同的政治经济体制或具体场域出发来考察其不同的社会后果。代表儒家理想的"差序人格"本身并没有非常明显地区分为纵向之"序"与横向之"差"，儒家"五伦"中本身即带有"长幼有序"之等差结构。但儒家的等差结构并非仅突出绝对权威而同样强调上位者对下位者的伦理义务，原始儒家的"五伦"毕竟不同于后来援法入儒之"三纲"。即如父子、夫妻、兄弟等暗含等级性的家庭伦常关系在实践中始终还是要突出"情义"面相的重要性，而相对平等的"朋友"一伦表面上在"五伦"中处于相对次要的地位，其蕴含的对等性与选择性却正是"差序格局"或者说"差序人格"极为重要的另一个面相。通常只有"君臣"一伦在实践中才特别突出下对上绝对依附的"主从关系"，反映到官僚体系中特别容易形成"官大一级压死人""亦主亦奴"之"权威性格"。事实上，从政治社会理想出发，韦政通（1988）曾认为，就先秦史实而言，大一统的愿望很强烈地反映在理想人格的构想中，这种理想人格的设计与当时知识分子普遍要求统一天下的愿望相整合，并在此后两千年间很少变化。笔者则以为，恰恰是"大一统"的政治格局使得儒家理想人格常常成为某种理想而难于实践，偏重于社会政治的理想人格常常在政治实践中演变为权力依附式的"权威性格"。与之相比较，在民间社会始终倡导的是以人情化个人关系为基础的某种"个人权威"，不同的"关系"形态与权力运作方式的背后可能有着宏观社会结构及组织场域背景的差别。

"个人权威"的概念与翟学伟（1999）所提出的"个人地位"的理论框架密切相关。翟学伟运用"个人地位"的理论框架来涵盖"关系"、"人情"、"脸面"及"报"等本土概念，就"个人地位"的获得途径而言，"个人权威"是一个重要方面："个人地位合法性更多的是通过两种传统力量得到的，一种是血亲中的辈分和性别，如家长、族长、男性等；另一种是个人交情，如人情、面子等。""再者，就权力的能力和影响力而言，个体能得到这样一种个人权威，在中国社会主要靠的是韦伯所谓的卡里斯玛权威（也译做个人魅力型权威）。"在他看来，辈分、血缘等先赋性因素及人情、面子等交往性因素应该是"个人权威"的实质性基础，卡里斯玛性质的"个人权威"是获取"个人地位"的一个重要途径。笔者则以为，"个人权威"的提法根本上应指向于中国社会中的关系式权威，且其最终是否可以归之为韦伯意义上的某种"卡里斯玛权威"是值得商榷的。

"个人权威"在本质上是以"恩义"为联结基础的,其本身即是关系性的,而韦伯意义上的"卡里斯玛权威"无疑仍旧是个体魅力型的权威,其暗含了西方个人主义的文化理念,直接用于解释"个人权威"还是有隔靴搔痒之感。在中国社会与组织运行中,领导者对部下的感召力更多的还是通过私人恩惠而不是个人魅力来实现的,即使是其个人魅力在中国社会也常常是借助于其德治形象的。同时,组织环境中领导对下属的"个人权威"与"个人地位"常常是即时获得性的,而难以区分前后的逻辑因果关系,中国社会与组织领导的"个人权威"与"个人地位"即更多地来自于某种人情联结的恩义领导而非领导角色本身。

事实上,在西方社会学理论中,丹尼斯·朗(Dennis Hume Wrong)在对权力与权威的论述中也提出过"个人权威"的概念及理论(丹尼斯·朗,2001/1995)。不过,在他看来,"个人权威的原型是被爱者对爱者的权力,爱者宣称'你的愿望就是我的命令'并按此行事"(丹尼斯·朗,2001:68)。这里,"个人权威"也不同于韦伯的"卡里斯玛权威",其重要性是它不仅存在于一般的领导或支配过程中,而且使得任何普通个体都具备了通过自身品质而获得权威的可能。更为重要的是,丹尼斯·朗在这里也认识到个人权威的问题暗含着个人关系与组织制度之间的内在张力,从而也就预示着个人权威与合法权威之间的关联,"正如我们看到的,许多作者把权威本身等同于合法权威,并将其与一切非制度化的权力关系作对比。然而,我选择定义权威为任何命令和服从关系,并区分为不同的权威形式,这些形式可能(除合法权威以外)表现为非制度化或'个人'关系,也可能表现为制度化关系。按照这一定义,个人权威,除了指这种个人之间而不是角色之间的非制度化关系以外,还要获得一种剩余性质,这种性质涵盖不依赖于对象害怕强制或期望奖励以及得到专家咨询的一切命令和服从关系。爱情、尊敬、有一伙存在倾向于统治与屈从的心理素质都是个人权威关系的基础"(丹尼斯·朗,2001:68)。总体而言,"个人权威"在中西文化中的差异似乎可被简单归之为"恩"(义)与"爱"(情)之间的差别,但其共同点都是某种个人关系(及其"个人权威")达成了对科层制度(及其"法理权威")的实质性替代,同时也均不同于制度化或非制度化的角色关系(及其可能形成的"法理权威"或"传统权威")。①

当然，本书在这里并不是要突出中国儒家文化与西方个人主义文化之间的差别，而是要重点考察中国社会及组织领导实践中不同文化传统之间的内部张力。就一般社会关系层面来谈"个人权威"，如回到黄光国（1988）所列举的请托事件来看，被请托者在面对一个"面子"足够大的请托者时常常不得不应承下来，其"请托者"相对于"被请托者"的"权威"如果说更多的是来自于当前的利害控制，那么这种"权威"实质上仍然是一种强制性权力；而如果此种"权威"更多的是出自于先前的"关系"状态，那么这种"权威"才会构成以"恩义"为主要面相的自发性"个人权威"。同样，在某些矛盾争端中，某个"面子"大的人物出面调停才可能避免冲突激化，其"权威"的来源或是出于外在强制性的控制或是出自内源自发性的承认，只有后一种权威应当才更接近于中国社会日常实践中的"个人权威"。值得注意的是，如果深入组织关系之中，我们就会发现中国社会中组织领导的"个人权威"的对立面并非西方科层式的"法理权威"，这是由于民间社会人情化个人关系的对立面应当是官僚政治的"主从关系"，尤其是官僚场域中以"主从关系"为基础的威权领导绝非指向于科层制的公私分明、公事公办的"法理权威"，而是"官大一级压死人"之行政权力的恶性膨胀，行政权力的恶性膨胀对下属的极端要求

① 从西方经典理论来看，在马克斯·韦伯所作法理权威、传统权威、卡里斯玛权威的经典权威分类中，并没有对以个人关系私交为基础的"个人权威"做出分析。如王斯福（2001）曾经运用卡里斯玛权威来理解中国日常生活及其领袖权威，这可能代表着相当部分西方学者的一般观点。这样的卡里斯玛权威在中国的某些宗教、政治乃至群众运动中无疑同样较为明显，但在民间社会层面常规化的日常生活及组织运行中，可能还是需要让位于某种"恩义"式的人情关系化的"个人权威"。从韦伯的权威分类来看，西方社会文化传统中的权威形成，可能还是比较集中于正式制度（法理权威）、非正式习俗规则或角色伦理（传统权威）以及个人魅力（卡里斯玛权威）的层面，而对由私人"关系"为基础所构成的"权威"形态没有过多的关注。尽管后来的社会交换论从人际互动的视角考察了资源依赖与权力形成的关联，但似乎也没有关注到以长期性个人"关系"作为基础的典型"个人权威"形态。丹尼斯·朗（2001/1995）的"个人权威"研究或许是较少的例外，同时其论述也凸显出中西方个人关系侧重点的差别。这种中西人际关系或个人关系方面的基本差异，实则暗含着不同的社会文化传统脉络，许烺光（2002/1971）对此有较为细致的分析：西方式个人主义式的情感与中国式人情互惠的"报"有着根本的区别，这种差别实际也就造成了以不同私人关系为基础的不同社会文化形态下的"个人权威"。

即是无条件之"忠"，其权力膨胀在日常话语"说你行，不行也行；说你不行，行也不行"中得到了集中体现。①　可以认为，行政权力恶性膨胀的背后应当有着法家文化传统的支撑，这种法家文化传统与长期以来"官本位"的政治社会结构是相辅相成的。与此同时，人情化的个人关系运作及"个人权威"构建本身也可能是一把"双刃剑"，人情化的个人关系在不同性质的组织领导实践中同样可以构成消极或积极的不同面相及其组织后果，从而有着向不同的组织领导模式加以演化的可能，这就需要回到前文对不同组织场域背景下本土组织领导及"差序格局"之"关系"形态加以分析。

如前所述，樊景立、郑伯壎（2000）曾认为本土组织领导特别是"家长式领导"主要包括了威权领导、仁慈领导及德行领导三个组成元素，其中威权领导应当有着法家思想的指引，而仁慈领导与德行领导均可视为是以儒家意识形态为基础。笔者则以为，不同组织领导元素本身即可能成为某种组织领导模式的内在依据，更需要突出的是其内在差异而非简单化地加以糅合，不同组织场域中以组织领导个人为中心的"差序格局"完全可能形成不同的私人"关系"形态及其组织领导模式。具体而言，在官僚化组织中常常形成以下对上权力依附为主的"集权式领导"，法家"权谋"传统构成这种"威权领导"的基本特征；在市场化组织中往往形成双向恩义情理为主的"人心式领导"，儒家"仁义"传统成为这种"仁慈领导"的基本特征；在群众化组织中趋于形成上对下笼络讨好为主的"人缘式领导"，其表面"德治"、以中庸平衡而维系和谐的种种作为实则暗藏着道家的"隐忍"传统，其所展现的某种"德行领导"要素实质上是乡愿式的伪德行领导。就基本的研究立场而言，"家长式领导"与"差序式领导"的理论建构主要体现的是由微观至宏观的文化主义立场，"差序式领导"最终被倾向于纳入"家长式领导"的"仁慈领导"元素之中。但在本书的理论架构中，如果将"差序格局"理解为包容等级性而纵横交错的私人关系网

---

① 当然，这种权力恶性膨胀的打击对象往往是"非我族类，其心必异"的其他派系成员，在属于自己人范畴的"主从关系"中则有着长期的利益庇护，这在中国传统官僚"场域"中是极为明显的。这里所要强调的是，"主从关系"更容易造成较大的权威距离及其"权威人格"，其根本是以行政领导为中心的，所构成的小团体或派系队伍也常常是"树倒猢狲散"。

络，"差序式领导"本身即可以进一步细化为"集权式领导"、"人缘式领导"及"人心式领导"三种不同的领导模式，进而突破各种要素糅合式的"家长式领导"的理论架构。与此同时，"集权式领导"、"人缘式领导"及"人心式领导"的理论建构则暗含着某种由宏观而微观的体制结构立场，至少体现了不同组织场域中体制结构因素与文化传统因素的某种糅合。

可以说，崇尚"家""国"一体的儒家意识形态在传统中国似乎占据着支配性的地位，但在不同场域中其实孕育着不同的实践逻辑。表面推崇儒家治理的官僚政治场域中，其实际的行政权力本位趋于形成以法家"权谋"传统为主导的"集权式领导"，同样推崇儒家礼治的乡土社会场域中，其实际的人际和谐导向趋于形成以道家"隐忍"传统为主导的"人缘式领导"，而在以能力绩效为中心的商业经济场域中，反而在实践中趋于形成以儒家"仁义"传统为主导的"人心式领导"，亦即出现相当巩固的"小共同体"组织领导现象，这种以儒家之"义"为价值中心的"小共同体"或者说"关系共同体"在市场条件下常常具有相当的开放性。当然，在组织领导的上下关系实践中往往会出现以上不同关系类型的交织，如"主从关系"突出的是下对上的"关系"依附，"人缘关系"强调的是上对下的"关系"笼络，两者表面上是截然对立的，实则往往又有某种相互转化与结合的可能。尤其在官僚行政组织中一旦出现权力不足以至于需要下属的鼎力支持，就较易形成上对下的"关系"笼络，传统政治文化中也常常出现"依附"与"笼络"并存的"法道互补"的现象。[①] 进而言之，"主从关系"与"人缘关系"两者的共性特点是以个人"关系"为中心而置组织正式目标于不顾，两者常常交错存在从而构成可称之为"法道互补"的领导现象，最终造成组织内耗、低效乃至趋于崩溃。与之相比较，儒家传统意识形态在很大程度上排斥权力本位的"集权式领导"与乡愿主导的"人缘式领导"，由家族孝悌伦理而推及以仁义治天下的"人心式领导"才

---

① 这里的"法道互补"借鉴了秦晖（2003b）的提法，在他看来，"法道互补"才是真正需要批判的文化传统，清末民初以来对儒家文化传统的批判，并没有真正深入体制层面的批判之中，对儒家文化传统的批判只能更加造成"强权哲学与犬儒哲学的泛滥成灾，'法道互补'之弊形成积重难返之势"。需要说明的是，本书对不同文化传统的理解更多是从行为实践的层面展开的，而不是局限于经典的"大传统"文本之中，亦即法家"权谋"传统、道家"隐忍"传统与儒家"仁义"传统也是着重从行为实践的层面来加以理解的。只有在把握"关系"实践特征差别的基础之上，不同文化传统的区分才有可能及必要。

是儒家最为推崇的组织领导方式。

如若进一步深究华人组织领导中"个人权威"与"人心式领导"的本质内涵，"人心式领导"或许又可以视之为是某种"情理式领导"，"人心式领导"并不排除公平性的能力绩效主义，但同时可能也包含着对弱者加以照顾的整体全局观念，亦即对"情、理、法"加以兼顾在组织实践的"人心式领导"中可能也是至关重要的。中国社会的这种情理特征在突出中国文化特征的法文化研究中备受关注，日本学者滋贺秀三（1998/1986：13）在对中国法文化的考察中指出了中国传统诉讼中重"情理"的特征："所谓'情理'，简单说来就是'常识性的正义衡平感觉'。这里不得不暂且借用'正义衡平'这一在西洋已经成熟的概念。但什么被感觉为正义的，什么被感觉为衡平的呢？当然其内容在中国和西洋必然是不同的东西。这里不准备深入地讨论这种不同。概言之，比起西洋人来，中国人的观念更顾及人的全部与整体。也即是说，中国人具有不把争议的标的孤立起来看而将对立的双方——有时进而涉及周围的人们——的社会关系加以全面和总体考察的倾向；而且中国人还喜欢相对的思维方式，倾向于从对立双方的任何一侧都多少分配和承受一点损失或痛苦中找出均衡点来，等等。这些说法大概是可以成立的。因此，所谓'情理'，正确说应该就是中国型的正义衡平感觉。无论如何，所谓情理是深藏于各人心中的感觉而不具有实定性，但它却引导听讼者的判断。"除此之外，中国学者范忠信等人（1992）及林端（2002）对"情理法兼顾"或"合情合理合法"的中国传统法文化特征都做出了很好的揭示，"情、理、法"三概念的先后顺序排列正反映了人们对其轻重地位的认识，"情、理、法"的中国传统观念与"法、理、情"的现代法治观念之间有着相当大的差别。实质上，这种情理法兼顾、以情理为主的法文化特征反映了援儒入法的法文化传统，且这种深藏于各人心中的"情理"不仅存在于法文化的诉讼传统中，在日常的中国组织领导中则更为常见，从而呈现相当明显的情理式公平的领导特征。

事实上，从本书的个案中也可以隐约看出，以兼顾"公平"与"情理"为主要特征、凝聚"人心"为指向的组织领导模式更多地在市场竞争的条件下才有可能达成，而在单一行政框架下无疑更多催生的还是以"集权"或"争权"为主要特征的组织领导模式。就某种意义而言，以"情理式公平"为主要特征的组织领导模式更多形成的是具有内部凝聚力的自发性经济组织,这种组织共同体对经济发展的积极作用是不容小觑的,这种以"情理式公平"为基本特征之"人心式领导"形成的组织共同体和胡必亮(2005)所提的"关系共同体"正是相通的。在产权民营化的市场竞争条件之下,"人心式领导"指向于一种既能够主要趋向于任人唯贤,但又合情合理安排好原有各层人员的领导策略,同时通过私人"关系"交往、"暖人心"的各种其他方式达成在骨干人才中的"个人地位"及至"个人权威"(翟学伟,1999)。进而言之,"人心式领导"中的"人情"运作与"关系"交往并不是以先天性亲缘关系为基准的,而是领导者特别针对用有专长的下属所特意展开的。在此基础之上,"人心式领导"的基本要旨在于组织领导合情合理地实现整体的相对公平,让众人心服口服。由此,本书正是要突出在市场机制与产权私有的背景之下,组织领导通过人情、面子的关系情理策略来凝聚下属之"人心式领导"的积极性。当然,这种情理式的"人心式领导"同样存在"个人关系"领导的弊端,即这种组织实践中的"个人权威"也就指向于下属对某个领导人的个人服从,当领导人在位时下属们都没有异议。但一旦他离位的话,则极有可能引发新的权威危机,即使是他的子女继承也不例外。换言之,华人企业组织发展常常面临着接班过程中权威整合的危机,即使是父子之间的权力交替,服从于其父领导与服从于其子领导之间虽然有着一定的传递性,但这种"个人权威"的传递性可能还是比较微弱的。这在本书的个案中已经有所反映,这应该也是相当部分民营企业所面临的共同问题,未来组织发展的成败常常取决于这种权力交替过程的动态。

此外,必须承认的是,以"个人权威"为基础的组织领导并不必然形成情理式公平的"人心式领导",其另一种面相同样也可以指向于"你好、我好、大家好"的"人缘式领导"。换言之,"个人权威"并不必然地导致以儒家"仁义"传统为主导的"人心式领导",在不同的结构条件下也常常有可能形成实质以道家"隐忍"传统为指引的"人缘式领导"。[①] 进

---

① 需要强调的是,"人缘式领导"与"人心式领导"的权威基础恰恰又是比较接近的,均是以个人关系为基础的"个人权威",其间的根本差别在于"人缘式领导"之"个人权威"常常着重于巩固自身在组织群体中的"人缘"基础,而"人心式领导"之"个人权威"主要以组织发展为出发点,是在情理基础之上以公平为准绳来处理与下属关系从而建构起来的。

而言之,笔者以为在华人组织实践中存在两个重要差异:一是"行政权力"的恶性膨胀与"个人权威"的有效运作之间的差异,二是"个人权威"所可能形成的"人心式领导"与"人缘式领导"之间的差异。前者反映的是法家权谋与儒家仁义之间的根本矛盾,后者反映的则是儒家情理与道家乡愿两者之间的内在张力,两相比较前者的儒法对立可能是更为根本性的,但儒道两者之间的潜在分歧同样不可忽略。进一步就其场域背景及文化传统而言,"集权式领导"常常作用于权力基础来自上层的官僚化组织,其领导者在封闭组织内部资源掌控的数量及权限通常相当充分,领导者往往通过行政权力的实际掌控与自身势力的有效培植来强化权威,其针对异己分子往往通过种种"权谋"加以打压、边缘化乃至排除出组织及网络之外;"人缘式领导"则常常作用于权力基础来自下层的群众化组织,其领导者在封闭组织内部资源掌控的数量及权限通常都较为有限,领导者往往不得不通过向下讨好、平衡的笼络方式来获得支持以巩固领导,其针对各类内部矛盾及离心分子主要还是以平衡、迁就等隐忍策略以保持组织的表面和谐乃至相对安定;"人心式领导"常常作用于上下彼此均有对等选择性的市场化组织,其领导者虽然在资源掌控的数量及权限方面非常充分甚至可以做到一人独断,但在开放性组织的市场竞争条件下,领导者常常需要在"情理式公平"的基础上采取"恩义"策略以凝聚部属"人心"的方式来巩固领导,其对各类骨干分子的"人情"投入可能是形成私人"关系共同体"获得组织发展的关键。①

① 事实上,费孝通(1985/1947)在《乡土中国》一书中曾经就权力概念提出了"横暴权力"、"同意权力"、"教化权力"以及"时势权力"的差别。在费孝通看来,中国乡土社会"礼治秩序"的"长老统治"本质上依赖于家长式的"教化权力",从而有别于强制支配的"横暴权力"与社会契约的"同意权力",而"时势权力"往往是社会急剧变迁或革命状态下的权力形态。此外,费孝通(1948:158~163)在《乡土重建》一书中进一步提出了中国传统社会的"皇权"、"绅权"、"帮权"及"民权"的权力形态划分,他在着重皇权与绅权的研究之外,指出传统中国"同意权力"性质的"民权"的相对匮乏,同时"帮权"在中国传统社会中的重要性无疑值得深化研究。笔者则以为,皇权、绅权、帮权这三种重要的权力形态,恰恰可以对应于"国""家""江湖"的不同场域及空间范畴。就权力的基本属性而言,传统皇权及其官僚体系的强制式权力运作无疑更多地可以归为"横暴权力",传统江湖团体的帮权运行虽然可能也带有非常明显的等级制特征,但其更多的兄弟义气必须得到多数骨干下属的支持认同,其认同式的(转下页注)

无论如何,"人心式领导"对中国社会建设与组织发展的重要作用是非常明显的。本书尽管只是个案研究,但其理论指向着重于这种宏观体制转型下"关系"变迁的积极意义,在此基础之上再来考察从"集权式领导"向"人缘式领导"再向"人心式领导"转型的客观条件与积极后果。如前所述,在再分配经济形态下,上下属关系基本是由上而下主导的行政组织关系,其关系形态也主要表现为下对上的依附性秉之以"忠"的"主从关系",其主要的领导模式即为直接以权力为指向的"集权式领导";在市场经济形态下,上下属关系基本是双方对等交换的市场交换关系,其关系形态也一般表现为双方交之以"义"的"朋友关系",其权力形态常常表现为上对下在兼顾公平与情理基础上施以恩义的"个人权威",由此形成众人心悦诚服的"人心式领导"。在转型过程中出现的股份合作制的组织形态中,由于一人一票的选举机制作用,更为普遍盛行的则是上对下讨好性的以"和"为主的"人缘关系",其间个人关系基础上的"个人权威"运作在很大程度上是以纯粹的选票政治为依据的,由此而形成的是表面德治实则乡愿的"人缘式领导"。从结构形态来看,"集权式领导"固然可能形成"一言堂"的"一把手"权威,但一旦权力分散则较易形成激烈斗争的"派系结构","人缘式领导"也常常在和谐、德治的表象之下暗藏着有潜在矛盾的"派系结构"。应该说,只有在市场机制作用下,组织领导的"个人权威"才更有可能形成"关系共同体"的组织结构。本书的拓展个案研究,一方面显示了从特殊主义之"派系结构"到事本主义之"关系

(接上页注①)"个人权威"运作则可能在很大程度上带有"同意权力"的特征,当然这种由领导者个人义气所形成的"个人权威"显然不同于西方契约或民主意义上的"同意权力"。如果从帮派团体扩展到商业组织及网络,其组织领导或网络中心人物去权威化的"同意权力"属性应该就更为明显。即使就乡土场域的"教化权力"而言,乡土宗族场域的长老权威显然不能与官僚政治场域的官僚权威相比,由于传统"诸子均分制"的作用,建立在人伦长幼基础之上的长老权威其实是相当有限的,因此"长老统治"更多的是依据于传统礼治及多数民意的,因此"教化权力"的推行在很大程度上还是夹杂着"同意权力"的属性。总之,即使从传统的政治社会结构来看,除了"国"之"皇权"及官僚体系带有更多的横暴权力性质以外(当然其能力及程度始终是有限的),支配"家"之"绅权"及支配"江湖"之"帮权"其实在很大程度上也都带有同意权力的成分。特别是在"绅权"及"帮权"逐步逝去的当下社会,基层民主化与经济市场化的进程更加凸显了"同意权力"的重要性,从而也就使得"个人权威"有着更为广阔的作用空间。特别是市场化条件下所促成的"朋友关系"式的"个人权威",常常是形成"人心式领导"及"关系共同体"的实质性基础。

共同体"演变的可能性,另一方面则反映了从"行政权力"到"个人权威"的权力运作机制的重要差别。对不同场域的组织领导模式、文化传统实践、主要"关系"形态、上下运作机制与组织结构形态的差别,可以用表6-2来大致概括:

表6-2 本土组织领导模式、文化传统实践及其主要"关系"形态的类型比较

本土组织 领导模式	文化 传统实践	主要 "关系"形态	上下 运作机制	组织 结构形态
集权式领导 (官僚化组织)	权谋 (法家传统)	主从关系 (权威性格)	忠 (下对上依附)	派系结构 (公开)
人缘式领导 (群众化组织)	隐忍 (道家传统)	人缘关系 (个人权威)	和 (上对下笼络)	派系结构 (潜藏)
人心式领导 (市场化组织)	仁义 (儒家传统)	朋友关系 (个人权威)	义 (双向可选择)	关系共同体 (开放)

总体看来,本书力图将"人心式领导""人缘式领导""集权式领导"之间的区别与选择,归之为体制性的结构背景而不是领导者的个人特征,市场化的进程不可避免地削弱了以行政性权力为指向的"集权式领导"或以群众性人缘为指向的"人缘式领导",而走向彼此相知相交的"人心式领导"。从结构层面来看,我们才能够明确"关系"与"差序格局"的不同组织联结的特征与结果,即不同组织结构中"差序格局"的联结结果既可能形成内耗的"派系结构",也可能形成内聚性的"关系共同体"。就近年来的研究趋势来看,"差序格局"作为可以理解传统中国社会结构与中国人行为的核心基础,日益突破乡土社会的范畴而运用于对中国社会的经济、政治分析中来,逐步显现了其超出"乡土中国"的更广泛的适用性(马戎,2007;刘世定,2007)。王斯福(2009:78)对此概括指出:"至关重要的是,随着无情的经济关系的重要性在广泛而极大地增长,新的差序格局已经演变成为情感与期望的大堡垒(a large fortress),这其中包括邻里、朋友与家庭之间的信任以及对公共利益的追求;同时,它已经扩展成为做生意和形成政治联盟的方式。总之,如果说近年来有大量研究——它们太多以至于不可能一一回顾——证实了我的这些想法,我们就可以说,

差序格局仍然是中国社会的一个显著特征，但是它已经在很大程度上发生了变化与扩展。"①但是，我们如何理解不同场域中"差序格局"及其"关系"的深刻内涵，在当下研究中似乎成为一个有待拓展的盲区。就创新之处而言，本书正是希望深化对"差序格局"与"关系"在宏观体制背景下的理解，同时也是在制度结构与文化传统的关联实践中来理解改革开放以来中小国企产权变革的转型逻辑，这种体制结构与文化传统相关联的组织"场域"视角是本书的一个重要特色。②

总之，本书的拓展个案研究，在某种意义上能显现出宏观体制转型所引发的改制企业组织领导"关系"形态变迁，"集权式领导"→"人缘式领

①　此外，王斯福（2009：78）认为费孝通在政治层面更多关心的是互惠关系与伦理义务能否形成地方自治的基础，从而防止中央集权过度膨胀的问题，但还需要去考察其"是否能抑制无情的资本主义经济"的问题。本书这里的个案所能隐约说明的是，一旦有了政府合约与社区舆论的限制，以企业家为中心的差序网络不仅可以体现出重用各类人才的经济绩效，在某种程度上也可以做到对多数工人的基本保障。由此，民营企业有可能形成某个以企业家为中心的"关系共同体"，当然这种"关系共同体"始终还是差序式的，其要旨在于企业家对自身利益的有效克制，亦即在某些外部条件制约下，企业家与企业骨干及一般员工的"关系"形态均会呈现"仁义"的特征，但这种"仁义"的程度也是根据市场需求性而有所区别地呈现差序性的特征。

②　在对"差序格局"概念的解析中，廉如鉴（2010）指出了当前深化研究中存在的三个问题：一是"差序"除了横向的亲疏远近之外能否指涉纵向等级关系，二是"差序格局"和社会网络理论特别是个体网的"自我中心网络"概念有何异同，三是中国人的行为是否可用"自我主义"来加以概括。笔者的分析框架可能初步解决了以上的三个问题：首先，"私人关系"是把握"差序"人伦的核心，等级性"主从关系"应该同样能纳入"差序格局"的范畴；其次，私人"关系"的"义""利"交错的文化特征及"公""私"不分的制度意涵并不适合用个体网特别是"强关系/弱关系"的分析框架加以分析；最后，对"自我主义"的理解并不适合从权力等级的层面出发，而更多地应立足于"自私"与否及能否为他人有所牺牲的角度。就此而言，梁漱溟（1987/1949）所谓的"伦理本位"或"关系本位"，应该正构成了费孝通所认定的"自我主义"的对立面，特别是"自我主义"逻辑中"为己牺牲家"的论断一直以来备受质疑（翟学伟，2009b；吴飞，2011）。因此，"场域"脉络下的本土"关系"理论探析，有助于从不同场域及体制背景下来理解不尽相同的私人"关系"形态及其本质属性，"自我主义""伦理本位"抑或某种"人缘取向"常常是在"官场"、"商场"及"乡土"的不同场域脉络下凸显出来的。进而言之，此种"场域"脉络的社会关系分析即是要进入日常生活"只能意会，不能言传"的核心部分（费孝通，2003），其不同"场域"中不同的主导性社会关系实践，常常也就孕育出不同的人格特质，"官场"场域中常常充斥着"有奶便是娘"的"小人"，"乡土"场域中往往产生大量"表面仁义道德"的"乡愿"，而"商场"场域中反而容易孕育较多"取财有道"的"君子"。关于其不同场域及其人格特质的深化分析可能需要另文专论。

导"→"人心式领导"的组织领导模式转型显现了市场化发展的基本趋势。① 此外，市场化进程中开始出现的"人心式领导"的组织领导实践显然也不同于西方主要以社会契约为基础的组织领导实践，其组织领导主要根据下属贡献而又兼顾群体保障之"合情合理"进行资源分配与职位安排的公平性开始呈现出来，由此在经济活动及组织内部形成的"个人关系"或者说"个人权威"的重要性始终是西方社会文化难于理解的。在进一步的理论拓展上，笔者首先立足于对"差序格局"与"关系"理论的深度探讨，指出了"派系结构"与"关系共同体"两种组织结构形态的后果。在此基础上，笔者希望从中国经验出发探讨本土"关系"理论拓展的重要性，并对华人"权威性格"的研究范式加以反思，亦即所谓权威至上的观念与实践更多是某种官僚"场域"的作用结果，而并不存在如一些港台学者早先所凸显的中国人泛化的"权威性格"。换言之，通过对改革开放以来组织领导实践转型的考察，笔者也就说明了所谓的"权威性格"乃至"集权式领导"本质上更多体现了法家"权谋"传统的文化面相，反之，"人心式领导"应当也能说明以儒家"仁义"传统为核心、以个人信任之"个人权威"为基础的组织"关系共同体"完全有可能取得相当的成功。当然，这种积极的个人关系或许并不能真正形成促进组织长远发展的正式科层制，中小企业产权与经营控制权的继承与转移可能是更深层次的问

---

① 与之相对应，笔者在本书的拓展个案中就组织领导上下属"关系"形态，发现了"主从关系"依附学→"人缘关系"笼络学→"朋友关系"动力学的转型逻辑。在暗含的价值立场上，本书倾向于肯定市场化进程中组织领导的某种去权威化的趋势，同时也说明了市场条件背景下"朋友关系"动力学中出现的兼顾公平及情理的"人心式领导"之基本特征（当然总体上仍然比较局限于管理层与技术层）。这样的分析始终相对忽略了阶层分化的面相，李静君（2006：65）在对工人阶级转型政治的研究中，也提出了工人阶级的内部分化问题："尤其在那些小私营企业中，'温情政策'（特殊的批假优待，较好的食宿，高额的年终红包）被有选择地施与一小部分核心工人，他们的技术或管理才能对生产而言至关重要。那些从事非技术性工作的一般工人只能得到劣等待遇。"然则，即使就劳资关系而言，血汗工厂的主流模式是否代表了多数民营企业的实际状况？林益民（2008）通过量化数据对这一问题进行了考察，虽然他并没有得出明确的结论，但指出了血汗工厂的研究范式有着相当的局限性。在本书的个案中，普通工人显然不同于广东地区的流动民工，但是由于市场机制的作用，管理、技术、销售、生产的各级骨干与普通工人在分配收入方面的差距还是扩大了，市场条件下企业组织领导"人情"或"关系"策略的实施，无疑主要还是以下属的作用大小为依据的。对于普通工人，当出现工伤甚至其他意外时，资本家还是比较人情化地予以照顾，这在某种意义上也是"人心式领导"注重情理的一个方面，但外部的市场竞争与上层的政府合约始终是其重要背景。

题，无疑也在未来的发展中存在潜在的危机。这样的分析探讨，才能真正深入理解组织和制度变迁的社会实践过程，从而在未来中国的社会建设过程中，着力构建真正意义上适合中国本土的组织方式和生活方式（李汉林等，2005）。

参考文献

Ivan Szelenyi, 2008,《一种转型理论》,《开放时代》第 2 期。

Marshall W. Meyer、吕源、蓝海林、吕晓慧, 2004,《放权式企业改革:对国有企业改革的看法》, 载徐淑英、刘忠明主编《中国企业管理的前沿研究》, 北京:北京大学出版社。

白重恩、路江涌、陶志刚, 2006,《国有企业改制效果的实证研究》,《经济研究》第 8 期。

边燕杰, 2010,《关系社会学及其学科地位》,《西安交通大学学报》(社会科学版)第 3 期。

布迪厄, 皮埃尔、华康德, 1998/1992,《实践与反思:反思社会学导引》, 李猛、李康译, 北京:中央编译出版社。

蔡禾, 1996,《论国有企业的权威问题——兼对安基·G. 沃达的讨论》,《社会学研究》第 6 期。

常向群, 2009,《关系抑或礼尚往来?——江村互惠、社会支持网和社会创造的研究》, 毛明华译, 沈阳:辽宁人民出版社。

陈戈、储小平, 2008,《差序制度结构与中国管理革命——以李宁公司的发展变革为例》, 载北京天则经济研究所主编《中国制度变迁的案例研究》(第六集), 北京:中国财政经济出版社。

陈介玄, 1990,《关系与法令:台湾企业运作的一个传统面向》,《思与言》第 28 卷第 4 期。

陈介玄, 1998,《协力网络与生活结构:台湾中小企业的社会经济分析》, 台北:联经出版事业公司。

陈介玄、高承恕, 1991,《台湾企业运作的社会秩序:人情关系与法律》,《东海学报》第 32 卷第 10 期。

陈俊杰, 1998,《关系资源与农民的非农化——浙东越村的实地研究》，北京：中国社会科学出版社。

陈其南，1986，《传统家族制度与企业组织——中国、日本和西方社会的比较》，载陈其南著《婚姻、家族与社会》，台北：允晨文化公司。

陈向明，2008，《质性研究的理论范式与功能定位》，载陈向明主编《质性研究：反思与评论》，重庆：重庆大学出版社。

成伯清，2012，《叙事与社会学：认知、表征与他者》，载成伯清著《情感、叙事与修辞——社会理论的探索》，北京：中国社会科学出版社。

成中英，1995，《C 理论：易经管理哲学》，台北：三民书局。

丹尼斯·朗（Wrong, D. H.），2001/1995，《权力论》，陆震纶、郑明哲译，北京：中国社会科学出版社。

樊景立、郑伯壎，2000，《华人组织的家长式领导：一项文化观点的分析》，《本土心理学研究》总第 13 期。

范忠信、郑定、詹学农，1992，《情理法与中国人》，北京：中国人民大学出版社。

费孝通，1948，《乡土重建》，上海：观察社。

费孝通，1985/1947，《乡土中国》，北京：三联书店。

费孝通，2003，《试谈扩展社会学的传统界限》，《北京大学学报》（哲学社会科学版）第 3 期。

丰斯·特龙彭纳斯（Fons Trompenaars）、查理斯·汉普登－特纳（Charles Hampden-Turner），2003/1997，《在文化的波涛中冲浪——理解工商管理中的文化多样性》，关世杰主译，北京：华夏出版社。

冯仕政，2007，《沉默的大多数：差序格局与环境抗争》，《中国人民大学学报》第 1 期。

冯同庆，2002，《中国工人的命运——改革以来工人的社会行动》，北京：社会科学文献出版社。

冯友兰，1940，《新事论》，上海：商务印书馆。

郭毅、罗家德主编，2007，《社会资本与管理学》，上海：华东理工大学出版社。

郭于华，1994，《农村现代化过程中的传统亲缘关系》，《社会学研究》第 6 期。

韩格理，1990a，《父权制、世袭制与孝道：中国与西欧的比较》，载韩格理著《中国社会与经济》，张维安等译，台北：联经出版事业公司。

韩格理，1990b，《天高皇帝远：中国的国家结构及其合法性》，载韩格理著《中国社会与经济》，张维安等译，台北：联经出版事来公司。

韩巍，2005，《学术探讨中的措辞及表达——谈〈创建中国特色管理学的基本问题之管见〉》，《管理学报》第 4 期。

韩巍，2008，《从批判性和建设性的视角看"管理学在中国"》，《管理学报》第 2 期。

胡必亮，2005，《关系共同体》，北京：人民出版社。

何梦笔，1996，《网络、文化与华人社会经济行为方式》，太原：山西经济出版社。

何友晖、陈淑娟、赵志裕，1991，《"关系取向"：为中国社会心理方法论求答案》，载杨国枢、黄光国主编《中国人的心理与行为（一九八九）》，台北：桂冠图书公司。

华尔德，1996/1987，《共产党社会的新传统主义——中国工业中的工作环境和权力结构》，龚小夏译，香港：牛津大学出版社。

黄光国，1988，《人情与面子：中国人的权力游戏》，载黄光国编《中国人的权力游戏》，台北：巨流图书公司。

黄光国，1993，《儒法斗争之现代体现：评〈中国资本主义精神〉》，《本土心理学研究》创刊号。

黄光国，1995，《知识与行动：中国文化传统社会心理学诠释》，台北：心理出版社。

黄敏萍、郑伯壎、徐玮伶、周丽芳，2003，《家长式领导之德行领导——构念效度之建立》。"教育部"资助华人本土心理学研究追求卓越计划之研究报告，报告编号 89 - H - FA01 - 2 - 4 - 4。

黄如金，2006，《和合管理》，北京：经济管理出版社。

纪莺莺，2012，《文化、制度与结构：中国社会关系研究》，《社会学研究》第 2 期。

金耀基，1985，《儒家伦理与经济发展：韦伯学说的重探》，载李亦园、杨国枢、文崇一编著《现代化与中国化论集》，台北：桂冠图书公司。

晋军，2001，《外人成本与过度资本化：消极社会资本理论》，《清华社会学评论》特辑第 2 期。

李饵金，2003，《车间政治与下岗名单的确定——以东北的两家国有工厂为例》，《社会学研究》第 6 期。

李恭忠，2011，《"江湖"：中国文化的另一个视窗——兼论"差序格局"的社会结构内涵》，《学术月刊》第 11 期。

李汉林、渠敬东、夏传玲、陈华珊，2005，《组织和制度变迁的社会过程——一种拟议的综合分析》，《中国社会科学》第 1 期。

李静君，2006，《中国工人阶级的转型政治》，载李友梅、孙立平、沈原主编《当代中国社会分层：理论与实证》，北京：社会科学文献出版社。

李林艳，2008，《关系、权力与市场：中国房地产业的社会学研究》，北京：社会科学文献出版社。

李猛、周飞舟、李康，1996，《单位：制度化组织的内部机制》，《中国社会科学季刊》（香港），秋季卷。

李培林、张翼，2000，《国有企业社会成本分析》，北京：社会科学文献出版社。

李新春，2001，《中国国有企业重组的企业家机制》，《中国社会科学》第 4 期。

李亚雄，2006，《权力、组织与劳动——国企江厂 1949～2004》，武汉：湖北人民出版社。

李原、郭德俊，2006，《员工心理契约的结构及其内部关系研究》，《社会学研究》第 5 期。

廉如鉴，2010，《"差序格局"概念中三个有待澄清的疑问》，《开放时代》第 7 期。

梁觉、梁向芬、路琳，2000，《因地制宜：家长式领导的演化》，《本土心理学研究》总第 13 期。

梁漱溟，1987/1949，《中国文化要义》，上海：学林出版社。

林端，2002，《情、理、法——台湾"调解委员"的法律意识》，载林端著《儒家伦理与法律文化：社会学观点的探索》，北京：中国政法大学出版社。

林耀华，2000/1948，《金翼：中国家族制度的社会学研究》，北京：三联书店。

林益民，2008，《中国内资民营企业中的权力关系》，载徐淑英、边燕杰、郑国汉主编《中国民营企业的管理和绩效：多学科视角》，北京：北京大学出版社。

林毅夫、蔡昉、李周，1997a，《充分信息与国有企业改革》，上海：三联书店。

林毅夫、蔡昉、李周，1997b，《再论中国国有企业问题所在与出路选择》，《中国社会科学季刊》冬季卷。

凌文辁，1991，《中国的领导行为》，载杨中芳、高尚仁主编《中国人·中国心——人格与社会篇》，台北：远流出版社。

凌文辁，2000，《中国文化与华人组织的领导》，《本土心理学研究》总第 13 期。

凌文辁、张治灿、方俐洛，2001，《中国职工的组织承诺研究》，《中国社会科学》第 2 期。

刘爱玉，2005，《选择：国企变革与工人生存行动》，北京：社会科学文献出版社。

刘纪曜，1982，《公与私——忠的伦理内涵》，载黄俊杰主编《中国文化新论——思想篇二：天道与人道》，台北：联经出版事业公司。

刘林平，2002，《关系、社会资本与社会转型——深圳"平江村"研究》，北京：中国社会科学出版社。

刘平、王汉生、张笑会，2008，《变动的单位制与体制内的分化——以限制介入性大型国有企业为例》，《社会学研究》第 3 期。

刘世定，1996，《占有制度的三个维度及占有认定机制——以乡镇企业为例》，载潘乃谷、马戎主编《社区研究与社会发展》（下），天津：天津人民出版社。

刘世定，2007，《〈乡土中国〉与"乡土"世界》，《北京大学学报》（哲学社会科学版）第 5 期。

刘小玄、李利英，2005，《企业产权变革的效率分析》，《中国社会科学》第 2 期。

卢晖临、李雪，2007，《如何走出个案——从个案研究到扩展个案研究》，《中国社会科学》第 1 期。

罗伯特·K. 殷（Rokert K. Yin），2004，《案例研究：设计与方法》，周海涛主译，重庆：重庆大学出版社。

马茨·艾尔维森（Mats Alvesson）、卡伊·舍尔德贝里（Kaj Sköldberg），

2009，《质性研究的理论视角：一种反身性的方法论》，陈仁仁译，重庆：重庆大学出版社。

马戎，2007，《“差序格局”——中国传统社会结构和中国人行为的解读》，《北京大学学报》（哲学社会科学版）第2期。

潘光旦，1999/1948，《说“五伦”的由来》，载《潘光旦选集》（第一集），北京：光明日报出版社。

平萍，1999，《制度转型中的国有企业：产权形式的变化与车间政治的转变》，《社会学研究》第3期。

钱穆，2001/1984，《现代中国学术论衡》，北京：三联书店。

钱穆，2004/1987，《中国五伦中之朋友一伦》，载钱穆著《晚学盲言》，桂林：广西师范大学出版社。

钱颖一，1995，《中国的公司治理结构改革和融资改革》，载青木昌彦、钱颖一主编《转轨经济中的公司治理结构：内部人控制和银行的作用》，北京：中国经济出版社。

秦晖，2003a，《“大共同体本位”与中国传统社会——兼论中国走向公民社会之路》，载秦晖著《传统十论》，上海：复旦大学出版社。

秦晖，2003b，《西儒会融，解构“法道互补”——典籍与行为中的文化史悖论及中国现代化之路》，载秦晖著《传统十论》，上海：复旦大学出版社。

丘海雄、梁倩瑜、徐建牛，2008，《国有企业组织结构改革的逻辑——对广州一家国有企业的个案研究》，载北京天则经济研究所主编《中国制度变迁的案例研究》（第六集），北京：中国财政经济出版社。

渠敬东，2007，《坚持结构分析和机制分析相结合的学科视角，处理现代中国社会转型中的大问题》，《社会学研究》第2期。

渠敬东、周飞舟、应星，2009，《从总体支配到技术治理——基于中国30年改革经验的社会学分析》，《中国社会科学》第6期。

裴鲁恂（Pye, L. W.），1988/1968，《中国人的政治心理》，艾思明译，台北：洞察出版社。

裴鲁恂（Pye, L. W.），1989/1981，《中国政治的变与常》，胡祖庆译，台北：五南图书出版公司。

沈毅，2005，《人缘取向：中庸之道的人际实践——对中国人社会行为取向模式的再探讨》，《南京大学学报》第 5 期。

沈毅，2007，《"差序格局"的不同阐释与再定位——"义""利"混合之"人情"实践》，《开放时代》第 4 期。

沈毅，2008，《"家""国"关联的历史社会学分析——兼论"差序格局"的宏观建构》，《社会学研究》第 6 期。

沈原，2007，《市场、阶级与社会：转型社会学的议题》，北京：社会科学文献出版社。

石秀印，1993，《中国人对自我与他人关系的处理方式》，载李庆善主编《中国人社会心理研究论集（1992）》，香港：香港时代出版社。

宋立刚、姚洋，2005，《改制对企业绩效的影响》，《中国社会科学》第 2 期。

苏东水，2005，《东方管理学》，上海：复旦大学出版社。

孙立平，2000，《"过程—事件分析"与中国农村中国家—农民关系的实践形态》，《清华社会学评论》特辑。

孙立平，2002，《实践社会学与市场转型过程分析》，《中国社会科学》第 5 期。

孙立平，2005，《社会转型：发展社会学的新议题》，《社会学研究》第 1 期。

佟新，2006，《延续的社会主义文化传统——一起国有企业工人集体行动的个案分析》，《社会学研究》第 1 期。

汪和建，2012，《自我行动的逻辑——当代中国人的市场实践》，北京：北京大学出版社。

王宁，2002，《代表性还是典型性？——个案的属性与个案研究方法的逻辑》，《社会学研究》第 5 期。

王宁，2007，《个案研究的代表性问题与抽样逻辑》，《甘肃社会科学》第 5 期。

王斯福，2001，《克里斯玛理论和中国生活》，载马戎、周星主编《二十一世纪：文化自觉与跨文化对话》，北京：北京大学出版社。

王斯福，2009，《社会自我主义与个体主义——一位西方的汉学人类学家阅读费孝通"中西对立"观念的惊讶与问题》，《开放时代》第 3 期。

王学泰，1999，《游民文化与中国社会》，北京：学苑出版社。

王子今，1999，《“忠”观念研究：一种政治道德的文化源流与历史演变》，长春：吉林教育出版社。

韦政通，1988，《传统中国理想人格的分析》，载李亦园、杨国枢主编《中国人的性格》，台北：中研院民族学研究所。

文崇一，1988，《从价值取向谈中国国民性》，载李亦园、杨国枢主编《中国人的性格》，台北：中研院民族学研究所。

吴飞，2011，《从丧服制度看“差序格局”——对一个经典概念的再反思》，《开放时代》第 1 期。

西奥多·W. 阿道诺等，2002，《权力主义人格》，李维译，杭州：浙江教育出版社。

席酉民、韩巍、葛京，2006，《和谐管理理论研究》，西安：西安交通大学出版社。

肖知兴，2006，《中国人为什么组织不起来》，北京：机械工业出版社。

萧公权，1999/1979，《调争解纷——帝制时代中国社会的和解》，载刘梦溪主编《中国现代学术论衡（萧公权卷）》，石家庄：河北教育出版社。

谢贵枝，2000，《华人组织的家长式领导》，《本土心理学研究》总第 13 期。

谢贵枝、梁觉，1998，《领袖的德行：现代儒学中的一个起点》，载司徒达贤等著《海峡两岸之组织与管理》，台北：远流出版公司。

徐淑英、张志学，2005，《管理问题与理论建立——开展中国本土管理研究的策略》，《南大商学评论》第 4 期。

许烺光，2002/1971，《性欲、情感与报》，载许烺光著《彻底个人主义的省思》，台北：南天书局有限公司。

阎云翔，2006，《差序格局与中国文化的等级观》，《社会学研究》第 4 期。

杨光飞，2009，《家族企业的关系治理及其演进：以浙江异兴集团为个案》，北京：社会科学文献出版社。

杨国枢，1993，《中国人的社会取向：社会互动的观点》，载杨国枢、余安邦主编《中国人的心理与行为》，台北：桂冠图书公司。

杨国枢，1995，《家族化历程、泛家族主义及组织管理》，载郑伯埙主编《台湾与大陆的企业文化及人力资源管理研讨会论文集》，台北：信义文化基金会。

杨宜音，1999，《"自己人"：信任建构过程的个案研究》，《社会学研究》第 2 期。

杨中芳，2001，《"顺从"与"反叛"：中国人真是具有"权威人格"的吗?》，载杨中芳著《如何理解中国人》，台北：远流出版公司。

叶启政，2006，《对社会研究"本土化"主张的解读》，载叶启政著《社会理论的本土化建构》，北京：北京大学出版社。

应星，2009，《略论叙事在中国社会研究中的运用及其限制》，载李友梅、孙立平、沈原主编《转型社会的研究立场和方法》，北京：社会科学文献出版社。

游正林，2007，《西厂劳工——国有企业干群关系研究（1979 - 2006）》，北京：中国社会科学出版社。

余伯泉、黄光国，1994，《形式主义与人情关系对台湾地区国营企业发展的影响》，载杨国枢、黄光国主编《中国人的心理与行为》，台北：桂冠图书公司。

约瑟夫·A. 马克斯威尔（Joseph A. Maxwell），2007，《质的研究设计：一种互动的取向》，朱光明译，重庆：重庆大学出版社。

曾仕强，2006，《中道管理：M 理论及其应用》，北京：北京大学出版社。

曾文星，1988，《从人格发展看中国人性格》，载李亦园、杨国枢主编《中国人的性格》，台北：中研院民族学研究所。

翟学伟，1995，《中国人在社会行为取向上的抉择——一种本土社会心理学理论的建构》，《中国社会科学季刊》冬季卷。

翟学伟，1996，《中国人际关系网络中的平衡性问题：一项个案研究》，《社会学研究》第 4 期。

翟学伟，1999，《个人地位：一个概念及其分析框架——中国日常社会的真实建构》，《中国社会科学》第 4 期。

翟学伟，2004，《中国社会中的日常权威：关系与权力的历史社会学研究》，北京：社会科学文献出版社。

翟学伟，2006，《在中国官僚作风及其技术的背后——偏正结构与脸面运作分析》,《中国社会心理学评论》第 2 辑。

翟学伟,2009a,《是"关系",还是社会资本?》,《社会》第 1 期。

翟学伟,2009b,《再论"差序格局"的理论遗产、局限及贡献》,《中国社会科学》第 3 期。

张德胜,1989,《儒家伦理与秩序情结——中国思想的社会学诠释》,台北:巨流图书公司。

张静,2001,《利益组织化单位:企业职代会案例研究》,北京:中国社会科学出版社。

张军、王祺,2004,《权威、企业绩效与国有企业改革》,《中国社会科学》第 5 期。

张曙光,1997,《信息、市场和产权——兼评林毅夫等著〈充分信息与国有企业改革〉》,《中国社会科学季刊》冬季卷。

张维迎,1995,《企业的企业家——契约理论》,上海:三联书店,上海人民出版社。

张文宏,2003,《社会资本:理论争辩与经验研究》,《社会学研究》第 4 期。

张文魁,2007,《中国国有企业产权改革与公司治理转型》,北京:中国发展出版社。

张翼,2002,《国有企业的家族化》,北京:社会科学文献出版社。

张志学,2000,《华人企业家长式领导的成因究竟是什么》,《本土心理学研究》总第 13 期。

张志学,2005,《中国人的分配正义观》,载杨国枢、黄光国、杨中芳主编《华人本土心理学》,台北:远流出版公司。

张卓元,2008,《中国国有企业改革三十年:重大进展、基本经验和攻坚展望》,《经济与管理研究》第 10 期。

折晓叶、陈婴婴,2005,《产权怎样界定——一份集体产权私化的社会文本》,《社会学研究》第 4 期。

郑伯壎,1991,《家族主义与领导行为》,载杨中芳、高尚仁主编《中国人·中国心——人格与社会篇》,台北:远流出版公司。

郑伯壎,1995a,《差序格局与华人组织行为》,《本土心理学研究》总第 3 期。

郑伯壎，1995b，《家长权威与领导行为之关系：一个台湾民营企业主持人的个案研究》，《中研院民族学研究所集刊》第79期。

郑伯壎，2004，《华人文化与组织领导：由现象描述到理论验证》，《本土心理学研究》总第22期。

郑伯壎，2005a，《华人领导：理论与实际》，台北：桂冠图书股份有限公司。

郑伯壎，2005b，《华人组织行为研究的方向与策略：由西化到本土化》，《本土心理学研究》总第24期。

郑伯壎、林家五，1998，《差序格局与华人组织行为：台湾大型民营企业的初步研究》，《中研院民族学研究所集刊》第86期。

郑伯壎、庄仲仁，1981，《基层军事干部有效领导行为之因素分析：领导绩效、领导角色与领导行为的关系》，《中华心理学刊》第23卷第2期。

滋贺秀三，1998/1986，《中国法文化的考察——以诉讼的形态为素材》，载王亚新、梁治平编《明清时期的民事审判与民间契约》，北京：法律出版社。

Bian, Yanjie.（边燕杰）1997. "Bringing Strong Ties Back in：Indirect Ties, Network Bridges, and Job Searches in China." *American Sociological Review*, 62（3）.

Burawoy, M. 1998. "The Extended Case Method." *Sociological Theory* 16（1）.

Emirbayer, Mustafa. 1997. "Manifesto for a Relational Sociology." *American Journal of Sociology*, 103（2）.

Farh, J., Zhong, C., & Organ D. W. 2004. "Organizational Citizenship Behavior in the People's Republic of China." *Organization Science*, 15（2）.

Fiske, A. P. 1991. *Structures of Social Life：The Four Elementary Forms of Human Relations*. New York：Free Press.

Granovetter, M. 1973. "The Strength of Weak Ties." *American Journal of Sociology*, 78（6）. 中译本参见格兰诺维特，2007，《镶嵌：社会网与经济行动》，罗家德译，北京：社会科学文献出版社。

Geert Hofstede and Michael Harris Bond. 1988. "The Confucius Connection：From Cultural Roots To Economic Growth." *Organizational Dynamics*, 16（4）. 中译本参见海尔特·霍夫斯塔德（Geert Hofstede）、迈克尔·哈里

斯·邦德（Michael Harris Bond），1991，《与孔子相关：从文化之根看经济的增长》，关世杰译，载史蒂夫·莫腾森编选《跨文化传播学：东方的视角》，关世杰、胡兴译，北京：中国社会科学出版社，第 96～116 页。

Geert, Hofstede. 1980. *Culture's Consequences: International Differences in Work-related Values*. Newbury Park, CA: Sage.

Geert, Hofstede. 1991. *Cultures and Organizations: Software of the Mind*. London: McGraw-Hill UK. 中译本参见吉尔特·霍夫斯塔德、格特·扬·霍夫斯塔德，2010，《文化与组织：心理软件的力量》（第二版），李原、孙健敏译，北京：中国人民大学出版社。

Gold, Thomas, Douglas Guthrie & David Wank (eds.). 2002. *Social Connections in China: Institutions, Cultures, and the Changing Nature of Guanxi*. New York: Cambridge University Press.

Guthrie, Douglas. 1998. "The Declining Significance of *Guanxi* in China's Economic Transition." *The China Quarterly*, 154.

Jacobs, J. Bruce. 1979. "A Preliminary Model of Particularistic Ties in Chinese Political Alliances: Kan-ch'ing and Kuan-his in a Rural Taiwanese Township." *The China Quarterly*, 78.

Kipnis, A. B. 1991. *Producing Guanxi: Sentiment, Self, and Subculture in a North China Village*. Durham: Duke University Press.

Maines, David R. 1993. "Narrative's Moment and Sociology's Phenomena: Toward a Narrative Sociology." *The Sociological Quarterly*, 34 (1).

Yang. Mayfair Mei-Hui 1994. *Gifts, Favors and Banquets: The Art of Social Relationships in China*. Ithaca: Cornell University Press. 中译本参见杨美惠，2009，《礼物、关系学与国家》，赵旭东、孙珉译，南京：江苏人民出版社。

Yang Mayfair Mei-Hui. 1989. "The Gift Economy and State Power in China." *Comparative Studies of Society and History*, 31 (1).

Yang Mayfair Mei-hui. 2002. "The Resilience of *Guanxi* and its New Deployments: A Critique of Some New *Guanxi* Scholarship." *The China Quarterly*, 170.

Nathan, Andrew J. 1993. "Is Chinese Culture Distinctive? ——A Review Article." *The Journal of Asian Studies*, 52 (4).

Nan Lin. 1988. "Chinese Family and Social Structure." 载《中研院民族

学研究所集刊》第 65 期。

Oi, Jean C. 1989. *State and Peasant in Contemporary China*. Berkeley, CA: University of California Press.

Portes, Alejandro. 1998. "Social Capital: Its Origins and Applications in Modern Sociology." In *Annual Review of Sociology*24, edited by John Hagan&Karen S. Cook, Palo Alto, CA: Annual Review Inc.

Pye, Lucian. 1985. *Asian Power and Politics*. Cambridge, MA: Harvard University Press.

Redding, S. G. 1990. *The Spirit of Chinese Capitalism*. New York: Walter de Gruyter. 中译本参见雷丁, 1993, 《海外华人企业家的管理思想——文化背景与风格》, 张遵敬等译, 上海: 三联书店。

Silin, R. F. 1976. *Leadership and Values: The Organization of Large-scale Taiwan Enterprise*. Cambridge, MA: Harvard University Press.

Triandis, H. C. 1994. "Theoretical and Methodological Approaches to the Stuty of Colletivism and Individualism." In Individualism and Collectivism: Theory, Method and Applications, edited by Kim, H. C. Triandis, C. Kagitcibasi, S. C. Choi and G. Yoon, Thousand Oakes: Sage Publications.

Tsui, A S (徐淑英) &Farh, J, L (樊景立). 1997. "Where Guanxi Matters: Relational Demography and *Guanxi* in the Chinese Context." *Work and Occupations*, 24.

Victor, Nee. 1989. A Theory of Market Transition: From Redistribution to Markets in State Socialism. *American Sociological Review*, 54. Wank, David L. 1996. "The Institutional Process of Market Clientelism: *Guanxi* and Private Business in a South China city." *The China Quarterly*, 147.

Westwood, Robert. 1997. "Harmony and Patriarchy: The Cultural Basis for 'Paternalistic Headship' Among the Overseas Chinese." *Organization Studies*, 18 (3).

Yan, Yunxiang. 1996. *The Flow of Gifts: Reciprocity and Social Networks in a Chinese Village*. Stanford: Stanford University Press. 中译本参见阎云翔, 2000, 《礼物的流动——一个中国村庄中的互惠原则与社会网络》, 李放春、刘瑜译, 上海: 上海人民出版社。

后　记

　　1997 年我进入南京大学社会学系开始本科阶段的学习，当时的社会学好像还没有什么公众影响，包括我在内的全班多数同学大都是调剂到社会学专业来的，同学们对社会学的印象也都比较模糊，直到大学毕业多数人对社会学还是不甚了了。大学阶段，我自己一直不是非常上进，既没有想去读个热门应用型专业的研究生，也不曾动过出国深造的心思，对社会学也没产生多少热情。机缘巧合，大四时有个机会保送研究生，当时并没有多想，只是觉得有机会读了研究生再工作也挺好。在写本科毕业论文的时候，专业书基本还没有碰过，不知写什么好。偶然的机会我翻到了《皇权与绅权》的小册子，对书中所谈到的士绅问题很感兴趣，便读了一些相关的书目文章，算是完成了自己的第一篇论文。指导教师正巧是翟学伟老师，在邮件里他的评价是作为学士论文，这就不错了。简单的一句话，当时对我鼓励很大，也使我对社会学的兴趣大增。

　　正是这个本科毕业论文指导的机缘，翟老师成为我后来的硕士研究生导师。2001 年读研以后，我开始涉猎社会学的各类著作论文，特别是在翟老师的指导与鼓励下，我对中国人的心理与行为研究领域进行了比较集中的阅读。回想起来，硕士研究生的三年是相当用功的，而且高涨的热情坚定了自己要继续读博的决心，这种热情可能也是缘于感觉自己很大程度上正是"中国人心理与行为"研究中所凸显的"中国人"。恰恰也是由于一些个人原因，2004 年硕士毕业之际我并没有直接读博，而是进入江苏省社会科学院社会学所工作，当时选择科研院所也是希望以后还能够继续从事社会学的相关研究。工作之后，翟老师组织的读书会我还是坚持参加，直至 2006 年终于又回南京大学社会学系攻读在职博士，到 2011 年初博士论文正式答辩并取得学位，从 2001 年入师门算起差不多有十年了。这本以博士论文为基础修改而成的专著尽管仍有一些不足，但作为个人阶段性的研究成果，希望能够对翟老师一直坚持的本土"关系"研究做出一点新的思考，也算是对翟老师多年来悉心指导的一点回报。

时至 2016 年，我已毕业了近五年时间，距离 2006 年博士入学也快十年了。我的这本个案调查专著的理论思考其实也经历了一个逐步推进的过程，最早是希望沿袭台湾学者郑伯壎的文化主义立场的组织领导研究，但在调查过程中发现了制度转型所可能产生的理论拓展契机。事实上，郑伯壎从本土心理学的文化主义立场出发，较早系统性地将"差序格局"式的"关系"应用于华人组织领导研究之中，但这种聚焦于港台家族企业的文化主义研究始终相对忽略了"关系"运行的外部宏观制度背景。与之相对照，华尔德的制度主义立场凸显了"单位制"背景下组织领导中的"主从关系"，但始终没有过多关注其深层的文化传统，也没有再探讨"单位制"转型所引发的组织领导关系的变迁。我在个案的深入调查过程中，发现从组织"场域"的视角出发可能有助于糅合华尔德的制度主义立场与郑伯壎的文化主义立场，"差序格局"在不同的组织"场域"中有可能趋于形成不同性质的组织领导"关系"形态，不同的"关系"形态也有着各自不同的制度结构特征与文化传统内涵，从而有可能初步厘清本土"关系"研究中文化与制度的关联问题。

具体而言，这本专著的拓展个案较为清晰地再现了某中小国有企业 30 余年的改革历史及两次产权"改制"的基本历程，从中提炼出了不同组织"场域"中组织领导的"主从关系"、"人缘关系"及"朋友关系"的逐步变迁，这样的"关系"变迁恰恰能够展现两次产权"改制"的内在动因及其结构后果，也反映了从"派系结构"到"关系共同体"的组织结构转型。在某种意义上，这样的拓展个案研究为分析改革开放以来国有中小企业的发展历程及产权变革的现实问题，提供了一种较为有力的组织领导"关系"变迁的解释路径；而产权变革所反映的不同体制背景也为本土"关系"理论及组织领导模式的深化拓展，提供了一种更具本土意涵的组织"场域"的研究视角。相较于博士论文原文，全书并没有进行太多的章节修改，主要是希望就拓展个案所提炼出的"主从关系""人缘关系""朋友关系"三种本土"触发式概念"的理论意义加以深化，力图凸显"场域"脉络下的本土"关系"理论分析。当然，这样的细化分析还需要更进一步的理论提升,并且这样的分类框架面临未来进一步理论拓展及实证研究的困难,但是本土"关系"研究在经验研究特别是质性研究中始终有着一定的发展空间。本土"关系"研究的理论深化与经验拓展,应该还是个人未来进一步努力的主要方向。

从本科到博士的十余年间,必须得感谢南京大学社会学系各位老师的教导与培养,虽然我与其他各位老师的私下交流较少,但课程的点点滴滴始终会潜移默化地影响个人。在博士论文的方法选择与思路拓展方面,我要特别感谢成伯清老师、张玉林老师与杨德睿老师在论文开题时的批判与建议,杨老师后来还参加了论文的预答辩,成老师则更是全程参与了论文的预答辩及正式答辩,又指出了论文理论深化需要注意的一些问题。此外,还要感谢参加预答辩及正式答辩的风笑天老师、朱力老师、范可老师、金一虹老师、陈绍军老师,他们所提的中肯意见及细节问题对论文的后期修改也是非常重要的。最后,我要感谢读博期间省社科院社会学所各位同事多年来给予我的诸多帮助,特别要感谢已退休的社会学所老所长陈颐研究员,他始终支持社会学所一批年轻人攻读在职博士,并且他对应用咨询研究的热情的确让大家心生敬意。

2011年毕业之后,我的博士论文的不同部分曾修改成相关论文并完成发表工作,感谢《社会学研究》《开放时代》《管理世界》《管理学报》等学术杂志及责任编辑给予的学术空间。所发表论文还曾先后在一些社会学及心理学会议上交流,感谢在不同会议中郑伯壎老师、杨宜音老师、刘世定老师、刘军老师、任兵老师等与会专家学者所给予的批评与鼓励。同时,由于个人更偏好理论研究,我于2014年上半年工作调动至河海大学公共管理学院社会学系。在此过程中,需要感谢河海大学公共管理学院施国庆老师、陈阿江老师、王毅杰老师等院系领导给予的帮助,这本书的出版同样也要感谢他们的关心与帮助。这本书的顺利出版还要感谢河海大学社科精品文库给予的主要资助,并要特别感谢社会科学文献出版社孙瑜老师、谢蕊芬老师耐心细致的校对修订及其他各项工作。没有孙老师、谢老师及其他编辑老师的辛苦付出,本书的出版可能还要拖延无期。

博士论文书稿出版之际,我理应感谢父母长期以来的无私付出。从小开始,父亲对我的学习培养,母亲对我的生活关爱,是我不断成长的宝贵财富,也是我个人人格塑造的源泉。博士论文实地调查的进入及与访谈对象的联络，也得益于我父亲的帮助及介入。在调查过程中，我需要特别感谢的是该企业的董事长，他的大力支持使本项调查得以顺利进行，当然更要感谢各位被访谈的工作人员及退休老人。论文书稿曾得到该企业董事长及一些被访者的认同与赞赏，或许这才是对这部著作最大的肯定。需要说明的是，由于书稿里一些事件对当事人较为敏感，而且涉及人物较多，书稿最后还是保留了用字母隐去人物姓名的方式，这可能给读者带来了一些阅读的困难，希望能够谅解。这本书作为个人的第一部著作，虽然不能尽如人意，但的确可能是个人当前阶段的一个小结，也是对自己这些年来个人努力的一个交代。一路走来，需要感谢晁流、曹海林、方长春、问延安、刘安、李化斗、吴继国等硕士与本科同学一直以来的关心与勉励，还要感谢当年翟门读书会的欧阳晓明、屈勇、徐琴、张杰、薛天山、余建华、甘会斌、李元来、后梦婷等同门的相互交流，当年没有科研项目烦扰的读书交流在今天看来弥足珍贵。

回想起读博的几年，是忙于论文写作、单位工作及各类调查的一段辛苦岁月。遗憾的是，我因没有在校住宿，与博士班同学的交往与了解较少。但我在省社科院宿舍生活的几年，曾经结交了一些舍友与同事，这些朋友有时也会让我怀念在省社科院曾经的工作与生活。更让我感念的是，在职读博的几年恰恰是我与妻子在南京相识相恋的一段美好时光，读博期间我们两人正式结婚成家，开始一起承担起家庭生活的负担。2011年元月，在博士论文正式答辩之前，我们可爱的女儿出世了，为我们增添了新的生活乐趣。时至2016年元月，襁褓中的小宝宝已经成长为五周岁的小朋友了，这期间的辛苦抚养历程中无疑要感谢父母、岳父岳母的不时协助。希望自己未来的家庭生活能更加美满，也希望自己在未来的教学与科研工作中，还能坚持在本土"关系"研究领域做些探索与思考。这本著作应该成为一个起点，希望自己还能接着做些有点特色的本土研究，赢得更多"中国人"的认同与共鸣。

沈 毅

2016年元旦 南京

图书在版编目（CIP）数据

从"派系结构"到"关系共同体"：基于某国有中小改制企业组织领导"关系"变迁的案例研究／沈毅著. -- 北京：社会科学文献出版社，2016.5

（田野中国）

ISBN 978 - 7 - 5097 - 8992 - 6

Ⅰ.①从… Ⅱ.①沈… Ⅲ.①中小企业 - 国有企业 - 经济体制改革 - 研究 - 中国 Ⅳ.①F279.241

中国版本图书馆 CIP 数据核字（2016）第 070251 号

·田野中国·

从"派系结构"到"关系共同体"

——基于某国有中小改制企业组织领导"关系"变迁的案例研究

著　者／沈　毅

出 版 人／谢寿光
项目统筹／谢蕊芬
责任编辑／孙　瑜　杜　敏　刘德顺

出　　版／社会科学文献出版社·社会学编辑部（010）59367159
　　　　　　地址：北京市北三环中路甲 29 号院华龙大厦　邮编：100029
　　　　　　网址：www. ssap. com. cn
发　　行／市场营销中心（010）59367081　59367018
印　　装／三河市尚艺印装有限公司

规　　格／开　本：787mm × 1092mm　1/16
　　　　　　印　张：15.25　字　数：249 千字
版　　次／2016 年 5 月第 1 版　2016 年 5 月第 1 次印刷
书　　号／ISBN 978 - 7 - 5097 - 8992 - 6
定　　价／68.00 元

本书如有印装质量问题，请与读者服务中心（010 - 59367028）联系